深圳大学师范学院学术创新文库

Action Research of Teachers' Innovative Micro-Team (Professional Learning Community) Ladder Cultivation

教师创新微团队（学习共同体）阶梯培育行动研究

张兆芹 著

中山大学出版社
·广州·

版权所有　翻印必究

图书在版编目（CIP）数据

教师创新微团队（学习共同体）阶梯培育行动研究/张兆芹著. —广州：中山大学出版社，2019.9

（深圳大学师范学院学术创新文库）

ISBN 978-7-306-06630-5

Ⅰ. ①教… Ⅱ. ①张… Ⅲ. ①师资培养—研究 Ⅳ. ①G451.2

中国版本图书馆 CIP 数据核字（2019）第 102482 号

出 版 人：王天琪
策划编辑：嵇春霞
责任编辑：陈　霞
封面设计：林绵华
责任校对：李先萍
责任技编：何雅涛
出版发行：中山大学出版社
电　　话：编辑部 020-84110779，84110283，84111997，84110771
　　　　　发行部 020-84111998，84111981，84111160
地　　址：广州市新港西路 135 号
邮　　编：510275　传　　真：020-84036565
网　　址：http://www.zsup.com.cn　E-mail：zdcbs@mail.sysu.edu.cn
印 刷 者：佛山市浩文彩色印刷有限公司
规　　格：787mm×1092mm　1/16　16.5 印张　397 千字
版次印次：2019 年 9 月第 1 版　2019 年 9 月第 1 次印刷
定　　价：52.00 元

如发现本书因印装质量影响阅读，请与出版社发行部联系调换本书为深圳市教育科学规划科研专家工作室专项课题"学校教师创新微团队阶梯培育行动研究"(课题编号：Kyjz20161)研究成果

序言　星星之火，可以燎原

当今时代，社会快速发展，教育经历着巨大的变革。时代对教育的挑战不仅是对原有教育的补充和完善，而且要求教育的重建，要求教育具有时代性和创新性。随着基础教育改革的不断深入，以及发展学生核心素养的提出，社会对教师的要求越来越高，与此同时，互联网时代赋予了学生、教师、教学、课程等教育元素新的内涵。

互联网时代已经引发人们生活、学习、沟通、交往方式的深度变革，特别是"互联网+"时代的跨界融合、创新驱动、重塑结构、联结一切的特征，给教育更多的启示。

新时代教师需要重构教学观和学习观。信息化社会对人才综合素养的要求多样化，不仅重视知识的积累，更重视个性的培养。教育的主要目的是培养德智体美劳全面发展的人，培养能够适应未来社会发展的人。面对这种挑战，教师必须跟随时代的脚步，注重自身各方面能力与素养的提升，及时更新知识结构，转变教育观念，不断学习与发展，实现自身专业成长。在人工智能、"互联网+"教育的背景下，时代所需要的不再仅仅是具备大量知识的人，而是具备知识、能力、情怀、理念的人。拿着教育的"旧船票"，每天重复着"昨日故事"的教师，不仅不能成功地将学生送往未来理想的彼岸，而且自身也会在所难免地被新时代淘汰，因此，教师需要不断成长，不断学习，使学习成为一种常态的生活方式，让终身学习成为其安身立命之本；而且，"单丝不成线，独木难成林"，教师只有在专业学习共同体中成长，才能更好地促进专业成长。

一个人要走得快，可以读书充实；一个人要走得远，就得靠教师学习共同体。教师学习共同体是为了完成、解决或关注某一问题，在共同愿景的指引下，成员间相互对话、沟通或交流，分享、整合各种学习资源并创造性地达到解决问题的目的，最终使所有成员得到发展的团队。正如萧伯纳所言：你有一个苹果，我有一个苹果，互相交换后，我们各自还是只有一个苹果；你有一种思想，我有一种思想，互相交换后，我们就各自有了两种思想。在学习共同体中，教师就教学问题相互沟通交流，碰撞思想，团队同伴激励，互相支持，成就他人，幸福大家，使教师的专业成长从个人走向团队，从自发走向自觉，从单一走向跨界。星星之火，可以燎原，教师成长的新范式正在形成。

何谓"教师微团队"？笔者通过对国内外研究的梳理，在对比教师学习共同体的基础上阐述了教师微团队的本质：教师创新微团队（4~5人组成的学习共同体）是结合了教师团队以及教师学习共同体两者的特点，再加上"微型"这一规模特征所组成的一种团队形式，是一种基于合作学习、共同成长的微团队形式。教师微团队在建立的过程中以学习共同体的特征为导向，要求既要注重教师团队内部的特征，也要充分把握外部环境的影响,同时需具开放性、发展性、综合性和创新性。那么,怎样构建这样的微团队呢?主要是从教师个人到教师微团队再到学校组织三个层面出发,"通过自我超越、改变心智模式、建立共同愿景、团队学习、系统思考这五个维度技能的熏陶来构建"。何谓"阶梯培育"?笔者提出了两维层面:一是教师的纵向生命成长和教师专业发展阶段,二是教师专业发展的横向阶段。本书着重探讨的是第二层面的阶梯培育。"教师微团队"是为了实现确定目标而相互协作的由个体组成的团队。对教师微团队来说,教师个体是组成团队的因子,团队和个体是相辅相成、共同成长的,人在一起叫聚会,心在一起叫团队。正如安德鲁·卡耐基所言,团队合作是朝着一个共同的愿景协同工作的能力,是将个人成就引领至组织目标的能力。简单地说,是一个人带动一群人,一个微团队带动一批教师,从而引领更多的教师走向幸福的合作共赢成长之路。

那么,微团队有哪些表现形式?如何建立多样的微团队呢?如何对这些微团队进行阶梯培育呢?笔者带领工作室成员及学习共同体工作室基地学校的教师们互相支持、激励,形成一个敬业乐学、自我提升和共生共长的能量场,共同打造教育的"深圳质量",实现"让每一所学校都优质,让每一位教师都精彩,让每一个孩子都幸福"的"新素质教育"的教育目标。笔者与众多同仁们合作学习,共同探究,三年磨一剑,最终形成《教师创新微团队(学习共同体)阶梯培育行动研究》一书,此书详细地阐明了教师在团队中的成长与发展历程。不仅有扎实的理论研究基础,而且运用了极富有感染力的案例分析,将实践与理论有机地结合起来,具有理论指导和实践可操作性的参考价值。书中的教师都是一线教师,他们用自己的亲身经历与感受,鲜活、生动地展现了自己在微团队(学习共同体)阶梯培育中的成长过程,从中可以感受到他们学习的热情、积极向上的精神,以及微团队散发的温暖和煦的气息。

本研究共分为十章,每章主要内容如下。

第一章为绪论部分,主要阐述研究的背景、研究的目的和意义、研究的问题以及创新点。第二章为研究的理论基础,主要对本研究所用到的核心概念做出了界定,并对本研究所用到的理论基础进行阐释。第三章是国内外相关研究的学术梳理及研究动态评析。第四章为研究设计,主要介绍研究概念框架、研究的思路和研究方法。第五章为研究工具的开发,发展调查问卷和先导研究。在文献分析的基础上,参照已有相关量表并结合深圳学校实践,设计本研究的初步量表,并进行预测,通过因子分析和信度分析检验量表结构,发展正式量表。此外,进行访谈设计,编制访谈提纲。第六章为工作室行动研究及结果分析。第七章为工作室基地个案学校教师学习力研究结果分析,通过对个案学校问卷调查与访谈的描述性统计以及差异性检验分析其教师学习力和领导力的现状,对访谈结果进行分析并探索影响教师学习力和领导力发展的因素。第八章为工作室基地个案学校教师领导力研究结果分析,对个案学校教师领导力的影响因素进行了具体分析和探索。第九章为研究效果与反思。第十章为研究结论、建议与展望,从外部支持系统和教师个体层面等提出相关建议。

阳光雨露助成长,涓涓细流润心田。教师的成长与发展是一个漫长的过程,希望这本书能像阳光雨露一样滋润着教师们，助力他们逐渐成长，伴随他们走向成熟，带领他们走向成功。如果您读之有所感，可与作者沟通交流，或一同加入教师微团队。为中华而教，我们在行动；我们携手共进，行走在促进教师专业成长的路上。我们坚信，星星之火，可以燎原。

目　　录

第一章　绪　论 …………………………………………………………… 1
　第一节　研究的背景 …………………………………………………… 1
　第二节　研究目的与意义 ……………………………………………… 2
　　一、研究目的 ………………………………………………………… 2
　　二、学术价值 ………………………………………………………… 3
　　三、应用价值 ………………………………………………………… 3
　第三节　研究的问题 …………………………………………………… 3
　第四节　创新点 ………………………………………………………… 4
　　一、学校微团队形式的创新 ………………………………………… 4
　　二、探索促进各层级阶梯教师专业成长的新路径："1＋N"模式 … 4
　　三、探索基于综合素养培育的自主互助教学方式的变革 ………… 4
　　四、探索基于院校合作的教师创新微团队培育机制 ……………… 5
第二章　学校教师创新微团队阶梯培育的理论基础 …………………… 6
　第一节　概念界定 ……………………………………………………… 6
　　一、教师创新微团队 ………………………………………………… 6
　　二、学习共同体 ……………………………………………………… 7
　　三、阶梯培育 ………………………………………………………… 8
　　四、教师综合素养 …………………………………………………… 8
　　五、教师学习力 ……………………………………………………… 10
　　六、教师领导力 ……………………………………………………… 11
　　七、教师综合素养与学习力和领导力之间的关系 ………………… 11
　第二节　相关理论基础 ………………………………………………… 19
　　一、终身学习与学习型组织理论 …………………………………… 19
　　二、成人学习理论 …………………………………………………… 20
　　三、自主学习理论 …………………………………………………… 21
　　四、建构主义理论 …………………………………………………… 23
　　五、合作学习理论 …………………………………………………… 23
　　六、社会交往理论 …………………………………………………… 24
　　七、学习共同体理论 ………………………………………………… 25
　　八、领导理论 ………………………………………………………… 27

  九、体验式学习理论 ………………………………………… 28
第三章　国内外相关研究的学术梳理及研究动态评析 …………… 30
 第一节　微团队培育的文献评析 ……………………………… 30
  一、研究现状 …………………………………………………… 30
  二、热点分析 …………………………………………………… 37
  三、教师创新微团队阶梯培育的研究现状 …………………… 40
 第二节　教师学习力文献评析 ………………………………… 40
  一、数据样本与研究方法选择 ………………………………… 40
  二、数据处理与分析 …………………………………………… 41
  三、教师学习力的研究热点分析 ……………………………… 45
  四、教师学习力研究趋势展望 ………………………………… 47
 第三节　国内外文献研究的内容分析 ………………………… 48
  一、教师学习力的内涵研究 …………………………………… 48
  二、教师学习力的构成要素研究 ……………………………… 49
  三、阻碍教师学习力发展的问题及因素研究 ………………… 50
  四、教师学习力的提升策略研究 ……………………………… 50
  五、学习力的评估与实践研究 ………………………………… 52
 第四节　教师领导力文献评析 ………………………………… 54
  一、教师领导力的中国文献评析 ……………………………… 54
  二、教师领导力的国外文献评析 ……………………………… 62
 第五节　教师综合素养的文献评析 …………………………… 67
  一、素养的概念界定 …………………………………………… 67
  二、教师核心素养文献研究关注点 …………………………… 69
第四章　研究设计 ……………………………………………………… 74
 第一节　研究概念架构 ………………………………………… 74
  一、拟解决的重点、难点问题 ………………………………… 75
  二、拟解决的关键问题 ………………………………………… 75
  三、本课题研究的导向 ………………………………………… 75
 第二节　课题研究基本线路图 ………………………………… 76
 第三节　课题研究方法 ………………………………………… 77
 第四节　目标 …………………………………………………… 78
  一、总体目标 …………………………………………………… 78
  二、研究阶段与具体目标 ……………………………………… 79
 第五节　行动研究 ……………………………………………… 80
  一、前期准备阶段 ……………………………………………… 80
  二、行动研究阶段 ……………………………………………… 81

三、成果整理及推广阶段 ………………………………………… 83
第六节　行动研究过程 ……………………………………………… 83
　　一、构建微团队阶段 ……………………………………………… 84
　　二、理论培育 ……………………………………………………… 84
　　三、教学实训诊断分析 …………………………………………… 91
　　四、教学研究指导 ………………………………………………… 99

第五章　发展调查问卷和先导研究 …………………………………… 105
　第一节　量表的编制与发展 ………………………………………… 105
　　一、学习力量表的编制和发展 …………………………………… 105
　　二、领导力量表的编制和发展 …………………………………… 113
　第二节　访谈设计 …………………………………………………… 125
　　一、访谈法 ………………………………………………………… 125
　　二、本研究访谈提纲及主题 ……………………………………… 127

第六章　工作室行动研究及结果分析 ………………………………… 129
　第一节　行动研究工具 ……………………………………………… 129
　第二节　工作室背景和调查对象简介 ……………………………… 130
　　一、张兆芹学习共同体工作室介绍 ……………………………… 130
　　二、调查对象简介 ………………………………………………… 130
　第三节　行动研究及其结果分析 …………………………………… 131
　　一、第一轮行动研究 ……………………………………………… 131
　　二、第二轮行动研究 ……………………………………………… 140
　　三、两轮行动研究对比分析 ……………………………………… 152
　　四、原因分析和影响因素 ………………………………………… 153

第七章　工作室基地个案学校教师学习力研究结果分析 …………… 157
　第一节　个案学校背景和研究对象简介 …………………………… 157
　　一、工作室基地个案学校背景介绍 ……………………………… 157
　　二、问卷调查对象的主要特征分布情况 ………………………… 157
　　三、访谈对象的基本情况 ………………………………………… 158
　第二节　问卷调查的结果分析 ……………………………………… 159
　　一、教师学习力的总体特征分析 ………………………………… 159
　　二、个体背景变量对教师学习力的影响分析 …………………… 161
　第三节　访谈结果分析 ……………………………………………… 165
　　一、教师对个体学习力的认识 …………………………………… 165
　　二、教师自主学习的途径和方法 ………………………………… 166
　　三、教师学习促进和阻碍的因素 ………………………………… 168
　　四、学校开展教师学习活动的形式以及相关支持 ……………… 170

　　　　五、对教师学习活动的建议 173
　　第四节　对问卷调查与访谈结果的思考 177
　　　　一、对问卷调查结果的思考 177
　　　　二、对访谈结果的思考 178
　　第五节　研究结论 179
第八章　工作室基地个案学校教师领导力研究结果分析 180
　　第一节　个案学校背景和研究对象简介 180
　　　　一、工作室基地个案学校背景介绍 180
　　　　二、研究对象简介 181
　　第二节　问卷调查的结果分析 181
　　　　一、工作室基地个案学校教师领导力总体水平分析 181
　　　　二、个体背景变量对教师领导力的影响分析 182
　　　　三、工作室基地个案学校教师领导力各维度状况 186
　　第三节　个案学校教师领导力的影响因素分析 189
　　　　一、工作室基地个案学校教师领导力的研究结果和讨论 189
　　　　二、工作室基地个案学校教师领导力的特征小结 199
第九章　研究效果与反思 201
　　第一节　行动研究效果 201
　　　　一、工作室建设成效显著 201
　　　　二、区级名师工作室纷纷成立 201
　　　　三、促进了教师专业成长，成就了一批优秀教师 202
　　　　四、提高了工作室的影响力，提升了工作室的美誉度 206
　　第二节　成果推广 206
　　　　一、以课题研究的方式推广 206
　　　　二、以主题研讨的方式推广 207
　　　　三、实施"研修式""星火式"的培训方式推广 207
　　　　四、以参观考察基地学校的形式推广 207
　　　　五、以送教下乡的方式推广 207
　　　　六、以线上宣传的形式推广 207
　　第三节　反思 208
　　　　一、充分依托信息手段，实现优质培训课程共享 208
　　　　二、跟踪微团队发展，丰富完善实验数据 208
　　　　三、二次行动研究，理论与实践相结合 208
　　　　四、星火燎原，传播学习共同体的观点 209
　　　　五、个案学校研究反思 210
第十章　研究结论、建议与展望 214
　　第一节　研究结论 214

一、构建创新微团队培育行动方案⋯⋯⋯⋯⋯⋯⋯⋯⋯⋯⋯⋯⋯⋯ 214
　　二、构建院校合作机制以及学校微团队的运作方式和管理机制⋯⋯⋯ 216
　　三、构建培育课程内容体系⋯⋯⋯⋯⋯⋯⋯⋯⋯⋯⋯⋯⋯⋯⋯⋯⋯ 217
　　四、整合优质教育资源，搭建平台⋯⋯⋯⋯⋯⋯⋯⋯⋯⋯⋯⋯⋯⋯ 218
　　五、开展丰富体验式拓展活动⋯⋯⋯⋯⋯⋯⋯⋯⋯⋯⋯⋯⋯⋯⋯⋯ 220
　　六、提升教师关键能力和综合素养⋯⋯⋯⋯⋯⋯⋯⋯⋯⋯⋯⋯⋯⋯ 221
　第二节　建议与展望⋯⋯⋯⋯⋯⋯⋯⋯⋯⋯⋯⋯⋯⋯⋯⋯⋯⋯⋯⋯⋯⋯ 222
　　一、加强教师道德价值引领，强化师德规范与操守⋯⋯⋯⋯⋯⋯⋯ 222
　　二、构建"教学做合一"育人模式，促进教师专业发展⋯⋯⋯⋯⋯ 222
　　三、遵循教师成长规律，激发教师发展动能⋯⋯⋯⋯⋯⋯⋯⋯⋯⋯ 223
　　四、强化教师梯级培养⋯⋯⋯⋯⋯⋯⋯⋯⋯⋯⋯⋯⋯⋯⋯⋯⋯⋯⋯ 223
　　五、关注不同层次教师的需求⋯⋯⋯⋯⋯⋯⋯⋯⋯⋯⋯⋯⋯⋯⋯⋯ 223
　　六、合理统筹学习工作，运用有效策略提升学习效率⋯⋯⋯⋯⋯⋯ 224
　　七、进一步提升将知识运用于实践的创新能力⋯⋯⋯⋯⋯⋯⋯⋯⋯ 224
　　八、提升对新技术的学习和使用能力⋯⋯⋯⋯⋯⋯⋯⋯⋯⋯⋯⋯⋯ 225
　　九、培养教育家型校长⋯⋯⋯⋯⋯⋯⋯⋯⋯⋯⋯⋯⋯⋯⋯⋯⋯⋯⋯ 225
　　十、营造良好学习氛围，提供学习环境支持⋯⋯⋯⋯⋯⋯⋯⋯⋯⋯ 225
　　十一、搭建教师网络学习平台，丰富学习资源库⋯⋯⋯⋯⋯⋯⋯⋯ 226

主要参考文献⋯⋯⋯⋯⋯⋯⋯⋯⋯⋯⋯⋯⋯⋯⋯⋯⋯⋯⋯⋯⋯⋯⋯⋯⋯⋯ 227
附　录⋯⋯⋯⋯⋯⋯⋯⋯⋯⋯⋯⋯⋯⋯⋯⋯⋯⋯⋯⋯⋯⋯⋯⋯⋯⋯⋯⋯ 236
　附录1：教师学习力调查问卷⋯⋯⋯⋯⋯⋯⋯⋯⋯⋯⋯⋯⋯⋯⋯⋯⋯⋯ 236
　附录2：教师领导力调查问卷⋯⋯⋯⋯⋯⋯⋯⋯⋯⋯⋯⋯⋯⋯⋯⋯⋯⋯ 239
　附录3：学习共同体培育手册目录⋯⋯⋯⋯⋯⋯⋯⋯⋯⋯⋯⋯⋯⋯⋯⋯ 242

后记　一切皆有可能——生命有限，意义无限⋯⋯⋯⋯⋯⋯⋯⋯⋯⋯⋯⋯ 243

第一章 绪 论

第一节 研究的背景

教师专业发展已成为国际教师教育改革的趋势。2010 年国家出台了《国家中长期教育改革和发展规划纲要（2010—2020 年）》，2012 年 8 月广东省人民政府颁发了《广东省人民政府关于全面实施"强师工程"建设高素质专业化教师队伍的意见》，2015 年深圳市开展了"'深圳教师队伍建设年'十大行动"，2018 年教育部等五部门印发了《教师教育振兴行动计划（2018—2022 年）》。这些政策的出台，促使我国在教师队伍建设方面取得了较好成绩，教师的师德水平与综合素养得到明显提升，教师队伍管理机制得到进一步完善，教师教育的形式、内容、模式有了创新，如教育部"国培计划"，各省"省培计划"，还有各省的教师"百千万工程"建设，名校长工作室、名教师工作室、特级教师工作站、青年教师读书会、各种学科类工作室等学习共同体如雨后春笋般蓬勃发展。这些宏观和微观层面的措施在促进教师专业发展方面呈现出很强的生命力，打造"南方教育人才高地"效应逐步显现。

教师教育虽取得了可喜的成绩，但当前教师教育培训脱离参训教师的真实场域的突出矛盾，造成教师参与培训的积极性不高，教师培训满意度不高，实效性不强。从整体上来看，目前教师教育忽略了教师专业发展的阶段性特征和教师的内在需求。我们知道，教师专业发展一般分为四个阶段：入职教师、骨干教师、教学名师、专家型教师。教龄在五年之内为入职教师或初任教师，教龄满五年到取得高级教师职称为骨干教师阶段，在教师岗位上工作十年以上，在行业内有一定知名度的称为教学名师，在教师岗位上工作十年以上、获得正高级职称的可称为专家型名师。我国目前的教师教育培训模式基本上还是重理论知识的传授，轻实践经验和真实感受，大部分参加培训的教师感觉很难把所学到的知识和技能迁移到日常教学中，认为专家的理论与教学实践有较大鸿沟：一是内容缺乏针对性，未能有效关照教师专业发展阶段的特点；二是培训形式忽视了受训者的内在需求和主体参与。本研究瞄准我国教师教育实践中存在的这些主要问题，认为教师继续教育必须与教师专业发展生涯相结合，创新教师分层阶梯培训模式和分层课程教学设计，针对教师发展的不同阶段设置培育课程，从创新阶梯培养机制、建立模块化教师教育课程体系、突出实践导向、建立对话式学习模式（如主题沙龙，即时诊断式培育、课例、课案的微格研讨）等方面，设计有针对性的阶梯分层培育课程体系，积极探索既能提升教师团队核心能力又能促进教师专业发展的、在学校能够起到引领示范作用的有效教师教育模式。

特别是在"互联网＋"时代背景下，教育形式越来越趋向数字化、智能化和智慧化。显而易见，教育的信息化已经成为教育领域的一种趋势，它能实现个体知识的良好组织管理与便利分享，以及团队知识的有序组织与协同创新。这不仅能使教学手段得以创新，教学方式实现多样化，还会促进教师专业成长，进而使教师专业能力得以提升。

我们知道，教师专业发展的真正价值和意义就在于它是促进学生发展的必需条件：师生在共同的生活世界中教学相长，学生在教师的发展中成长，教师在学生的成长中发展。要实现这一目标，我们就必须不断提高教师队伍的整体素养，教师不但要善于教，还要乐于教，并在教学过程中实现教师自己的成长。为适应社会发展和学生综合素质的提高，教师自觉意识到要进行职业角色的重新定位。同时，越来越多的教育专家也开始认为教师需要转变职业身份，教师不仅仅是传统的教书育人角色，还应该是教育领域的引领者、设计者、实践者、创新者和研究者。教师职能的内涵和外延都在不断丰富和拓展，教师已不是单纯的任务执行者，而是教育的思想者、引领者、研究者、实践者和创新者。教师需要提升能力，才能更好地驾驭多元化的身份。教师必须具备至少十种能力，包括自我沟通能力、人际交往能力、独立解决问题能力、团队协作能力、信息检索能力、信息沟通能力、想象力与创造力、创新能力和网络公民意识等，才能更好地教育、影响学生。这就在一定程度上对教师的关系处理能力、数字化领导力、创新能力和反思能力提出了更高的要求，而创新和反思都离不开教师的教育教学实践，加强对教师实践能力的培养也就显得尤为重要。在此背景下的"学校教师创新微团队（Professional Learning Community，PLC）阶梯培育行动研究"课题应运而生。

第二节 研究目的与意义

一、研究目的

2018年中共中央、国务院印发了《关于全面深化新时代教师队伍建设改革的意见》。此文件为专门面向教师队伍建设的里程碑式的政策性文件，该文件突出改革，注重实效，出真招实招，让教师有获得感和幸福感。同期，教育部等五部门印发的《教师教育振兴行动计划（2018—2022年）》中指出："教师教育是教育事业的工作母机，是提升教育质量的动力源泉"，"以提升教师教育质量为核心，以加强教师教育体系建设为支撑，以教师教育供给侧结构性改革为动力，推进教师教育创新、协调、绿色、开放、共享发展"，"着力培养造就党和人民满意的师德高尚、业务精湛、结构合理、充满活力的教师队伍"。国家重视教师教育，教师培养和培训已经取得可喜成绩，整体上来看，教师专业发展的阶段性和教师的内在需求还需重点关注。本研究认为，教师继续教育必须与教师发展生涯相结合，创新教师分层培育模式和分层课程教学设计，从创新阶梯培育机制、建立模块化的教师教育课程体系、突出实践导向、建立对话式培育模式（即时诊断式培育、课例、课案的微格研讨等）四个方面，创新教师教育模式，培养未来卓越教师，用"四有好老师"标准，以及"四个引路人""四个相统一"和"四个服务"等要求，统领教师专业成长与发展，引导教师以德立身、以德立学、以德施教、以德育德，积极探索提升教师学习力、领导力和育人力的途径，不断促进教师专业发展。

针对微团队进行的"提升学习力和领导力，促进学校特色发展"主题研修，以微团队建设、微教学改革和微课题研究为切入点，探索一种基于院校合作的教师微团队培育机制，促进教师专业成长，提升教师的综合素养、学习力和领导力，提高教师培育实效性和学习效能。此课题主要是实施"1+N"系列教师创新微团队阶梯培育研究，是以教师组成的微团队（4~5人）为突破口，探索一种新型的教师研修模式——学校创新微团队协同培育研究。其具体内容是，基于"1"大主题，"1"个教练或培训师带领"N"位教师建立学习共同体，探索教师研修微团队N系列小专题的"1+N"系列阶梯培养模式。"1"个大课题集聚"N"个教研小课题，学校具有丰富的教育科研实践经验，教学是人类的问题解决中最富趣味、最为复杂的活动，教师在教学中必须具备学科内容的知识、教学技能和对学生反应的感受性以及"临床"智慧，通过微团队带动，使教师成为教学研究者，使教师教学及研究成为一种工作习惯和生活方式。

二、学术价值

本研究丰富了学校自组织理论。学校团队的自组织学习共同体关注的是集体价值的实现。学校微团队的自组织关注的是通过个人（同伴）的价值实现去实现集体的价值。教师更多的是得到个性的解放与尊重，从而改善了学校教师的成长生态。本研究丰富了教师队伍管理的方法论，即通过组建学校微团队的方法开展教师队伍管理，探索基于院校合作的学校教师微团队阶梯培育体制和机制。

三、应用价值

此课题研究能促进教师的专业成长。基于各个层面、范围的同伴组成的学校微团队其实就是一个个的专业学习共同体，"学校微团队阶梯培育"能形成新的学校自组织文化。过去学校团队建设只强调教师个人之间的协同，而学校微团队建设既强调教师个人之间的协同，更强调微团队之间的协同，这种微团队关系就是一种新的学校自组织文化，是基于学校微团队的教师专业成长模式。我们可以通过学校创新微团队阶梯培育研究，促进新入职教师培养、骨干教师成长，培养实践型专家教师；通过学校创新微团队阶梯培育研究，提高学校教师教育培训实效性和针对性，不断提升教师的学习力、教学力和领导力，不断促进学生的发展和提升学校发展的竞争力和影响力。

第三节 研究的问题

我们知道，教师学习力和领导力的提升虽然在很大程度上取决于个体自主意识，主观能动性的作用较大，但也受外在和教育环境（学习共同体等）的影响，是外部环境支持与个体主观意识交互作用完成的。本书主要研究如下几个问题：

（1）工作室成员教师学习力和领导力的现状如何？分析其原因和影响因素。

（2）如何构建任务驱动机制和院校合作机制？（教师微团队建设的体制和机制问题）

（3）如何制订创新微团队（学习共同体）阶梯培育行动方案？

（4）实施过程中创新微团队阶梯式培育效果如何？学习力和领导力的提升的效果如何？

（5）工作室基地个案学校教师学习力和领导力水平如何？受哪些因素影响？

（6）提升教师学习力和教师领导力的策略有哪些？

第四节 创 新 点

一、学校微团队形式的创新

本研究拟培育多种形式的微团队，使学校微团队多元化和多样化：既有校内的微团队（如教师微团队），又有跨校的微团队；既有临时性的微团队，又有周期性的微团队；既有一般性的微团队，又有主题（项目）性微团队；既有学科微团队，又有跨学科的微团队；既有教学微团队，又有生活微团队；既有特长微团队，又有志愿者微团队；既有正式微团队，又有非正式微团队（自然群体微团队）。

二、探索促进各层级阶梯教师专业成长的新路径："1+N"模式

教师成长模式的突破：由于每个学校微团队都是由一群志同道合的教师自愿组成的专业学习共同体，团队成员间能相互促进，资源共享，形成一种远大于个人的成长力量，教师的特点、兴趣、要求、需要等就会得到充分的尊重和满足，在这样的环境下，教师享有充分的自由、自主与合作，在成长的奋斗路上有同伴相助，有同事同行。这种教师成长模式从过去的一个人的成长变成一群人的成长，从过去的被动成长变成主动成长。学校微团队组织方式采取"1+N"模式，即"团队成员+领袖人物""团队成员+专家顾问""团队成员+培训师"等的组织方式。

三、探索基于综合素养培育的自主互助教学方式的变革

教学活动和人才培养在学校中最终要落实到教学方式上，课堂教学改革就是要把灌输式教学转变为启发式和参与式教学，组织学生开展探究性学习。探究性学习要求教师鼓励学生提出问题、讨论问题、解决问题，以学生为主体，充分发挥学生的潜能。学者佐藤学认为，世界各国的课堂正在发生静悄悄的变化，团团坐大多代替了排排坐，小组合作学习或学习共同体已经形成，课堂从教师的"传递中心"走向"对话中心"，教学从"记忆型"课堂走向"思维型"课堂，引导学生与客观世界对话、与他人对话、与自己对话，并且通过对话，形成一种活动性的、合作性的、反思性的学习方式，亦即形成认知性、社会性和伦理性实践"三位一体"的学习过程。

以学定教，自主互助课堂教学流程如图1-1所示：

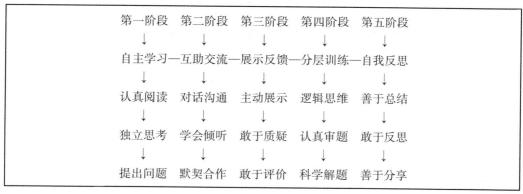

图1-1 自主互助课堂教学流程

四、探索基于院校合作的教师创新微团队培育机制

探索一种基于院校合作的教师创新微团队（Professor-Coach-Menter，PCM）培育机制，促进学校治理结构的创新。学校微团队将成为学校治理结构的重要内容，使学校治理结构发生重大的变化，特别是在信息化社会背景下，学校传统的组织结构将由科层制向扁平化结构发展，课堂空间结构也由排排坐向团团坐发展，学校管理将迎来新常态。现代治理结构倡导各个权利—利益攸关方多主体合作治理，形成新的权利—义务—责任关系框架：采用市场机制，引入专业服务机构，提升办学质量和效率（合同式治理），专业人做专业事；鼓励家长、志愿者和社会组织参与学校公共事务，推动合作治理（参与式治理）；改革科层制组织体系，授权给一线部门，灵活决策，灵活回应（扁平化治理）。扁平化治理相对于金字塔科层制组织结构，通过压缩管理层级，扩大管理幅度，使组织结构形式呈扁平化。在现代治理中，扁平化意味着打破原有科层制界限，从管理导向转变为服务导向，采用事业部制、服务中心制等组织形式，授权一线，快速反应，灵活回应。基本特点为：弱化权力关系，突出服务导向；实现组织变革与组织发展，提升服务能力；积极探索政府—大学—学校（Government-University-School，UGS）三位一体的合作伙伴关系学习共同体。

第二章　学校教师创新微团队阶梯培育的理论基础

第一节　概念界定

一、教师创新微团队

（一）教师创新微团队与传统的团队的区别

我们通过对教师团队和教师创新微团队（学习共同体）两个研究主题进行文献评析可以发现两者的区别与联系。教师团队和教师学习共同体都是一种合作共享式团体，是为了促进教师成长和专业发展的教师教育形式。所谓教师学习共同体，就是基于教师共同的目标和兴趣而自发组织的，旨在通过共享式合作学习、沟通、对话等活动来促进教师专业发展的教师团体。而教师团队是教师为了实现确定目标而相互协作的由个体组成的正式群体。教师团队和教师学习共同体的特征比较：①在规模上，教师团队规模往往更大，人数较之教师学习共同体更多，并且教师团队有明确的团队界限，比如六年级数学教研组，以年级和教学科目为界定，有固定的成员。而教师学习共同体边缘较为模糊，它不一定有明确的界限，更加自由。②在组织结构上，虽说两者都注重合作学习，共享领导权，但是教师团队具有明确的级别划分，有各自的职责，而教师学习共同体具有"自组织"的特性，教师基于一个共同的愿景或目标，在分享经验、沟通、交流的过程中将"自我"转型为"我们"，也就是将个体逐渐扩大为集体的过程。因此，教师学习共同体在组织结构上没有特别明确的级别划分，是一种较为自由的团体，而教师创新微团队具有开放性、发展性、综合性和创新性的特点。

本书中的教师创新微团队是结合了教师团队以及教师学习共同体两者的特点，再加上"微型"这一规模上的特征所组成的一种团队形式。通过自我超越、改变心智模式、建立共同愿景、团队学习、系统思考五个维度技能的熏陶，从教师个人、教师团队、学校组织三个层面来构建教师创新微团队，旨在通过团队合作学习促进教师成长和教师专业发展。

教师创新微团队从某些方面上也可称为教师学习共同体，它在构建形式上更倾向于团队的特征，但是在学习活动和团队发展上则倾向于学习共同体的特征。第一，团队成员要善于自我超越。学习型教师微团队中的每个成员既是团队的一分子，也是属于个体的存在，在团队活动中，每个成员要认清自己的现状，确定理想目标，充分认识到自己现状和理想之间的差距，从而增强自身的学习动机。第二，改变心智模式，实际上就是一个不断学习以改善心智不足的过程。当团队成员存在心智模式问题时，对于团队或个人来说都有损害，所以，在团队合作学习过程中，要改变固有的思维习惯，要培育共情力，善于换位思考，学会沟通交流，反思探询。第三，建立共同愿景。即团队成员既有个人愿景，又将个人愿景与团队共同愿景相结合，使两者能够齐头并进。在确定团队共同愿景时要充分参考每一个团队成员的意见，在沟通中形成一个能被所有团队成员认同和分享的团队愿景。第四，团队学习。分享合作式的团队学习是微团队开展活动的基本形式，高效的教师团队学习需要每个成员的高度参与和开放的沟通交流，开展教师团队学习的方式也是多种多样的，例如深度会谈、课题研讨和教学反思等。第五，系统思考。系统思考是学习型组织的基本特征，它要求我们在整体中、系统中把握问题，它既是个体的一套完整的思考框架，也是团队在组织管理中所要运用的法则，这就要求在教师学习共同体的创建以及具体活动开展中，团队领导以及成员都要善于利用系统思考的法则去完善团队以及自身。

（二）教师个人、教师微团队、学校组织三层结构（普通团队与微团队的区别）

教师个人、教师微团队和学校组织这三者是相互独立又彼此联系的三层结构。教师微团队的建设是核心内容，学校组织起着引导和调控的作用。教师学习共同体的创建需要学校组织文化的支持。首先，学校要创建终身学习的理念，使身为学校一分子的教师都能意识到学习的重要性；其次，培养共享的意识，学校要经常性地提供教师合作交流的机会，注重培养教师的分享和沟通能力；最后，学校要对教师微团队进行督导评估，制定激励制度，在外部保障教师微团队的运行，但不要过多干涉团队内部学习活动的开展，给予团队充分的自由空间。

对教师微团队来说，教师个体是组成团队的因子，团队和个体是相辅相成、共同成长的。人在一起叫聚会，心在一起叫团队，然而，一般的团队和个人容易变为松散的关系，形合而意不合，故在构建教师学习共同体的过程中，要利用五项修炼的法则，建立共同愿景，进行价值引领，使个体和团队紧密结合在一起。例如，以教师成长阶段为依据建立一个由刚入职的青年教师和经验丰富的熟手教师为团队成员的教师学习共同体。在这个团队中，每个成员就要把握好自己的职责。从表面看，好像只是熟手教师带领青年教师，传授经验知识，其实不单如此，在熟手教师和青年教师共同开展学习活动的过程中，影响是相互的，熟手教师传授青年教师教学经验，而青年教师则能够给熟手教师带来新技术和更加灵活的思维方式，每个人都能够有所收获，从而使这个团队成为一个高效的团队。又因人数不多，五人一组，如同一个拳头的力量，这个影响更能触及每一个成员。

二、学习共同体

"共同体"这一社会学概念最早是在 1887 年由德国社会学家滕尼斯提出来的。他认为，"共同体"应强调人与人之间的紧密关系，共同的精神意识及对"共同体"的归属感、认同感。1995 年，博耶尔从教育学角度提出"学习共同体"的概念，认为"学校是学习的共同体",学习共同体的建立在学校教育的过程中起着至关重要的作用。一般来说,"学习共同体"包括以下几个特征:

第一,学习共同体的核心是具有共同愿景,它是共同体形成和维系的关键。

第二,学习共同体学习形式是互相学习和互助合作。

第三,学习共同体的先决条件是大家具有认同感和归属感。

第四,学习共同体的结果是实现教师群体的共同发展。

第五,学习共同体的最终目标是为了促进学生的学习和教师专业发展。

1997年,霍德首次明确提出了"教师专业学习共同体"。他把学习共同体理解为"由具有共同理念的教师构成的团队,他们相互协作,共同探究,不断改进教学实践,共同致力于学生学习的事业"。"教师学习共同体"意味着教师对学习有"相同"的需求,学校要创造条件让这群有相同学习需求的教师拥有"共处"的机会,通过各种途径使之建立教师学习"相依相存"关系。教师学习共同体是由具有共同兴趣和学习意愿的教师自愿组成的,以提高专业化水平、促进专业化发展为目标,能为团体中每位教师的专业发展提供良好环境的团体。总的来说,教师学习共同体是一种基于合作学习、共同成长的微团队形式,在建立的过程中,以学习共同体的特征为导向,既要注重教师团队内部的结构——教师个体,也要充分把握外部环境的影响——学校组织。这样,学习型教师微团队才是一个能够充分发展的高效团队。

三、阶梯培育

阶梯培育有两维层面:一是教师的纵向生命成长和教师专业发展阶段,即入职新岗教师—骨干教师—教学名师—专家型名师。二是教师专业发展的横向阶段:制订自身专业发展规划—理论与实践学习—私人定制临校实践学做合——反思感悟提升总结,即"理论学习培育—跟岗学习实践—问题解决体验—成果展示反思"的"四模块"系统阶梯培育过程,使青年教师逐步向骨干教师、教学名师及专家型名师过渡,并形成一个完整的教师学习共同体培育体系,力图打造一支优秀的教师队伍,从而带动学校教师队伍整体素质的提高,提升学校核心竞争力。本研究侧重于教师专业发展的横向阶段:制订自身专业发展规划—理论与实践学习—私人定制临校实践学做合——反思感悟提升总结,即"理论学习培育—跟岗学习实践—问题解决体验—成果展示反思"的"四模块"系统阶梯培育过程。

四、教师综合素养

"素养"是指个体在长期训练和时间中所获得的修习涵养,强调已经内化为个体自身的、稳定的、长期发挥作用的基本结构,属于能力的范畴。基本要点是:其一,素养是后天养成的;其二,素养可以培养,其养成是一个从低到高逐步发展的过程;其三,素养是多层面的,它涉及从言谈举止、思想到行为等全方位的问题;其四,素养是综合的,素养的培养与人的全面发展是一致的。不能将"素养"等同于"素质",它们之间存在着区别与联系。1990年版的《教育大辞典》中明确指出,"素质是个人先天所具有的解剖生理特点。包括神经系统、感觉器官和运动器官的特点,其中脑的特点尤为重要。它们通过遗传获得，故又称遗传素质，亦称禀赋"①。因此，素质指的是事物本来的性质。素质也指素养、品质和资质。而素养指的则是人类个体经由平时修养而形成的知识、能力、品德等（于兴远、陈保平，2001）。素质和素养在一定程度上涉及人内在稳定的品质组成，通过人外在表现反映出来。

关于素养的概念，学者们提出了诸多见解。1997年经济合作与发展组织（Organization for Economic Cooperation and Development，OECD）启动了"素养的界定与遴选：理论和概念基础"（Definition and Selection of Competencies：Theoretical and Conceptual Foundations，DeSeCo）项目，OECD界定素养的逻辑起点是成功的生活和健全的社会。首先，提出每一个素养必须满足三个要件：①对社会和个体产生有价值的结果；②帮助个体在多样化情境中能够满足重要的需求；③不仅对学科专家重要，而且对所有人都重要。然后，确定与选择了三大类素养：互动地运用工具、与异质群体互动和自主行动。进而，将每个素养分解成三种能力，再将每个能力以列举的方式呈现具体的行为。这样，就形成了OECD的素养三层级框架（崔允漷，2016）。OECD提出素养有三个基本特征：①超越所教的知识与技能；②素养重在一个"养"字，这意味着，我们的教育旨在"养人"，养成一种优秀品格和积极生活态度；③在变化的情境中，各个素养是联结在一起发挥作用的。同时，提出每个素养具有四个基本特点：①素养离不开特定的情境；②素养强调的是一种情感态度；③素养是超越于能力之上的概念；④强调素养的重要性与独特性，并不止步于界定素养，而是致力于寻找出一种能够使个体适应未来社会生活和个人终身发展所必须具备的素养（袁振中，2016）。

教师素养具有独特的专业意义，在描述方面将教师素养表述成"教师素质""教师品质""教师品性""教师品德"等称谓（于兴远、陈保平，2001）。有学者认为，教师素养是教师具有的素质与修养（郭少英、朱成科，2013），1990年出版的《教育大辞典》中将教师素质与修养表述为"教师素质是教师为完成教育、教学任务所应具备的心理与行为品质的基本条件"。"教师修养是指教师在思想、道德品质、文化专业知识、教育、教学能力等方面经过学习和实践而达到的水平。"（张丹丹，2007）叶澜教授认为，新型教师应具备的素养有专业精神、教育观念、专业知识、专业能力和教育智慧。范德尔（Fadel）的《四维教育：成功的学习者所需要的素养》（*Four-Dimensional Education：The Competencies Learners Need to Succeed*）一书提供了一种全新的四维素养框架，也是用不同的词语来呈现21世纪成功学习者所需要的素养：知识（跨学科）、技能（创造性、批判性思维、交流合作等）和品格（道德领导力、好奇心和复原力等）。朱小蔓认为，教师综合素养是完成教育教学工作中应该具备的综合素质，其核心是为了影响人、改变人、促进人、发展人的教育教学智慧（朱小蔓，2016）。

综上所述，本研究认为教师综合素养是一种不断发展的受多因素影响且在长期的社会生活与教育教学实践中所反映出的教师的知识、情感、态度、能力、人格等方面的素质与修养，是衡量教师综合发展水平的重要指标。同时，也是教师在信息化、全球化和学习型社会，面对复杂的不确定的情景能够综合运用所学的知识和方法解决实

---

① 顾明远主编：《教育大辞典》第1卷，上海教育出版社1990年版。

际问题所表现出来的必备的人格、情感和能力的综合表现。本研究认为，新时代教师综合素养应包括三大系统的素养，即教师的人格系统、情感系统和能力系统的素养（即教师综合素养的"三五"模型），后文详述。

五、教师学习力

学习力是教师能力体系中一个重要的元素。最初学习力作为管理学中的概念被提出，强调的是"学—用—思—行—效"的系统过程，彼得·圣吉（1998）将学习力定义为学习过后产生新的行为的过程，它超越了传统学习意义上获得知识、运用知识的层面，是通过学习获得新思维、新行为，从而不断超越自我、创造自我的过程。在学习力的概念迁移至教育领域时，瞿静（2008）提出学习力是在有目的的前提下，以听说读写等方式获得知识技能的学习过程，并通过实践、反思等途径进行学习行为的升华，从而产生新思维、新知识、新行为的动态能力系统。樊香兰、孟旭（2011）提出教师学习力是指教师获取信息、改造自我、创新教学工作并改变自身生存状态的能力。江萍萍（2011）认为，学习力是在人对学习基本问题的思考和认识的基础上，以学习驱动力、学习目标、学习信念以及已有的理论知识与实践经验为前提条件，不断获取知识和创造知识的动态过程。在此过程中，人的意志得到锻炼，心智得到发展，能力得到提高。吴海洋（2013）认为，教师学习力就是教师自觉吸收知识、转化知识、创新知识、生产知识、践行知识的能力，是促进教师专业发展的核心内驱力。崔振成（2014）认为，教师学习力是一切能够促进教师进行自我反思、自我追问、自我否定、自我接纳、自我驱动、自我构建力的总和，是一种内发的有效调控与原始内驱力。

此外，还有学者扩大了教师学习力的内涵与外延，对教师课堂学习力、教师专业学习力、教师现场学习力等概念进行研究。例如，余闻婧（2015）认为，课堂学习力是教师专业发展的内在需要，是自我教育的生长力，作为教师生命能量的课堂学习力揭示了教师在课堂教学中的存在方式。龙宝新（2013）认为，教师学习力由学习原动力与学习操作力两部分组成，前者指教师未见学习的内驱力，后者包括教师的理论吸收力、经验借鉴力、情景理解力和问题研究力等；提出教师专业学习力是促成教师专业成长的内在动因，是教师内心深处的学习动因、学习的发生问题，是教师自觉不自觉地趋近外界教育资源，寻求解决教育难题的有效对策的客观需求和生存方式。张菊荣（2013）认为，教师现场学习力应该包括教师关于现场的学习与在现场中的学习能力。

目前，我国关于教师学习力的构成要素研究，以三要素、四要素、六要素等理论为主。三要素包括学习动力、学习毅力与学习能力，如樊香兰、孟旭（2011）等学者认为，教师学习力包括体现学习目标的学习动力、反映学习者意志力的学习毅力、体现学习者掌握知识及其实践运用的学习能力，当"应学"的动力、"该学"的持久力与"能学"的力量同时具备，教师才能真正拥有学习力。持四要素论的学者则有不同的见解，陈金国、朱金福（2007）等学者认为，教师学习力应该是学习动力、学习能力、知识吸收以及知识运用的总和；崔振成（2014）则提出教师学习力的基本结构应该包括反思力、接纳力、探究力与生成力；还有部分学者认为，教师学习力包括学习动力、学习持久力、学习能力以及学习创新力。除了较为常见的三要素说和四要素说，高志敏（2002）在总结及提炼前者的基础上提出学习力构成的六大要素：学习行为的总动力、学习需求的识别力、学习潜能的评价力、学习行为的理解力、学习行为的激活力以及学习能力，并将学习力构成的要素进行综合、分类、归纳，发展出学习力构架的"E"字模型。此外，瞿静（2008）在总结已有学习力构成要素的观点，结合高志敏的六要素观点后，提出学习力的十要素、四阶段的内容框架，包括触发阶段——学习行为的总动力；推进阶段——学习需求的识别力、学习潜能的评估力、学习行为的理解力；有效完成阶段——学习活动的激活力、学习能力；转化提升阶段——学习行为的合作力、创新力、竞争力、社会适应力。本研究认为，教师学习力维度包括学习动力、学习能力、学习实践力和学习创新力。

六、教师领导力

领导力也是教师能力体系中的一个重要元素。美国学者麦斯韦尔（Maxwell）认为，领导力就是影响力。领导力发生作用的过程就是影响产生的过程。李林（2005）等人认为，"领导力的实质就是影响力，任何人都可以使用领导力，只要能成功地影响他人的行为，就可被视为实施了领导力"。美国著名学者詹姆斯·库泽斯（James Kouzes）、巴里·波斯纳（Barry Posner）（2004）修订的《领导力》第3版内容指出，领导力是领导者如何激励他人自愿地在组织中做出卓越成就的能力。任真（2006）等人认为，"领导力是指鼓舞和引导他人树立并实现共同愿景的能力"。张小娟（2005）认为，领导力包括"崇高的人格魅力，精准的预见、判断能力，超强的沟通能力，不息的创新能力和持续的延伸能力"。姜美玲（2010）将校长领导力整合归纳为七个方面：愿景与规划领导力、文化领导力、课程领导力、教学领导力、教师专业发展领导力、教育科研领导力、行政领导力。每一位伟大的领导者都是出色的教师，每一位伟大的教师都是领导者。

香港学者卢乃桂认为："教师领导力就是不论职位或任命，教师对领导的行使，它的本质特征是提升教师的专业性、重新分配权力和增加同僚互动。""领导力本质是一种影响力。每个人身上都具有潜在和现实的影响或改变他人的能力。教师领导力是一个能力体系，它关注的是教师作为领导者在群体活动中吸引和影响相关人员进而实现一定目标的能力。""教师领导者应该具有教师和领导的双重身份，精于教学，具有广博的课程教学知识、行政及组织技能等，同时与同事建立合作及信任的关系。致力于个别发展、合作或团队发展和组织发展。"综上所述，本研究认为，教师领导力是指教师在集体活动及个体生活中表现的一种影响力，是感召力、教导力、创新力、行动力、反思力的一种合力，这种合力表现在教师的培育团队合作文化、教育信息化及改善教育教学活动、获取并开展研究和专业倡导等方面的能力。

七、教师综合素养与学习力和领导力之间的关系

顾明远教授指出，未来教育是为未来社会培养人，教育的事业就是未来的事业。这充分说明了未来教育对未来社会发展的重要性。辛普利西欧（Simplicio，2000）指出，传统教学在21世纪的课堂上已经不够用了，教师应该鼓励学生利用学习经验和

教学技术发展其创造潜力，并且在课程中强调创造力的重要性，应该让学生聚集在一起，交流思想，分享经验，塑造未来发展的愿景。美国制定的"21 世纪素养"框架，以学科为载体，确立了三项技能领域，清晰地反映出学生所应具备的各种素养，反映出社会发展的最新要求。在中国，北京师范大学于 2016 年正式发布的《中国学生发展核心素养》总体框架，以培养全面发展的人为主要任务，从学生的自主发展、社会参与以及文化基础三个方面提出新要求，反映了社会对培养新时代学生的需要，具有一定的时代性与前瞻性。学生的全面发展离不开教师的指导，要培养学生的核心素养就应该注重教师综合素养的养成，信息素养、能力素养、人文素养以及专业学科素养等仍是未来教师综合素养发展的重要组成部分。郑金洲和吕洪波经研究发现，在由学科教学者转变为育人者，由学校人变为系统人，由教育人变为社会人的新背景下，教师的综合素养与工作方式均出现了新动向。

依据综合分析，未来教师综合素养的发展应该立足于学生核心素养的培养，教师应该具有面向信息化学习型社会的教育力，包括热爱教育事业的教育情怀，关爱学生，有深厚的学科知识和教育专业知识，具有较好的教育创新和研究力，具备自尊、自信的健康心理，以及熟练地运用信息技术的能力等素养。本研究认为，中国教师综合素养包括三大内容，即教师的人格系统、情感系统和能力系统的素养（即教师综合素养"三五"模型）。人格系统即教育观念、教育自觉、道德领导、家国情怀、责任担当；情感系统即仁爱之心、教育情怀、体验幸福、心理健康、人际关怀；能力系统即信息处理能力、专业教学能力、跨学科整合力、领导与学习力、研究创新能力，如图 2-1 所示。

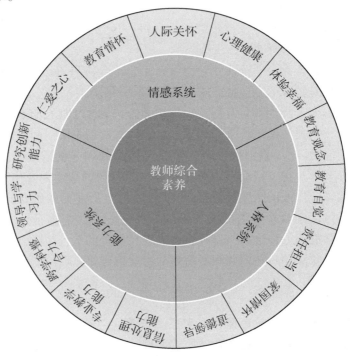

图 2-1 "中国教师综合素养"模型

在"三五"模型中,能力系统、情感系统、人格系统的划分是以"知、情、意"的思想为理论前提。知、情、意是构成人行为与思想的基本要素,凸显了人的主体性成长。西方哲学家与思想家康德先生认为,认知、情感和意志是人的基本心理活动,知、情、意是构成人的高级行为的三个基本要素(叶静,2017);德国美学家鲍姆嘉通认为,知和意分属于理性认识和道德活动,知研究真,对应的研究学科是逻辑;意研究善,对应的研究学科是伦理学;情研究美,对应的研究学科叫感性学(徐示奥,2017)。中国哲学大家王国维先生认为:"教育之目的,一言以蔽之曰:在养成完全之人物。"根据知、情、意分立思想,教育包含德、智、体、美四育,且知、情、意存在交互关系,要综合三者达到最高目的。

从上述概念和内涵来看:知,彰显的是人的能力,指人通过认识世界、探寻事物的本质获得认知能力,通过认识问题、不断学习的方式锻炼思维以获得思维能力;情,反映的是情感体验,指人对事物或自身所表现的价值判断和具体感受,是感性与直观的;意,是指人的意志与信念,表现为自身的完善,在实践活动中具有示范作用。知、情、意是相互影响、相互作用、相互转化的。以知育情,以情强意,是能力、情感与意志统一的表现。以知育情,指的是情感与能力相互促进,用理性的逻辑方法指导对事物的情感判断,通过发展认知与思维等各方面的能力调动内在的积极情感,通过调节自身的情感,深切体验客体对象,能够发现事物的本质,促进其能力的发展;以情强意,要求在把握自身情感变化的基础上,坚持用积极的情感促成健全人格的形成,控制和协调好内心情绪,克服消极情感,遵守意志的法则,实现"自由人"向"道德人"的转变。知、情、意的统一,反映了人的健全品格与良好素养,因此,本研究将能力、情感、人格三个基本要素作为教师综合素养的三大维度。

(一)能力系统

心理学界认为,能力是在实践活动中直接影响活动的效率,并顺利完成活动所具备的心理特征。教师能力由多种能力组合形成,是教师在教育实践活动中面对复杂多变的教育情境与教育问题时表现出来的主体性力量,是教师运用自身智慧与潜能解决问题、接受挑战的本质力量,是教师素质的核心,也是教育教学中最具活力的要素,具有创造性、独特性、自发性与能动性的特点,包括信息处理能力、专业教学能力、跨学科整合能力、领导与学习力、研究创新能力五大要点。这些能力之间既具有相对独立性,又相互交叉、相互联系,是一个综合化的统一体。信息化时代对教师提出了新要求,首先要求教师要与时俱进,具备处理各种信息的能力。这种能力不是孤立存在的,而是与其他能力密切相关。教师专业教学与跨学科整合需要较强的实践性与应用性,信息处理能力通过运用信息技术手段提供各种优质资源来促进教学手段与教学能力的提高;专业教学能力是教师能力中最基本的部分,是教师进行教书育人活动的先决条件,是跨学科整合能力、研究创新能力的内在组成部分;跨学科整合能力是教师专业教学能力、领导力与学习力的提升,体现了一种较高的创造性要求;领导力与学习力是教师能力的根本,是教师能力中最核心的部分,是教师自我发展的内核动力;研究创新能力是教师能力的最高体现,是教师教学与学习能力的深化,是教师专业发展的高层次境界。

1. 信息处理能力

这是新时代对教师的新要求，是教师职业的重要素养之一。世界在快速变化，信息和通信技术（ICT）正在发展，教育工作者在教学活动中需要运用这些新技术，提高教育教学质量。新时代的社会是一个开放的社会，教育信息化进程加快，在网络化、数字化、终身化的教育体系的推动下，未来教室及多媒体教室的构建、各种资源的共享，要求教师与时代接轨，进行智慧教育。这就要求教师提高自身的信息素养，具有正确的信息意识，具备获取信息并处理信息的能力，并借助信息技术手段指导学生进行学习。

2. 专业教学能力

这是教师职业的关键能力，教师的职责主要是传授知识、教书育人。其中，教书的能力是基本能力，要求教师具备相应的专业知识，熟悉教学内容，运用合适的工具开展有效教学，成为学生学习的设计者和引导者。教师的教学管理能力、教学认知能力、教学操作能力和教学创新能力是教师专业教学能力的主要内容。教学管理能力主要表现为课堂管理。管理好课堂是开展教学活动的基石，要求教师对教育对象做全面的了解，包括性格、学习、交友、家庭等方面，做到心中有数，这是能和学生进行有效沟通的前提。作为教师，要尊重学生，遇到问题要坦诚、耐心地与学生进行沟通，针对不同学生的需要提出不同的要求，能对学生起到一种激励作用，从而达到教学的目的。

3. 跨学科整合能力

跨学科整合能力是指教师应该具备扎实的学科和跨学科知识，能够将不同的知识整合进行教学，跨学科知识整合能力应是教师的重要素养。跨学科知识整合指的是学习者从不同学科视角对主题相关知识进行建构，从而形成对主题属性多维度重构的心理过程（钟启泉，2016）。由于对其事物整体属性的揭示和复杂性问题的创造性解放具有突出优势，跨学科知识整合不仅与跨学科研究（interdisciplinary research progress）和跨学科问题解决（interdisciplinary problem-resolving）相关，而且与跨学科学习（interdisciplinary learning）和跨学科教学（interdisciplinary teaching）有着更为基础性的联系。建构主义理论指出，学习环境的四大要素包括"情境""协作""会话"和"意义建构"。（何克抗，1997）将知识按学科进行划分，对于科学研究、深入探究自然现象的奥秘和将知识划分为易于教授的模块有所助益，但并不反映我们生活世界的真实性和趣味性。（吴丙朕，2016）广域的课程模式打破了学科间的界限，通过活动促使学生在真实情境中学习各学科的知识，但如何在打破的学科之间取得平衡、建立新的课程结构，对一线教师和政策制定者提出了新的挑战。这就要求教师能够找到不同学科知识点之间的连接点和整合点，将分散的知识按跨学科的问题逻辑结构化。

4. 领导与学习力

领导与学习力在能力系统中占据重要地位。教师的领导力是指教师具有的能够引领教师同伴共同发展并影响整个教师队伍发展的能力。香港著名学者卢乃桂、陈峥

(2006)认为教师领导力的本质特点是：提升教师的专业性，重新分配权力和增强同僚互动。在教师领导力的影响机制上，主要有特质行为、认知能力和情感等几种领导力传达的重要路径。领导力能够协助团队合作、有效与组织沟通交流，促进教师队伍的专业发展。而关于学习力，托马斯·弗里德曼在《世界是平的：21世纪简史》一书中指出，在全球化3.0时代，要在这个"平坦的世界"更好地生活，首先需要培养"学习如何学习"的能力。这就要求21世纪的教师必须成为"学习的专家"，要做智慧的授"渔"者，要善用资源，善研善学，为学生构筑智慧学习的通道，与学生一起经历项目式学习、STEAM（Science, Technology, Engineering, Arts, Maths）学习等，让学生在深度学习的体验中脱颖而出，积蓄能量，使他们能够从容面对一个充满挑战与不安的未来世界。

5. 研究创新能力

创新是一个民族发展的根本动力，教师是教育创新的主力军，承担着重要的使命，教师的研究创新能力的高低影响学生学习的热情与兴趣，也影响学生的创新能力的发展，因此研究创新能力是新时代衡量教师质量标准的一项重要指标。Simplicio（2000）指出，传统教学在21世纪的课堂上已经不够用了，教师应该鼓励学生利用学习经验和教学技术发展其创造潜力，并且在课程中强调创造力的重要性，应该让学生聚集在一起，交流思想、分享经验并塑造未来发展的愿景。研究创新能力是指教师在从事教育教学科研活动中以创新思维为指导，发现、提出新观点并解决新问题的能力，包含创新意识、创新思维、创新技能等内容。要求教师在教学实践中运用新的教学方法、新的教学模式进行有效教学，致力于培养创新型人才。

（二）情感系统

情感是人对生活现实表现出来的一种感情体验，是人的生理反应与现实生活相互作用的产物，与个体的社会需要、个人需要相关。积极的情感指个体对待自身、他人、社会及自然所产生的积极、正向、稳定的心理倾向，肯定的态度体验和饱满的情绪反应，通常表现为有热情、兴奋、幸福、愉快等。（刘丹，2017）教师的情感系统是以仁爱之心、教育情怀、人际关怀、心理健康与体验幸福为主要内容，反映了教师积极的心理倾向与肯定的态度体验。从个体的社会需要来看，仁爱之心是教师爱己、爱人、爱物的内在表现，是教师情感的最高境界；教师的教育情怀是以仁爱之心为前提与基础的，是教师人文精神与教育理想结合的产物，是其他教育情感形成的内核与归宿；人际关怀是教育情怀的衍生情感，相对独立，不仅体现在教育活动中，也反映在教师生活的方方面面；从个体的个人需要来看，心理健康是保障教师个体社会需要的根本要求，是教师自我意识成长成熟的标志；体验幸福是关键，教师只有学会理解幸福、发现幸福、创造幸福和享受幸福，才能产生积极的情感，感受到快乐。

1. 仁爱之心

仁爱之心是一种博大而深邃的情怀，仁爱是一种非凡的气度，是一种对己对人、对事对物的接纳和包容。"仁者，义之本也，顺之体也，得之者尊。"（《礼记·礼运》）"仁者，天下之公，善之本也。仁者，天下之正理，失正理则无序而不和。"

(《近思录》）"恻隐之心，仁之端也。"（《孟子》）"克己复礼为仁。"（《论语·颜渊》）"仁，亲也，从人，从二。"（《说文解字》）孔子认为"仁"是完美人格标准的基础，是包容与接纳人的气度。仁爱是中华民族道德精神的象征，是人之所以为人的根本特性，仁爱之心也是教师职业的伦理要求，是教育的基础和前提。《论语》中记载："子张问仁于孔子。孔子曰：'能行五者于天下，为仁矣。''请问之。'曰：'恭、宽、信、敏、惠。恭则不侮，宽则得众，信则人任焉，敏则有功，惠则足以使人。'"即要为人庄重，待人宽厚，做人诚实，做事勤勉，善待他人。这为教师提供了培育仁爱之心的路径。同时，"仁"字形是二人相对，体现的是人与人的关系，仁爱体现的是做人的基本道德准则，仁爱是群体互动的生成，是对周围的人、事、物等和谐关系的体验；仁爱是一种生命状态，是个体对美好未来的积极追求。

2. 教育情怀

教育情怀是教师职业的必备品格。情怀主要是指一种高尚的心境、情趣和胸怀，受人的情绪影响。教师的教育情怀本质上是人文精神和教育理想融合的产物，它为教师拥有，却指向学生的成长、发展和解放，是一种朝着真善美的心理倾向，包括关怀、同情、启蒙、解放和成全（刘庆昌，2017）；是指教师在教育教学中表现出来的大视野与大格局，是教师对教育产生的一种心灵境界。这种情怀是教师对教育工作的一种深远、持久、特殊的爱。学生对一门学科的热爱缘于教师对这门学科的热爱，缘于教师情怀潜移默化的影响。有教育情怀的教师将教育当成心灵图腾，把教育看作人生路标，认为教育是生命不可缺少的信仰。有情怀的教师能够不忘初心，牢记使命，将自己奉献给教育事业，不会因困难与挫折而退缩，始终保持坚定的信心，保持对教育的热情。教师不仅承担着教书的职责，更承担着育人的职责，教师要立足于当下，树立为人民服务、为社会建设服务的意识，坚定社会理想和信念，引领学生走向真善美的世界，与学生一起构建美好未来。

3. 人际关怀

人际关怀指的是在人际交往过程中主动辨识他人内心感受，能够理解他人、关心他人需要的一种素养，包括师生之间的人际交往、师师之间的人际交往以及教师与家长之间的人际交往等。教师要有良好的沟通和协调能力，主动与学生、家长、同事交流，用心沟通，善于倾听对方的诉求，善于协调学校和社会的资源，积极赢得各方的理解与支持。美国教育哲学家内尔·诺丁斯（Nel Noddings，2003）提出，在学校中教育学生学会关怀，培养其关怀的信念、态度和价值观，学校教育要培养对自我、对他人、对环境、对世界有足够理解和尊重的人。这就需要教师学会关心，教会学生关心，形成师生互动的关心。人是一种关系的存在，关怀意味着关系，意味着"我与你"的对话。关怀是相互的，人的生命成长正是从"他者意识"的形成开始的。"他者意识"视每一个体为彼此内在联系的人，每个人都是由"自己"与"他者"的关系所构成的"关系性存在"。一方面，"关系性存在"以个体生命为前提，赋予生命以价值与意义；另一方面，"关系性存在"又是诸多个体生命的集聚，内在地统整了"自我"与"他我"、"小我"与"大我"。人际关怀的本质是生命关怀（汪树林，2015），人际关怀在尊重"自我"的主体性、独特性存在的同时也尊重每一个"他者"的独特性与独立性,关怀"他者"。教师必须是"关怀者",教师要有关怀他人的心胸,要关注学生的情感,善于用对话交流的方式向学生传达关怀,并且能够敏锐地体察学生的情感变化,以适当的方式主动关怀学生。

4. 心理健康

心理健康是人类自我意识成长成熟的标志,是人与自身和谐统一的成长过程(张向葵、丛晓波,2004),是内部与外部达到平衡的过程。教师职业的专门性意味着教师的心理是一个多层次、复杂的系统,要保证心理健康首先要做好情绪管理,学会心理调适,掌握尊重、换位思考和共情几个基本原则。在社会实践与教育教学活动中,教师会遇到诸多的教育问题,有很多不尽如人意的地方,教师要及时调整自己的心理、管理好自己的情绪,克服付出与回报不成比例的失落感、负面情绪不能转移给学生的无助感、不被理解甚至受委屈的压抑感,以积极阳光的心态、充满正能量的行为展示自己,始终相信未来的一切会更加美好,充分发挥人的自觉能动性,主动接受外部的挑战。教师的心理状态影响学生的心理状态,教师情绪的稳定性有助于教学工作的顺利开展,有利于与学生、家长、同事之间的交流与沟通。

5. 体验幸福

幸福属情感世界,是一种感觉,幸福是人们生存和发展的需要得到满足的一种状态。幸福是人的生理幸福、心理幸福和伦理幸福的辩证统一,是人性得到肯定时的主观感受,即人的欲望与能力的一种对决,每个人都有属于自己的幸福,幸福感关键在心态的调整,学会理解幸福、发现幸福、创造幸福和享受幸福。一个人是否幸福并不在于他拥有什么,而在于他怎样看待所拥有的东西,生活并不缺少快乐,缺少的是发现快乐的眼睛。教育学作为面向整体人性的学科,教育学意义上的幸福无疑与哲学的幸福概念在根本上是一致的,但又有自己的倾向性。教育学的幸福是针对个人的,对各个年龄阶段的个人予以同等的尊重,相信他们都是完整意义上的人;对个人的各个层次的情感感受予以同等的尊重,相信它们都是幸福人生的重要内容;相信个体的幸福主要不是看它是否符合别人的幸福标准,而是看它是否与个体的发展阶段相适应。最为特殊的是,教育更注意幸福的发展意义,为学生的终身幸福奠基,幸福教育就是"教幸福,学幸福",把幸福当作教育过程中师生双方的情感体验,把教育当作一件幸福的事情来做。学生的幸福是以教师的幸福为前提的,没有教师的职业幸福就没有学生的幸福可言;教师的幸福来源于教师与学生生命的对话,并在教学实践中得以实现,学生在课堂生活求真、求善和求美的过程中感受到幸福,可以说,教师的幸福来源于学生幸福,没有学生的幸福,也就不存在教师的幸福。教师最大的幸福,莫过于感受那种从职业中获得的成就感与创造感、尊重感与艺术感,在教育过程中体验幸福教育。

(三) 人格系统

人格是指一个人所表现出来的精神面貌,是个体所具备的独特的行为方式与思维模式。在心理学中,人格是指人的先天和后天的全部心理特征,这些特征是个人的特征,也是使人成为独一无二之个体的地方。在伦理学上,人格指个人的品德和操守。

（梁仪，2014）健全人格包括健全的心理特征与良好的道德品质。北京师范大学的高玉祥教授认为，健全人格是各种人格特征的完备结合。（高玉祥，1997）教师的人格状态对学生健全人格的形成有重要影响，因而教师需要先培养自己的健全人格。教师的健全人格系统以教育观念、教育自觉、责任担当、家国情怀、道德领导为主要核心内容。在健全人格系统中，教育观念是首要基础，教师首先应该具备教育观念，树立正确的教学观、教师观与学生观。在正确的教育观念的指引下，对自身存在意义与教育职业的反省达到精神上的自觉，进而追寻教育真谛、实现教育目标。通过对自我价值的思考与对教育目标的定位，教师要清楚自己的责任，勇于承担责任，不仅承担培育高素质人才的重任，也要承担促进社会文明发展的责任，这是人格系统中的重要内容。社会文明发展离不开教师的家国情怀，只有教师"心怀天下"，树立为人民服务的意识，将"热爱祖国、奉献祖国的大视野"融于当下教育中，才能与学生一起构建更美好的未来。教师的道德领导源于教师自身的道德修养与人格品质以及教师责任意识，只有具备完善的教育观念与责任意识等才能形成这种人格魅力，因此，道德领导是人格系统中的本质要求。

1. 教育观念

教育观念是教师健全人格中的首要基础，是指人们对教育现象和教育问题的主体认识以及由此而产生的某些行为意向。（易凌云、庞丽娟，2004）教师作为教育教学的主体，也具有个体独特的教育观念。教师对教育的认识是展开教学工作的先决条件，受社会文化与个人教育的影响，反映了教师对教育问题的价值判断。教育观念能够指引教师进行教育教学活动，构建教师特有的认知模式，形成对教育的个体看法。只有具有教育观念的教师，才能对教学活动做出价值选择，才能投入情感与兴趣，把自己最大的热情投入教育事业中。

2. 教育自觉

教育自觉是教师自身素养发展的重要因素，教育自觉是指教师基于对教育发展现状、教育生存环境以及教育主客体的认知而产生觉知自我的意识，在思想、实践等层面主动追求卓越创新、追寻教育真谛，进而实现教育目标与自我价值的教育品质。（赵冬冬，2016）教师的教育自觉首先表现为价值自觉，在与外部社会及内部自我的交流对话中，对自我作为价值存在的定位，包括对"我是谁""我为什么而存在"等价值问题的思考，明确"为何而教"的问题，认识到自身应该做什么、应该怎么做，经过对自身存在意义与职业价值的反省，达到精神上的自觉，形成一种自知、自主和自觉的精神状态，自觉坚持教学原则、坚持以学生为主、自觉完善自身知识结构、自觉学习并提高自身素养，完善教学管理、优化教学技能与教学方法。

3. 责任担当

责任担当是教师内在的、独特的行为风格，是指教师要清楚自己的责任，敢于承担责任，积极主动地发现和解决教育教学中的问题。有教师认为："教师是导游，教师是法官，教师是公关人，教师是'多心'的人，需要拥有一颗滚烫的爱心、超凡的耐心、公正的良心、强烈的事业心、高度的责任心。"具有高度的责任心是教师进行教育教学活动的重要保障，主要体现在教师要致力于促进学生的发展，促进学校、社会、文化的发展，促进自身的发展。随着素质教育的推动，教师责任担当的范围也随之扩大，责任担当的动机也更加明确，责任担当具有全面性的特点，这就要求教师清楚地认识到责任担当是源于对学生的爱、源于对教育事业的爱，是源于内在的、深层的良知。

4. 家国情怀

家国情怀表现为教师热爱祖国、奉献祖国的一种社会素养。教师要树立为人民服务、为社会主义现代化服务、为中国特色社会主义服务的思想意识，要有"心怀天下"的大视野，不仅要领悟到人类通过国与家同构命运共同体的意义，也要始终坚持与党和人民站在同一条线上，对祖国有高度的自豪感、归属感、责任和使命感，认同并遵循社会主义思想，坚持四个自信，即道路自信、理论自信、制度自信和文化自信，从个人修养、心怀天下等多个方面出发，追寻家国情怀，并积极引导学生热爱祖国，引导学生学习中国特色社会主义理论及学科知识，不断培育学生能适应未来社会发展所需的关键能力和综合素养。

5. 道德领导

道德领导是指领导者以道德权威为基础，构建组织共同愿景与理念，借助专业的和道德的权威，在帮助教师自我管理的同时，将学校组织转化为一个共同体，从而最终实现学校培养目标的过程。（童宏保，2012）教师的道德领导是指教师以正确的教育价值观以及道德权威为基础，在潜移默化中引导他人追随其道德魅力。（谷玉玲，2015）教师的道德领导会影响自我、他人以及学校的发展，教师在教育教学活动中不断提升自我道德境界，完善道德情操，不仅能够引导他人提高德行修养，引导学生全面发展，提高思想境界，也能激发自身积极参与学校管理、自主学习的动力，充分发挥人格魅力，引起学校共同体中他人的共鸣，使他人主动跟随、心悦诚服地接受引导。因此，道德领导是人格系统中的本质要求，需要教师提高自身的教育德行，形成高尚的师德素养。

教师综合素养的三个维度与十五个素养是相互影响、相互融合的整体。在教师综合素养中，能力系统是教师发展的实践力，情感系统是教师发展的原动力，人格系统是教师发展的自驱力。这三个系统的组合形成了一个多元化、综合化的教师综合素养体系。

第二节　相关理论基础

一、终身学习与学习型组织理论

联合国教科文组织出版的《学会生存》和《教育——财富蕴藏其中》等报告，倡导人们终身学习，激发他们获取终身所需要的全部知识、价值与技能的动机，并能在任何情境中有信心地、创造地、愉快地应用所学的知识。[①] 学习并不是简单地发生

[①] 高志敏等：《终身教育、终身学习与学习化社会》，华东师范大学出版社2005年版。

在个体的行为,它离不开社会与情境的作用。终身学习理念的提出使学习成为国家和个体层面的共同需求,给个体学习营造了良好的社会氛围,推动学习的发生和发展。终身学习理论的发展体现了由上至下的、从外部推进的教育活动向以学习者为中心的自主学习活动的转变,学习已经不只是在学校里面被动发生的活动,而应是伴随人们一生的、自主的、持续发展的过程。终身学习理论要求教师成为终身学习者,形成自主学习的意识和观念,将工作与学习结合起来,提升自身综合素养。

在终身学习的基础上,美国麻省理工学院的彼得·圣吉教授在1990年出版的《第五项修炼——学习型组织的艺术与实务》一书荣获世界企业学会最高荣誉奖——开拓者奖。学习型组织理论在全球都有很大的影响力,创建学习型组织的目的是使人不断超越自己,改善心智模式,开拓创新,增强活力与创造力。透过学习,我们重新创造自我;透过学习,我们能够做到从未能做到的事情,重新认知这个世界及我们跟它的关系,以及创造未来的能量。学习型组织理论的精髓就是五项修炼:第一,自我超越。它是创造性引力和情绪张力的博弈,组织的个体通过学习不断理清和加深个人的真正愿望,集中精力,培养耐心,实现自我超越。自我超越是学习型组织的精神基础。第二,改善心智模式。这要求我们检查和修正以往以局部或静态思考方式为主的心智模式,向以互动关系与动态变化的思考方式为主的共同心智模式转变。第三,建立共同愿景,形成成员普遍认同的目标、价值观与信念。共同愿景的作用在于为团队提供焦点与能量,并激发团队形成不断向前超越的力量。第四,团队学习。发展团队成员相互配合实现共同目标的能力的学习活动及其过程。第五,系统思考。要求人们树立全局的观念,形成整体的动态的搭配能力和思维模式,将问题置于系统中来思考,从发展中的各种要素寻求新的平衡。同时代有很多学者都对学习型组织理论的建立和完善做出了贡献,如阿吉瑞斯在1977年发表的《组织中的双环学习》对组织学习的方式进行了研究,还有鲍尔·沃尔纳的五阶段模型等,圣吉教授是在所有研究者的基础上的集大成者。

二、成人学习理论

成人学习理论是基于成人学习者的特征构建的成人学习模式及其理论体系,主要研究成人学习者的学习目的、动机、需求、过程以及学习环境等相关内容。美国著名成人教育理论家、实践家马尔科姆·诺尔斯指出成人学习者具有四个特征:第一,自我导向性学习;第二,大量的经验和稳定的知识结构;第三,成人学习具有社会性;第四,在学习目的上体现出功利性,以解决问题为导向。[①]

茨梅约夫、梅切洛、贾维斯等成人教育学家也阐释了关于成人学习者及其学习的特征。总的来说,在成人学习理论的研究中,最为关键的三个内容是:第一,成人已经拥有大量的生活、学习、工作、社会经验,这些经验构成了其知识结构,因此,成人的学习更多的是对已有经验的反思与改造,是改造性的学习;第二,在成人学习的过程中,社会条件的影响起着至关重要的作用,要研究成人学习,必须将成人置于其

---

① 董玉霞:《马尔科姆·诺尔斯成人自我导向学习思想研究》,河南大学2008年硕士学位论文。

所生活、工作的社会环境中；第三，成人学习具有自我导向性，他们有明确的学习目的，能够主动选择学习内容。

成人学习理论为教师学习力的研究提供了理论支持，教师作为成人学习者，必然具备成人学习者的特征。首先，在实施教师教育活动或者引导教师学习的过程中，需要考虑到教师作为成人学习者的内在需求和身心特征；其次，教师的学习离不开学校和社会环境，学校对教师的学习具有重要的影响，学校整体的学习环境和氛围对教师学习具有引导和支持的作用；最后，在研究教师学习的内容时，应考虑到教师已有的知识结构，强调经验的反思、改造与更新。

三、自主学习理论

从 20 世纪 50 年代开始，自主学习成为教育心理学研究的一个重要课题。维果斯基学派、行为主义学派、现象学派、社会认知学派和信息加工心理学派等都从不同角度对自主学习做过深入研究。斯金纳行为主义提出自主学习包含自我监控、自我指导、自我评价和自我强化，并通过这四个过程开发出的自我记录技术、自我指导技术、自我强化技术，以及齐默曼（Zimmerman）把自主学习分为计划阶段，行为、意志控制阶段和自我反思阶段的研究对本项目都有借鉴作用。社会认知学派的齐默曼提出了一个系统的自主学习研究框架，对自主学习的实质做了深入的说明。（见表 2-1）

表 2-1 自主学习的研究框架

科学的问题：心理维度；任务条件；自主的实质；自主过程
1. 为什么学：动机；选择参与；内在的或自我；自我目标、自我效能；激发的价值观归因等
2. 如何学：方法；选择方法；有计划的或自动化的；策略使用
3. 何时学：时间；控制时限；定时而有效；时间计划和管理
4. 学什么：学习结果；控制学习结果；对学习结果的评估；自我监控、自我判断、自我意识、行为控制意志；等等
5. 在哪里学：环境；控制物质环境；对物质环境的敏感；选择组织学习环境和随机应变
6. 与谁一起学：社会性；控制社会环境；对社会环境的敏感；选择榜样寻求帮助

资料来源：Zimmerman B J, Risemberg R. Self-regulatory dimensions of academic learning and motivation. In: Phye G D (ed.). Handbook of academic learning. Cambridge: Massach-usetts Academic Press, 1997, pp. 105-125.

齐默曼认为，从本质上讲，自主学习的动机应该是内在的或自我激发的，学习的方法是有计划的或经过练习已达到自动化的，学习的时间是定时而有效的，学生能够意识到学习的结果，并对学习过程进行自我监控，他们还能够主动营造有利于学习的物质和社会环境。但是在实际的学习情境中，完整意义上的自主学习和极端的不自主学习都较少，多数学习介于这两者之间，因此，研究自主学习首先应该分清学生在哪些学习方面上是自主的，在哪些方面上是不自主的，然后再有针对性地施加教育干预。

温妮（Winne）和巴特勒（Butler）认为，自主学习者在面临学习任务时，首先要利用已有的知识和信念对任务特征和要求进行解释，任务知识影响学生对学习任务的表征和解释并对目标设置和策略选择起中介作用，策略知识在自主学习中起着更为重要的作用，充分而有效的策略知识是学习取得成功的关键。同时，能够自觉地选用策略知识也是自主学习的重要标志之一。在涉及自主学习的动机性信念中，自我效能感的作用最为突出，因为它影响学习目标的设置，对学习目标的承诺、学习的坚持性，以及在目标达到过程中的若干决策。学生一旦完成对学习任务的解释，接下来就要设置学习目标，学生所选择的目标在形成和展开自主学习的过程中居核心地位，因为学生要根据学习目标来确定学习方向，判断学习的进展情况，选择和调整学习过程和策略。通常，学生所选择的与学习任务相关的目标主要有两类：一是掌握目标，二是表现目标。确定掌握目标的学生寻求对学习任务的理解和掌握，而确定表现目标的学生更多的是为了向他人证明自己有能力。（如图 2-2 所示）

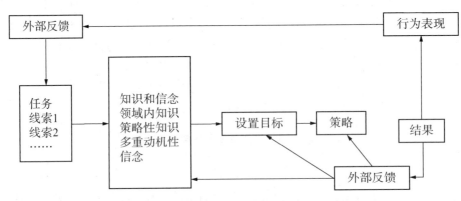

图 2-2　Winne 和 Butler 的自主学习模型

资料来源：Butler D L, Winne P H. Feedback and self-regulated learning: a theoretical synthesis. In: Review of Educational Research, 1995, 87 (3): 245-281.

学习目标确定之后，自主学习的学生就要根据学习目标选择和运用相应的学习策略，所选择的学习策略可分为两种，即认知策略和意志策略。认知策略又包括复述精加工组织等许多具体策略，意志策略则包括动机控制策略和情感控制策略等。学生在策略的应用过程中有时会遇到一些困难，主要表现为：一是难以识别策略适用的条件；二是错误地知觉任务目标，因此在策略与任务之间形成错误匹配；三是选择了有效的策略，但不能有效地使用这些策略；四是畏于策略应用需付出的努力而缺乏策略使用的动机，而要克服这些困难需要加强策略的学习和练习。

戴维·利特尔（David Little）认为，学习者，自主的实质是学习过程与学习内容的心理连接，即进行客观的、批判性反思的独立学习能力。同时它极大地拓展了自主学习的概念，认为自主学习不仅是独立于传统课堂教育的独立学习，而是在课堂上的合作和互动才是培养自主性学习的根本。思考和分析问题能力是培养自主学习的根本，而思考和分析能力的培养取决于能否参与到社会互动中，并在社会互动中进行批判性思考。

四、建构主义理论

从理论发展上来看，主要基于建构主义与人本主义的思想理论对生本自主互助课堂文化的研究。建构主义学习理论的基本观点是，以学生为中心，强调学生对知识的主动探索、主动发现和对所学知识意义的主动建构，同时注意文化环境等因素对学生发展的影响。这一思想主要强调学习的过程是学习者主动构建知识与主动学习的过程，批判师本化与灌输性教学方式。建构主义认为：①学习是学习者主动地建构内部心理表征的过程。学习者不是被动地接受外来信息，而是主动地对信息进行选择加工；学习者不是从同一背景出发，而是从不同背景、不同角度出发；不是由教师统一引导，完成同样的加工活动，而是在教师和他人的协助下，通过独特的信息加工活动，建构起对现实世界的认识。②学生是信息加工的主体，是意义的主动建构者，教师是学生意义建构的帮助者、促进者。教师应善于注重以学生为中心进行教学，注重在实际情境中进行教学，注重协作学习，注重提供充分的资源，强调要设计好教学环境。

人本主义在建构主义思想上进一步发展，不仅肯定学习者的主体性，同时意识到教育要遵循学生的发展规律，尊重学生的个性差异。20世纪初，美国著名教育家杜威第一次明确提出"儿童中心主义"，指出传统教育的缺陷。1952年，人本主义的代表者罗杰斯受到杜威思想的影响，提出"以学生为中心"的教学思想，抨击传统"三中心"教育理念，实现从以"教"为中心向以"学"为中心的转变，从"教授模式"向"学习模式"转变，推动了"以学生为主"的教育理念的传播。学者们通过"以学生为中心""主动构建知识""遵循人的发展规律"等思想理论研究"以学为中心"的课堂教学与课堂文化的构建，探索"自主互助式"课堂教学文化实践，强调学生在导学案、教材、教参和网络等条件下自主学习，再通过小组合作互助探究，在老师的引导下完成自主合作学习。

行为主义认为，学习是刺激与反应的联结，是在既有行为之上学习新行为的历程，学习过程是一种渐进的"尝试与错误"直至最后成功的过程，强化是学习成功的关键。强调导学案要引导学生自主学习，重视知识、技能，使学生在自主学习中完成知识的正迁移，再通过课堂练习设计和小测设计进行知识技能强化。

五、合作学习理论

合作学习理论认为，在合作学习中，有五个基本要素：①积极的相互依赖——学生们知道他们不仅要为自己的学习负责，而且要为他们所在小组中其他同学的学习负责；②小组及每个小组成员的责任感——小组成绩取决于小组总的任务的完成情况，小组成绩将影响个人的成绩记录；③面对面的建设性的相互交流——学生们有机会相互解释所学的东西，有机会相互帮助、理解和完成作业；④小组合作技能——期望所有学生能进行有效的沟通，对小组的活动提供指导，建立并维护小组成员之间的相互信任，有效地解决组内冲突；⑤小组的自我评估——各小组必须定期评价共同活动的情况是否良好，应怎样提高其有效性。合作学习的方式主要有同伴教学法、小组游戏竞赛、小组辅助个体和共学式，等等。合作学习是目前在世界范围内被广泛使用的课堂教学组织形式。它强调在课堂上的小组互助学习，形成学习共同体，注重合作意识培养、合作能力技巧训练、交流能力提高和全面评价能力的提升，注重培养人的社会性，以培养良好的社会主义公民为目标。

六、社会交往理论

社会交往是从动态角度分析社会现象的基本概念。这一概念是从马克思的交往理论中提取出来的。马克思、恩格斯认为，社会交往指的是人们在生产及其他社会活动中发生的相互联系、交流和交换。他们用社会交往概念论述了历史唯物主义的理论。这些概念是同人们的社会行动的概念相联系的，即他们要解释人们之间相互影响的意义与机制，分析这一过程所包含的社会意义。因此，西方社会学家往往在微观上使用社会相互作用的概念。社会交往系统的基本要素包括社会交往的主体和客体、交往力、交往关系、交往的意识、交往的需要和交情等，它们是一个有机整体。交往力是指人们进行社会交往活动的能力。社会交往关系是指人们在社会交往活动中的地位和相互关系。交往关系和生产关系都是社会关系整体的组成部分，生产关系是交往关系的基础。交往的意识是指人们进行社会交往活动的社会意识。交往的需要是指人们进行社会交往活动的需要，是社会交往的动机。交情是指人们在社会交往活动中培养起来并且表现出来的感情。在生活世界中，交往参与者相互之间就一些事情达成共识，只有转向关注作为语境的生活世界，我们才能变换视角，从而揭示出行为理论与社会理论之间的内在联系。社会概念必须与生活世界概念联系在一起，而生活世界概念又与交往行为概念形成互补关系。因此，交往行为主要遵循一种社会化原则，值得关注。（哈贝马斯，1989）生活世界与系统过程是交往行为理论的重要概念之一。在哈贝马斯看来，生活世界有三种解释模式，分别是关于文化或符号系统的、关于社会或社会制度的、个性导向或自我本体的。三种模式对应于社会的三种功能需要：通过交往行为达到理解以实现传播、维护以及更新文化知识的目的；通过互动的交往行为的协调以满足社会整合和群体团结的需要；通过交往行动的社会化以形成个人认同。因此，生活世界的三个组成部分，即文化、社会与个性，通过交往行动的三个方面，即寻求理解、协调互动和社会化来满足社会文化再生产、社会整合和个性成长的需要。哈贝马斯认为：为了达到人对其环境的理解，交往行动的参与者置身于一种他们既运用又更新的文化传统之中，通过对有效断言的主观认识来协调其行动，他们依赖于自己在群体中的成员资格并加强他们之间的合作；通过与能力者的互动，他们发展了童年所内化的价值取向并获得一般化的行动能力。

在现实的社会中，生活世界与系统过程是相互联系的。经济、政治、家庭及其他制度联系中的活动依赖于生活世界的各个方面：文化、社会与个性。不过，进化的趋势是生活世界分化为各自分离的文化、社会与个性的知识库，而系统分离为彼此区别的制度群，如经济、国家与法律，这种分化产生了将系统与生活世界再平衡、再整合的问题，正是在这些问题中存在着现代社会的危机。（唐晓群，1997）哈贝马斯断言，理性更多的是与运用知识的方式联系在一起，而较少与知识有关。如果我们认为在一些情境中谈论某事是合理的，那么，我们就会明白这要么是指人们表达的认识，要么是指包含认识的符号表达形式。我们说某个人理性的行动,或者说某种陈述是合理的,实际上就是说这个行为或陈述可以被有关的某些人批驳或辩护,而这恰恰就是他们为了能够证明自己是正当的或有根有据的。我们不能像经验主义者那样,限制理性行为的范围和对客观世界的认识。我们必须以"交往合理性"的概念来弥补"工具认知理性"的不足。正如哈贝马斯所说的,合理性意味着交往,因为只有符合与至少另一个人达成相互理解的必要条件时,某事才是合理的。

七、学习共同体理论

博耶尔(Boyer)在 1995 年发表了题为《基础学校:一个学习共同体》(*The basic school: a community of learning*)的报告,在报告中用到了"学习共同体"的概念。学习共同体(Learning Community),亦称学习者共同体(Community of Learners),是一个由教师、学生、管理人员以及其他人员组成的组织,在学习共同体中,成员有清晰的奋斗目标,可以面对面地沟通与互动。学校从真正意义上来说应该是一个学习共同体,它必须"有共同的愿景,能够彼此交流,人人平等,有规则纪律约束,相互关心照顾,气氛是快乐的"(Boyer,2004)。舒尔曼(Shulman,2004)认为,在学习共同体中教师与领导是平等的交流、打破行政领导的科层制领导模式,促进教师与行政层的交流和沟通,互相学习、互相指引,互为专家。

学习共同体所依据的一个重要概念框架是实践共同体。这是莱夫(Lave)和温格(Wenger)在《情境认知:合法的边缘参与》一书中提出的,并由温格在《实践共同体:学习、意义和身份》中予以系统阐述的。所谓实践共同体,它指的是这样一个人群:所有成员拥有一个共同的关注点,共同致力于解决一组问题,或者为了一个主题共同投入热情,他们在这一共同追求的领域中通过持续不断的相互作用而发展自己的知识和专长。(赵健,2004)

有关学者还对学习共同体的理论渊源进行不同角度的探讨,"学习共同体是发展中的一种教学隐喻,它直接与建构主义中'学习是知识的社会协商'这一学习隐喻相对应。其理论假设是社会建构主义和分布式认知,强调知识的社会性特征,知识分布或存在于团队、共同体中"(全守杰,2007)。学习共同体以建构主义为基础,还体现在相关研究者对学习共同体理论背景的分析和推断上:学习是知识和价值的共同建构,离不开与他人以及环境的互动作用这一建构主义学习观。

学习共同体是一种促进参与者学习建构很好的方式。学者赵健以维果茨基心理发展的社会文化观、社会建构主义和建构论为基点,对学习的社会性进行了论证,即从个人的认知建构到知识的社会协商阐述学习的社会性,参与者个人建构和协商建构成为学习共同体的重要实践途径。他试图解决校内学习与校外世界真实性的问题,对学习的实践特征主要是从心理学关于"实习场"的理论视角进行分析,并结合情境认知和人类学家莱夫的合法的边缘参与的有关理论,提出"学习就是参与到学习共同体""学习就是一种社会参与"。分布式认知为知识的个体性与社会性的相互关联提供了有力的解释,而将分布式认知转换为分布式认知资源,通过设计课堂学习环境培养学习共同体,开展面向参与者而设计的教学成为必然趋势。

迈克尔·富兰（Micheal Fullan，2013）指出构建专业学习共同体的六大特征：共同使命愿景和价值观，聚集于学生的学习；聚集于学习的合作文化；聚集于共同探究的考与学最佳实践；聚集于行动取向；边做边学持续改进；结果导向。布莱克史坦（Blackstein，2004）也指出，学校的成功有赖于教师发展，而在当前改革的背景下，教师的发展有赖于建立和维持专业学习共同体。专业学习共同体脉络之支持，将有助于改革的推行。杜福尔等人（DuFour & Eaker，1998）亦指出，越来越多的证据表明，学校改善的最大希望在于将学校转变为专业学习共同体。因此，路易斯·克斯等人（Louis, Kruse & Marks，1996）认为，通过教师专业发展以建成教师专业学习共同体，从而从根本上改变学校内的组织文化、结构和领导角色，实现文化重构—分享的价值和标准、关注学生学习、反思性对话、实践之非私有化和合作。最终，学校改善立足学校实际，依托教师专业发展，通过教师参与和努力以建构专业学习共同体，来实现学校的文化重构，从而建立起学习型组织。（宋萑，2006）从校本教师专业发展的角度来看，教师需要在一个适宜学习发展的土壤中成长，需要一种以创新为根本的学习型学校的学习环境，需要同事之间合作分享，需要教师专业共同体的强大支持。而教师专业学习共同体恰恰提供这些条件，教师专业学习共同体更能体现学校本位的特征，从学校本身存在的问题和学校发展的特殊性出发，在专业共同体脉络中学习和探究，以完善学校发展。

那么，如何界定学习共同体的概念？在相关文献中主要有以下几种观点。

第一，有学者认为："学习共同体就是为完成真实任务、问题，学习者与他人相互依赖、探究、交流和写作的一种学习方式。"（尚茹，2007）此观点偏重教育学的视角，将学习共同体定义为一种学习方式，与基础教育新课程改革所提倡的新的学习方式是一致的，它强调共同信念和愿景，强调学习者分享各自的见解与信息，鼓励学习者通过探究，达到对学习内容的深层理解。

第二，"学习共同体是指由具有共同信念、共同目标的学习者及其助学者（包括教师、专家、辅导者等）共同构成的团体。他们彼此之间经常在学习过程中进行沟通、交流、分享各种学习资源，共同完成一定的学习任务，因而在共同体成员之间形成了相互影响、相互促进的人际关系。"（王越英，2004）

第三，学者徐丽华从教师专业发展出发，立足于将学习共同体视为学校的一种学习组织形式，提到了教师学习共同体的概念，她认为教师学习共同体是指在以校为本的学习团体活动中，以教师个体的自身成长为关注焦点，围绕着教师在职场中碰到的问题，通过理论引领的交流和新型教研活动的互动，使教师借助个体和集体的智慧将公共知识转化为个人教学风格，并以教师个体教学个性的丰富性来促进协作学习共同体、学校的文化建设，从而达到教师个体与协作学习共同体、学校一起成长。这是将学习共同体作为一种组织的主张，即学习共同体是教学的组织形式，是传统班级组织的替代物，尝试通过组织形式的变革促进学生的学习和健康成长。这是以系统论为基础，从学习型组织理论的角度进行阐释的。

第四，"师生学习共同体"建构的观点。这是将学习共同体作为一种关系的主张，将共同体视为关系的结合，从社会学的视角来考察学校的师生交往互动，师生相

互促成发展，为共同的成长愿景而奋斗。（全守杰，2007）

总而言之，学习共同体是为了完成、解决或关注某一问题，在共同愿景的指引下，成员间相互对话、沟通或交流，分享、整合各种学习资源并创造性地达到解决问题的目的，并最终使所有成员得到发展的过程。

八、领导理论

领导理论是研究教师领导力的基础与理论基石，领导理论的核心首先是探讨如何实现有效的领导，以及作为影响他人的领导者所表现出的领导行为应该具备的相关特质。纵观领导理论的发展，各个历史时期的领导理论都有其各自的特点，并且对整个领导理论的发展都具有重要的作用。现将各个时期领导理论的主要学者的观点和贡献汇总如下（见表2-2）：

表2-2 领导理论小结

阶段	主要观点	代表学者	特点	理论贡献
领导特质理论	强调关注领导自身特质及领导者的个人素质对领导的重要性	House	关注领导自身的特点和成功领导者具有的技能	深入研究了领导者所需具备的特征，希望找到领导的共同特性来进一步发展领导力，其为日后领导理论的研究开拓和延展了思路
领导行为理论	开始关注领导理论的维度划分及领导行为的分类研究	Terry Mitchell	把领导类型划分为两个维度，即"关心人"和"关心事"，但没有将情境要素纳入考虑范畴	在维度划分上对领导及其他管理研究领域都有重要的启发作用
权变领导理论	倾向将领导者与被领导者两个因素结合起来研究，并试图了解在一定的情境中两者相互作用的方式。其进一步研究了领导情境对领导效能的作用	Fiedler	关注情境对领导的影响，对领导过程的描述比较少	引入情境变量，打开了领导理论研究新视角，具有划时代的指导意义，其思想理念也延续至今
变革型领导理论	从新的研究视角出发，将领导的过程作为焦点，提出愿景对领导的重要性	Bass	注重领导行为的过程及内容，比较细致地对领导行为进行了描述，并对领导类型做进一步划分	对领导行为进行的详细描述，使领导理论更加丰富，增强了其可操作性

九、体验式学习理论

体验式学习理论历经多年的发展，杜威、皮亚杰、库伯等教育学家们依据时代的发展不断丰富该理论内涵，使其日臻完善。体验式学习一般指的是让参与者在参与精心设计的活动、情境过程中，亲身体验感悟，认真反思并且积极分享，从而对自己、他人以及环境产生新的认识和感受，并且将其运用于现实生活中的一种学习方式。在体验式学习理论中，知识不是一个个相互独立的事实类知识，而是蕴含在丰富情境中，急需人们去感知的内容。知识与情境是无法分开的，认识知识所处的情境的过程就是获取知识的过程（项丽娜，2017）。

体验式学习始于美国著名教育学家约翰·杜威（John Dewey）理论中的"经验"。与杜威同时期的瑞士著名教育学家、心理学家让·皮亚杰（Jean Piaget）在其认知发展理论中也提及一些有关体验式学习的内容。著名心理学家大卫·库伯（David A. Kolb）在杜威体验式学习框架以及皮亚杰认知发展模型的基础之上，创造性地提出了体验学习圈理论。他认为，学习的目的并不是为了获得和传递学习内容，而是在经验之中获取、转化并且运用知识。库伯把学习具体划分为具体体验、反思观察、抽象概括和行动应用四个环节。体验式培育其实就是一种体验式学习，强调的是"先行后知"，是一种个体通过在活动中的充分参与来获得个人的体验，然后在培育师的指导下，学习共同体成员共同交流，分享个人体验，提升认识的培育方式。体验式培育比其他培育方式更加注重人作为一个平衡体的存在，其基本思想认为随着人体外世界不可控因素的增加，来加强对人体内世界所独有的人类思维特质的锻炼和培养。体验式培育与惯常培育的学习理论基础有所不同。惯常的培育以接受式学习理论为支撑，体验式培育则以体验式学习理论为支撑（详见表2-3）。

表2-3 体验式学习与接受式学习理论基础之异同

学习维度	学习形式	
	接受式学习	体验式学习
学习目标	注重知识与技能	注重当下的实践观念
学习起点	过去的知识	即时的感受和态度
学习理念	以教师为中心	以学习者为中心
学习组织	个体学习	学习共同体学习
学习方式	记忆	领悟与体验后的反思
学习过程	无接触	直接接触
学习差异	标准化学习	个性化学习
沟通方式	单向沟通	多向沟通
结果导向	以接受的知识为导向	以解决问题为导向

体验式学习与传统的接受式学习不同，首先，它可以促进学员和老师在情感、行为和认知的学习上取得平衡，集培养态度与情感、发展和练习技巧、促进对主题概念

及模式的了解三位于一体。其次,体验式学习还提供参与学习共同体活动的机会。最后,体验式学习强调运用参训者的专业知识。奥苏伯尔在其《教育心理学:认知论》一书中写道:"假如让我把全部教育心理学仅仅归纳为一条原理的话,我将会说,影响学习的唯一的最重要的因素是学习者已经知道了什么。"(吴卫东,2008)只有了解教师原有的知识水平,知道他们的认知结构,有针对性地激发教师内在驱动发动机,才能使其突破自我、完善自我,自主生长和互动生长、启智益智,其路径就是学习和践行,做到知行合一。

1. 体验式学习理论的基本特征

体验式学习是情境式学习。学习者亲身体验特定的学习情境,通过感官去感知学习的内容,获取直接的学习经验,丰富的学习情境能够持续激发并且长期维持学习者的学习动机与学习兴趣。体验式学习是以学习者为中心的学习方式,激发学习者主动去获取知识。体验式学习的过程就是学习者主动参与学习情境,自主探究、发现、反思、运用知识的过程。学习者能否积极主动地参与到情境学习的过程中,是体验式学习能否顺利开展的重要保证。体验式学习理论十分重视反思在学习过程中的作用。反思是体验式学习过程中非常重要的一个环节,它将知识从感性认识的阶段上升至理性认识的程度。只有学会提问,适时进行反思,在行动中反思,在反思中行动,才能不断建构自己的学习思维体系。

2. 体验式活动的功能

体验式活动注重主动学习者的观念和态度,注重学习者即时的感受,并在学习共同体学习中,通过直接接触去领悟体认,这样可以使不同水平的学习者形成个性化学习。体验式活动有着诸多功能,很多学者从不同的角度对此提出了不同的观点。华东师范大学的庞维国教授认为,我们对于世界的了解,无非来源于两个方面:直接经验和间接经验,而体验式活动属于前者。他不仅从情节记忆、情绪记忆、自我决定性、默会知识和实用智力五个方面说明了体验式学习的优势(庞维国,2011),同时,他从心理学的视角出发,指出教师应从经验筑构和学习反思两个核心环节入手,系统地开发以体验为基础的教学,帮助教师建构意义和以一种更加个性化的方式激发学习者学习及适应多种学习风格,认为加强学习方法的多样性、机会、交互性、协作和同伴学习,能有意义地把学习与真实世界的问题、思想、概念和观念联系起来,等等,这些观点无一不是在指出体验式的活动对教师教育活动的益处。

第三章 国内外相关研究的学术梳理及研究动态评析

第一节 微团队培育的文献评析

一、研究现状

(一) 教师团队文献综述

以中国知网为检索平台,未查到有关院校合作的微团队阶梯培育研究相关资料,以"以教师微团队"搜索,无相关论文,再以"教师团队"和"教师学习共同体"这两个高度相关的主题重新进行搜索,并限定核心期刊和 CSSCI 为范围,分别下载了 2003—2015 年以"教师团体"为主题的 409 篇标引数据和以"教师学习共同体"为主题的 736 篇标引数据。采用文献计量和关键词聚类分析的研究方法,对搜索到的文献进行深入分析,以梳理我国教师团队培育研究现状和发展路径。

1. 教师团队研究论文发表年份及期刊类型分析

利用图 3-1 中的数据做回归分析,结果显示,Multiple $R = 0.954$、R Square $= 0.910$、Adjusted R Square $= 0.902$,都接近于 1;方差分析中的显著值 $Sig. = 0.000$,说明回归良好,可见越来越多的学者关注教师团队的研究领域,也有越来越多的期刊发表教师团队的相关论文。

对文献来源期刊进行初步统计可以发现,教师团队的研究大多数来自职业教育和成人教育相关刊物。如表 3-1 所示,《教育与职业》共发表过相关文献 38 篇,《中国成人教育》共发表过文献 23 篇。其中,在发表文献数量排名前十的期刊中,有 50% 是与职业教育和成人教育相关的刊物。可见,教师团队研究与职业教育和成人教育高度相关。

2. 基金资助概况

如表 3-2 所示,从 2005 年开始,教师团队的研究陆续得到基金支持,呈持续上升状态,2013 年达到最高峰,基金支持率超过 50%。在对自 2002 年开始至今的基金支持进行统计发现,在已发表的 409 篇文献中,144 篇有基金支持,支持率为 35%,基金支持现状较为良好。

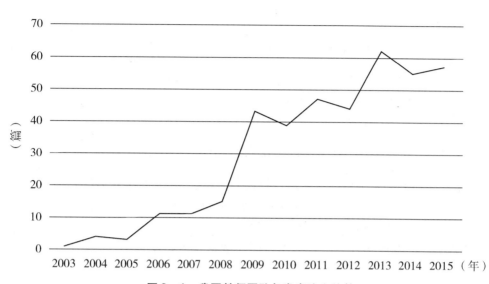

图 3-1 我国教师团队年发表论文趋势

表 3-1 来源期刊发表文献数量

期 刊	数量（篇）	期 刊	数量（篇）
《教育与职业》	38	《职教论坛》	15
《中国成人教育》	23	《上海教育科研》	14
《教育探索》	18	《中国职业技术教育》	14
《教学与管理》	16	《中国教育学刊》	12
《职业技术教育》	16	《中小学管理》	12

表 3-2 基金年资助教师团队研究状况

年份	无基金（篇）	有基金（篇）	总计（篇）	支持率（%）
2002	1	0	1	0
2003	4	0	4	0
2004	3	0	3	0
2005	10	1	11	9
2006	10	1	11	9
2007	13	2	15	13
2008	32	11	43	26
2009	29	10	39	26
2010	31	16	47	34
2011	25	19	44	43
2012	42	20	62	32

续表 3-2

年份	无基金（篇）	有基金（篇）	总计（篇）	支持率（%）
2013	27	28	55	51
2014	29	28	57	49
2015	9	8	17	47
总计	265	144	409	35

笔者对年份和基金支持总数做阶段性回归分析（取 2005 年到 2014 年的基金支持总数及其时间序列进行验证），结果显示：回归统计中，Multiple $R=0.967$、R Square $=0.934$、Adjusted R Square $=0.928$；方差分析中的显著值 $Sig.=0.000$，说明回归良好。故验证了从 2005 年开始，教师团队研究的基金支持率呈上升状态。具体趋势如图 3-2 所示。

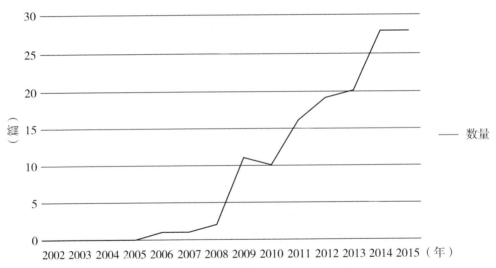

图 3-2 教师团队基金资助年度趋势

3. 研究队伍分析

对活跃作者进行统计，筛选保留前四位，得到表 3-3。

表 3-3 活跃作者及单位

活跃作者	发文数量（篇）	作者单位
陈雅玲	7	广东外语艺术职业学院基础部
何 农	3	金华职业技术学院
王泽华	3	四川达州职业技术学院
邓志伟	2	华东师范大学课程与教学系

从表 3-3 可以得出两点结论：第一，研究队伍还不够成熟，比较分散，只有一

位作者有 7 篇相关论文，剩下的大多两三篇，甚至一篇；第二，排名前三的活跃作者都来自职业学校，不仅如此，搜索原始数据发现，来自职业学校的作者所占比例最高，达到 65%，这也证明了前文中的结论：教师团队研究和职业教育高度相关。

4. 研究方法选择

据不完全统计发现，到目前为止，研究者还是更倾向于思辨式的研究，在 2002—2015 年期间共发表的 409 篇相关论文中，只有 20 篇用了实证的研究方法，仅占约 5%（见表 3-4）。这也在一定程度上反映了教师团队的研究还不够成熟，需要更深入的研究。

表 3-4　研究方法选择

年份	思辨方法（篇）	实证方法（篇）	总计（篇）
2002	1	0	1
2003	4	0	4
2004	3	0	3
2005	11	0	11
2006	11	0	11
2007	15	0	15
2008	42	1	43
2009	39	0	39
2010	45	2	47
2011	42	2	44
2012	57	5	62
2013	52	3	55
2014	51	6	57
2015	16	1	17
总计	389	20	409

总的来说，虽然越来越多的学者开始关注教师团队的研究领域，基金支持也呈上升趋势，但研究还不够成熟，活跃作者群不明显，研究者比较分散，对研究方法的选择也以思辨式为主，实证研究过于稀缺。此外，经过分析发现，教师团队的研究与职业教育相关度较高，同时，作者较多来自职业院校也证实了该结论。

（二）教师学习共同体文献综述

1. 发表论文逐年上升

图 3-3 为我国教师学习共同体发表论文趋势图，利用该图中的数据做回归分析，结果显示：Multiple $R=0.937$，$R\ \text{Square}=0.877$，Adjusted $R\ \text{Square}=0.867$；方差分析中的显著值 $Sig.=0.000$，说明回归较为良好。如图 3-3 所示，从 2001 年开始，

教师学习共同体的研究呈稳步上升状态，2009年后，研究成果有增有减，但整体来说还是处于上升状态。这就表明越来越多的学者关注教师团队的研究领域，也有越来越多的期刊发表教师团队的相关论文。

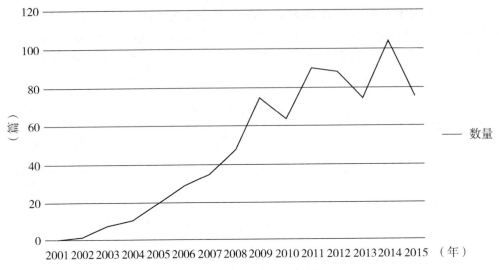

图3-3　我国教师学习共同体年发表论文趋势

2. 基金资助概况

如表3-5所示，从2003年开始，教师学习共同体的研究开始陆续得到基金支持，呈持续上升阶段，2014年达到目前最高峰，基金支持率高达77%。在对2003年开始至2015年的基金支持进行统计发现，在已发表的736篇论文中，有329篇有基金支持，支持率45%，基金支持率较高。

表3-5　基金年资助教师学习共同体研究状况

年份	无基金（篇）	有基金（篇）	总计（篇）	基金支持率（%）
2001	1	0	1	0
2002	7	0	7	0
2003	9	1	10	10
2004	18	1	19	5
2005	22	6	28	21
2006	31	3	34	9
2007	43	4	47	9
2008	54	20	74	27
2009	32	31	63	49
2010	61	29	90	32
2011	35	53	88	60

续表3-5

年份	无基金（篇）	有基金（篇）	总计（篇）	基金支持率（%）
2012	31	43	74	58
2013	39	65	104	63
2014	17	58	75	77
2015	7	15	22	68
总计	407	329	736	45

笔者对年份和基金支持总数做阶段性回归分析（取2005年到2014年的基金支持总数及其时间序列进行验证），结果显示：回归统计中，Multiple $R=0.953$、R Square $=0.908$、Adjusted R Square $=0.895$；方差分析中的显著值 $Sig.=0.000$，说明回归较为良好。故验证了从2005年开始，教师学习共同体研究的基金支持呈整体上升状态，具体如图3-4所示。

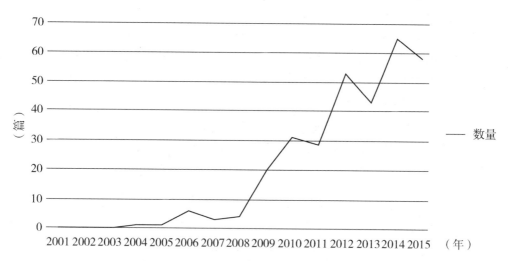

图3-4 教师学习共同体基金资助年度趋势

3. 研究队伍分析

从表3-6可以看出，相对于教师团队的研究队伍，教师学习共同体的研究队伍比较成熟，作者来源单位比较丰富，发表在核心期刊以上的文献也较多。此外，对活跃作者发表的论文进行总结归纳，可以看出每个作者都有比较突出的研究方向，如时长江倾向于课堂学习共同体的构建方面，既包括师师之间的学习共同体，也包括师生课堂学习共同体，他的课堂大多以思政课为主；胡艳比较倾向行动研究，主要是以中学教研组为研究对象进行个案研究和调查；罗生全则关注教师如何有效教学及教师专业发展；茹荣芳则聚焦于学校文化生态与农村教师专业发展；钟启泉的研究领域比较广，大多是思辨式的关于学校、教师、课堂的研究。

表3-6 活跃作者情况统计

活跃作者	文献数量（篇）	作者单位	研究领域
钟启泉	10	华东师范大学课程与教学研究所	思辨式的学校、教师、课堂相关问题研究
时长江	5	浙江工业大学政治与公共管理学院	课堂学习共同体的构建
胡艳	4	北京师范大学教师教育研究所	中学教研组的个案研究
罗生全	4	西南大学教育学部	教师有效教学及专业发展
茹荣芳	4	石家庄学院教育系	学校文化生态与农村教师专业发展
王作亮	4	徐州工程学院教育科学与技术学院	师生学习共同体建设
杨琳	4	广州大学网络与现代教育技术中心	教师教育技术能力培养
陈向明	3	北京大学教育学院	教师专业发展阶段

4. 研究方法选择

据不完全统计发现，在教师学习共同体研究领域内，使用行动研究、个案研究、技术开发、调查研究等实证研究方法的有101篇，占发文总数的14%，相对教师团队研究约5%的实证研究选择率来说，有较大幅度提高（见表3-7）。这也显示出关于教师学习共同体的研究更加科学和贴近实际，但是从表3-7中也可以明显看出思辨式的研究还是占据主导地位。

表3-7 研究方法选择

年份	思辨方法（篇）	实证方法（篇）	总计（篇）
2001	1	0	1
2002	7	0	7
2003	10	0	10
2004	17	2	19
2005	28	0	28
2006	31	3	34
2007	40	7	47
2008	64	10	74
2009	56	7	63
2010	79	11	90
2011	73	15	88
2012	62	12	74
2013	85	19	104
2014	64	11	75
2015	18	4	22
总计	635	101	736

总的来说，教师学习共同体的研究较之教师团队的研究更为丰富，发文数量和基金支持率都是呈稳步上升状态，学者在研究方法的选择上也开始更多地选择实证研究，研究领域内的活跃作者群也比较清晰，研究方向以教师学习共同体为核心发散开来，研究内容也较为丰富。

二、热点分析

（一）教师团队研究的热点分析

对教师团队研究主题中的高频关键词做聚类分析，得出如图 3-5 所示的树状图，树状图中，关键名词及其对应出现频率排名，标注在树状图纵轴；0～25 代表关键词之间的密切度，标注在横轴。关键词之间的纵向连接线对应之横轴数字，越接近于"0"，说明关系越密切；越靠近"25"，则说明关键词之间关系越疏远。从图 3-5 中可以总结出比较明显的三类研究热点：第一类研究热点是高职院校下的精品课程建设相关研究以及专业群建设；第二类研究热点是以教师专业发展为核心的团队合作策略、合作学习方法以及基于校企合作人才培养模式的课程体系建设；第三类研究热点是基于中小学教师的发展研究。研究显示，从 2000 年开始，越来越多的学者投身于教师团队培育的研究，越来越多的期刊也在发表有关教师团队培育的论文，并且国家教师政策在一定程度上推进研究的关注度。对高频关键词进行聚类分析可以发现，研究热点问题及趋势，以教师团队培育为主题的期刊论文整体研究热点有以下七个：热点一，高职院校精品课程与教师团队建设；热点二，基于工学结合、校企合作、双师型、专业群等不同模式和视角的教师团队建设；热点三，教师团队学习及管理对教学质量及人才培养的影响和作用；热点四，以青年教师为对象的教师专业发展途径，包括校本培训、团队建设、教学改革、实践教学、创新能力培养等方面；热点五，基于学习型组织理论的学校管理和教师团队建设；热点六，高校教师促进专业发展的团队建设途径；热点七，以大学生和教师为主的创新团队建设。总的来说，在教师团队培育研究领域内受到高度关注的有：以校本培训和团队建设为途径的青年教师专业发展问题；以双师型、专业群、校企合作为主的高职院校教师团队创建和培育模式；高校师生创新团队构建的对策和实践研究；学习型组织理论为基础的教师团队培育。

（二）教师学习共同体的研究热点分析

对教师学习共同体研究主题中的高频关键词做聚类分析，得出如图 3-6 所示的树状图，从树状图中也可以发现关于教师学习共同体的研究内容比较丰富，有大大小小共七个研究热点：热点一，是最大的研究热点，包括新课程改革中教师角色的转变，学习共同体在课堂教学中的应用与教学效果评价，以及行动研究课堂文化三个方向；热点二，新课程背景下师生关系的研究，包括师生学习共同体的构建研究；热点三，教师实践性知识的发展与相关教师培训的策略研究；热点四，利用信息技术手段推进校本培训，促进教师专业发展的研究；热点五，利用课例研究促进教师专业发展以及教师网络学习共同体的培训和构建研究；热点六，建设教师学习共同体以促进教

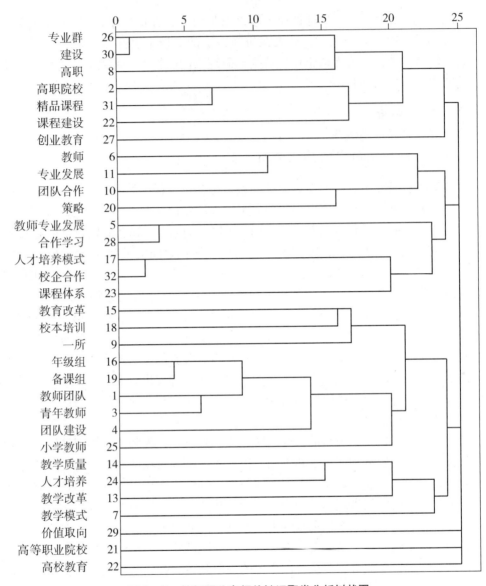

图 3-5　教师团队高频关键词聚类分析树状图

师专业发展，在这个研究热点之下有三个研究方向，一是以一所学校为对象的教师校本培训研究，包括如何构建教师团队推进校本培训和网络视域下的校本培训研究等；二是以年级组、备课组为形式的中小学教师团队建设，主要以青年教师为主要研究对象；三是各种视域或方法的教师教学模式研究，其中值得一提的是，不少学者以"学习共同体"为一种教学模式进行理论与实践的研究。其中还包括新课改背景下农村教师的知识管理策略研究。热点七，也是一个较大的研究热点，其中包括在专业学习共同体中教师领导角色的转变，美国教师教育以及教师专业发展的启示研究，以及教师专业发展和共同体建设之间的关系研究。

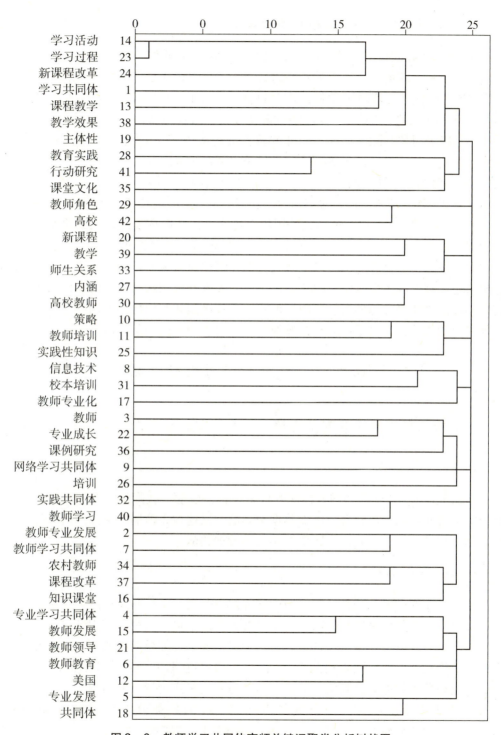

图3-6 教师学习共同体高频关键词聚类分析树状图

三、教师创新微团队阶梯培育的研究现状

从 2014 年起陆续有学校开展了学校微团队的实践探索。2014 年 3 月，贵州省六盘水市六枝特区新场乡民族小学开展的微团队，组织形式是"导师 + 队员"。2014 年 3 月，南京育英第二外国语学校的小学部成立了微团队，组织形式是"1 + X + Y"，"1"代表领军人物，"X"代表自愿申报且被领军人物筛选的队员，"Y"代表"X"的指导与发展对象。除此之外，校外的教育机构从 2013 年起也开展了微团队的实践探索，如武汉的博毅教育于 2013 年 12 月成立了在线微团队，组织形式是"队长 + 队员"，是一种精英团队。浙江柯桥区各种行业以微团队开展了志愿者活动，其中学校方面就有 27 个微团队。还有浙江工商大学组建了一个最活跃的学生创业团队——"JUSTRY 微团队"。南京育英第二外国语学校的《团队助推发展，互助改变人生——小学部成立微团队》，介绍了他们微团队的组织形式、活动开展情况，以及取得的初步成果。所以，学校微团队的培育研究目前在国内还只是零星的实践探索，相关的理论成果还没有形成体系，研究的空间还很大。如学校微团队与传统的学校团队比较研究，学校微团队培育的种类、原则、形式，学校微团队间的协同互动，学校微团队与教师成长的关系，学校微团队在提升教师学习力和领导力的实证研究，等等。

第二节 教师学习力文献评析

一、数据样本与研究方法选择

（一）数据样本

本研究以 CNKI 中国知网数据库为检索平台，搜索"教师学习力"相关主题的期刊论文，时间不限，得到有效论文数据 662 篇。以这 662 篇期刊论文为研究样本，进行数据处理和分析，发现该主题研究热点与发展趋势。

（二）研究方法

为科学而严谨地总结教师学习力的研究热点问题，分析其发展趋势，本研究采取基于文献计量的共词聚类分析法和多维尺度分析法来描绘可视化知识图谱。

共词聚类分析是一种文献计量方法，一般情况下，如果两个或两个以上的关键词在同一篇论文中出现，则表明两者之间有一定的内在联系或经常组合在一起进行研究，且出现的次数越多，则两者的亲密程度越高，距离越近。对高频关键词进行聚类分析，可以发现该领域内的研究热点问题。共词聚类分析可以通过 Bicomb 和 Citespace 等软件来操作，也可以通过 Excel 函数的方式实现。

关键词聚类分析生成词篇矩阵后，再通过 SPSS 软件进行多维尺度分析，测定关键词之间的距离，将这个距离可视化，并定位到概念空间中的特定位置，形成各个关键词之间的结构图，这个结构图就是知识图谱。知识图谱可以客观、形象地描绘出单

凭个人经验难以直观表达的前沿研究领域的总体态势、亲疏关系和变化规律等,是把握学科或研究主题发展动态、方向的重要科学工具。(张灵芝,2012)

二、数据处理与分析

(一)文献基本情况量化分析

本研究通过对以我国教师学习力为主题的期刊论文年度发文进行统计,得出图 3-7。

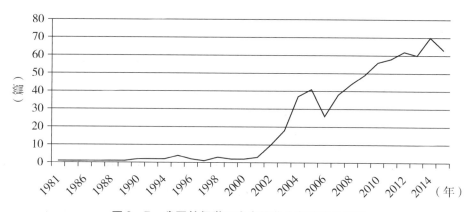

图 3-7 我国教师学习力主题论文年度发文趋势

从图 3-7 可知,从 2002 年开始,教师学习力的相关研究论文发文量呈稳步上升趋势,越来越多的学者进行相关主题的研究。取 2002 年到 2015 年的数据做阶段性回归分析,结果显示:Multiple $R = 0.937$、R Square $= 0.877$、Adjusted R Square $= 0.867$;方差分析中 $Sig. = 0.000$,在统计学意义上回归良好,验证了上述结论。

(二)高频关键词聚类分析发现教师学习力研究热点

1. 提取高频关键词

关键词是论文中的重要部分,它在一定程度上反映出论文研究的主题和核心。对一个研究领域较长时间段的学术成果关键词进行统计,关键词出现的频次越高,则表示该关键词的相关研究成果越多,这类关键词被称为该研究领域内的高频关键词。由高频关键词组成的集合在一定程度上反映出该研究领域的热点问题,通过词频分析,可以描绘出研究热点的规律和发展方向。

将 662 篇教师学习力主题论文相关的所有关键词进行统计,关键词总数为 3715 个,不同关键词个数为 1974 个,不同关键词出现的频次范围为 1~47。依据高频关键词阈值计算公式 $N = \sqrt{D}$,代入 D 值 1974 得出 N 值约为 44,表示词频数大于或等于 44 的关键词为该研究领域内的高频关键词。经统计发现,只有"教师""学习型教师"的词频数大于 44,显然不足以构成高频关键词集合,原因是文献样本采样不足,关键词总量不够,故需要适当拓宽高频关键词的范围。笔者最终选取词频数为 11 以上（含 11）的 25 个关键词为高频关键词，具体如表 3-8 所示。

表 3-8 教师学习力高频关键词及其词频

关键词	词频数	关键词	词频数
教师	47	策略	14
学习型教师	47	教师培训	14
学习型组织	28	中小学教师	14
教师专业发展	27	校本培训	13
专业发展	26	教师团队	12
教师学习	25	教学能力	12
学习过程	23	新课程	12
课堂教学	19	学习	12
自主学习	19	教师队伍	11
学习共同体	18	教学改革	11
青年教师	17	教学效果	11
学习活动	17	信息技术	11
高职院校	15	—	—

从表 3-8 可以看出，这 25 个关键词是教师学习力研究领域内的高频关键词，也是研究的热点问题，这 25 个高频关键词占关键词总数的 0.78%，其出现的总频次合计为 475 次，约占关键词的 12.7%。至于这 25 个高频关键词之间的亲疏关系如何、发展规律如何，则需要进一步做高频关键词聚类分析来发现。

2. 高频关键词构建相似矩阵和相异矩阵

首先，通过 Excel 函数的方式生成高频关键词的词篇矩阵，如表 3-9 所示。在词篇矩阵中，25 个高频关键词为行，列为 662 篇论文，单元格为每篇论文中对应行之关键词出现的次数，"1"表示该高频关键词在相对应的论文中有出现，未出现则记为"0"。

表 3-9 高频关键词词篇矩阵（部分）

关键词	论文					
	1. 教师	2. 学习型教师	3. 学习型组织	4. 教师专业发展	5. 专业发展	6. 教师学习
1. 教师	0	0	1	0	0	0
2. 学习型教师	1	0	0	0	1	0
3. 学习型组织	0	0	0	0	0	0
4. 教师专业发展	0	0	0	0	0	0
5. 专业发展	0	0	0	0	0	0
6. 教师学习	0	0	0	0	0	0

其次，将词篇矩阵导入 SPSS，对其进行系统聚类分析，生成高频关键词的相似矩阵，如表 3-10 所示。相似矩阵中的数字表示两个关键词之间的相似性，数值越接近"1"，表明两个关键词的距离越近，相似程度越高；反之，数值越接近于"0"，表明两个关键词之间的距离越远，相似程度越低。

表 3-10　高频关键词相似矩阵（部分）

相似矩阵	1. 教师	2. 学习型教师	3. 学习型组织	4. 教师专业发展	5. 专业发展	6. 教师学习
1. 教师	1.000	0.000	0.000	0.000	0.114	0.000
2. 学习型教师	0.000	1.000	0.110	0.028	0.114	0.000
3. 学习型组织	0.000	0.110	1.000	0.000	0.000	0.000
4. 教师专业发展	0.000	0.028	0.000	1.000	0.000	0.231
5. 专业发展	0.114	0.114	0.000	0.000	1.000	0.039
6. 教师学习	0.000	0.000	0.000	0.231	0.039	1.000

最后，为了消除关键词共现次数差异所带来的影响，降低误差，故在 Excel 中用"1-相似矩阵"=相异矩阵的公式进行运算，得到相对应的相异矩阵。在相异矩阵中，数字的含义与相似矩阵相反，其数值越接近"1"，表明两个关键词之间的距离越远；反之，数值越接近"0"，表明两个关键词之间的距离越近。如表 3-11 所示。

表 3-11　高频关键词相异矩阵（部分）

相异矩阵	1. 教师	2. 学习型教师	3. 学习型组织	4. 教师专业发展	5. 专业发展	6. 教师学习
1. 教师	0.000	1.000	1.000	1.000	0.886	1.000
2. 学习型教师	1.000	0.000	0.890	0.972	0.886	1.000
3. 学习型组织	1.000	0.890	0.000	1.000	1.000	1.000
4. 教师专业发展	1.000	0.972	1.000	0.000	1.000	0.769
5. 专业发展	0.886	0.886	1.000	1.000	0.000	0.961
6. 教师学习	1.000	1.000	1.000	0.769	0.961	0.000

从表 3-11 可以看出各个关键词之间的距离远近与亲疏关系。例如，第六个关键词"教师学习"与其他各个关键词之间距离由近及远依次为：教师专业发展（0.769）、专业发展（0.961）、教师（1.000）、学习型教师（1.000）、学习型组织（1.000）。由此可见，教师学习的研究更多地与教师专业发展结合在一起。

3. 高频关键词聚类分析生成树状图

在将表 3-9 所示的词篇矩阵完整版导入 SPSS 生成相似矩阵后，对其进行聚类分析即可生成高频关键词聚类分析树状图，如图 3-8 所示。教师学习力的研究可分为三大类研究热点：第一类研究热点，包括"自主学习""学习活动""课堂教学"

"学习过程""教学效果""校本培训""新课程""教师团队""教学改革"在内的9个高频关键词;第二类研究热点,包括"高职院校""教师队伍""学习型组织""教师""学习""策略""学习型教师"在内的7个高频关键词;第三类研究热点,包括"教师专业发展""教师学习""中小学教师""青年教师""学习共同体""专业发展""教师培训""教学能力""信息技术"在内的9个高频关键词。

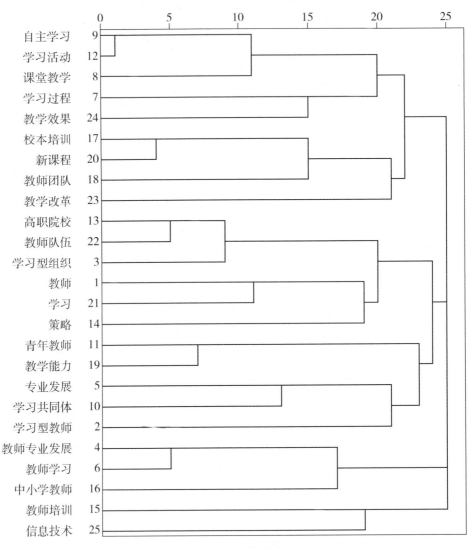

图3-8 高频关键词聚类分析树状图

4. 高频关键词多维尺度分析绘制可视化知识图谱

多维尺度分析绘制知识图谱可以将隐藏在繁杂数据后的数据结构以及数据之间的亲疏关系可视化,从而直观、形象地描绘出单凭个人经验难以确切表达的研究总体态势和变化规律等。

依据上一步骤生成的相异矩阵,导入SPSS进行多维尺度分析,生成教师学习力高频关键词知识图谱,并结合高频关键词聚类分析树状图划分知识图谱中的关键词热点词群,如图 3-9 所示。该知识图谱可以划分为四个热点词群,与树状图所显示的态势基本一致。

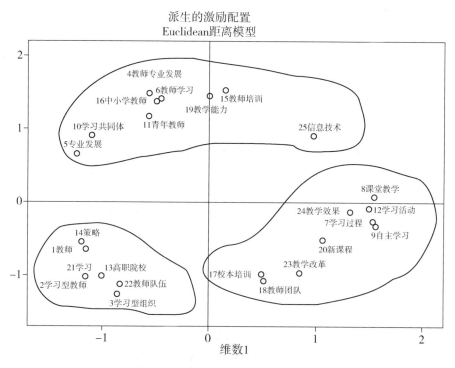

图 3-9 高频关键词共词知识图谱

从知识图谱中可知,第一类研究热点主要分布在知识图谱的第四象限,该类研究热点主要是在新课程改革背景下,教师学习的新路径与学习效果研究。第二类研究热点分布在知识图谱的第三象限,该类研究热点主要是基于学习型组织理论下,构建学习型教师队伍的策略研究,针对高职院校教师的研究较多。第三类研究热点横跨知识图谱的第一、第二象限,主要是针对如何推进教师专业发展的相关研究,包括将信息技术手段融入教师培训和中小学教师学习共同体建设等途径,在该类研究热点中,以青年教师为对象进行研究的较多。

三、教师学习力的研究热点分析

下面依据树状图和知识图谱,结合文献研究现状,对我国教师学习力研究热点做进一步分析。

(一)新课程改革背景下,教师学习的新路径与学习效果研究

新课程改革给教师创造了新的发展环境,但同时也对教师提出了更高的要求。为了适应新课改带来的变化,实现自我发展,教师必须转变固有的观念和角色,由教育的执行者转变为学习者,不断学习,提高自身素质,成为学习型教师。为了提高教师

学习能力，促进教师专业发展，学校组织教师进行教学改革，开展校本培训，以此创建高素质的教师团队。这部分研究以校本培训、团队建设等教师学习与专业发展的途径为立足点，展开从现状问题到原因分析再到解决方法与策略的一系列研究。此外，新课程改革也对教师专业发展提出了新的要求，不仅关注教师课堂教学能力、教学效果，还注重教师自主学习的能力、学习过程等方面，如何达到这些要求，也是教育工作者和学者关注的重点。

（二）基于学习型组织理论下，构建学习型教师队伍的策略研究

目前，社会持续发展变革的形势对教师提出了新的要求，教师不仅要会"教"，还要会"学"，作为终身学习者，教师任重道远。现代教育要求的教师是一个复合型人才，教师要积极主动地承担学习、教学、教研任务，不断完善自身素养，要有责任意识和勇于创新意识，不断激发学习的内驱力和生命自觉，不断更新知识结构和育人技巧。学习是一种沉淀、一种积累和优化自我的过程，培育学习型的教师队伍将有效地促进教师自主更新、自主完善和自主发展。在如何将学习型组织理论引入教育领域，指导学习型教师队伍建设的问题上，已有文献更多地将研究对象定位为高职院校的教师群体。

（三）推进教师专业发展的新路径研究

中小学教师学习与专业发展一直是教师教育研究的重点问题。在该研究领域内，以青年教师为对象进行研究的较多。青年教师作为初入职场的新手教师，虽然具备较为全面和深入的学科知识，但他们往往缺少作为教师最重要的教育教学技能和教学实践经验。把青年教师尤其是高校青年教师作为对象进行研究，主要分为两部分：一是青年教师专业发展及教师队伍建设所面临的问题及原因的分析。有学者如张慧敏、王宝林（2015）和吴慧、金慧（2013）进行调查研究，发现高校青年教师具有思想活跃、创新能力强、知识结构较全面以及进取心强等特点，但同时发现高校青年教师也面临工作成就压力大、经济生活压力大、职业幸福度较低、缺少沟通交流而孤独感强等问题。二是针对高校青年教师面临的问题，提出通过构建教师学习共同体或教师团队的形式来促进青年教师的专业发展。

推进教师专业发展的新路径研究，主要包括中小学教师学习共同体建设和将信息技术手段融入教师培训两个方面。中小学教师学习共同体建设是以教师学习理论为基础的，主要包括三个方面。首先，是教师学习的理论基础研究，包括终身教育、学习型组织、学习共同体、教师专业发展等理论层面的研究。其次，是教师学习的内容研究，也就是教师学习哪些方面的知识，大致来说，教师学习的内容涵盖理论与实践两个层面的知识。最后，是提高教师学习的策略研究。这方面的研究较多，除了增强学习动力、培养学习能力、锻炼学习意志等较为常见的策略外，近年来更加倾向于培养教师学习的乐趣，营造良好的学习氛围，增加教师学习的幸福感，由此提出构建教师学习共同体，为教师学习和成长营造民主、分享、合作、共进的学习环境。

此外，将信息技术手段融入教师培训也是学者较多关注的问题。随着科技创新的

迅猛发展，各种新技术层出不穷，培养教师信息技术能力已经是时代发展的必然要求。针对该问题的研究，主要分为三个方面。第一，信息技术作为教师教学手段的研究。目前，我国各级各类学校都朝着现代化校园迈进，尤其是位于城市中的校园，现代化水平较高，投影、电脑、音响等多媒体以及硬件设施完备在课堂教学中的使用，可辅助教师教学，提高教学效果。为了使教师能够熟练运用信息技术工具，提高教学效率与效果，必然要开展培训课程，培养教师运用信息技术的能力。这部分研究主要聚焦在教师如何利用信息技术手段进行教学，是着重在"教"上的研究。第二，信息技术能力的培养促进教师学习的研究。目前，学习化社会的发展与新课程改革要求教师不断学习，自我成长。一个优秀的教师不但要掌握"教"的知识，也要掌握"学"的知识，做一个学习型、科研型教师。要做科研，就必须具有信息技术能力，要会做量化研究，将实际教学工作中的经验量化处理，运用信息技术手段加以分析研究，从而上升到理论的层面。所以，如何利用信息技术手段促进教师学习研究也是学者近年来关注的热点。第三，教师信息技术培训的研究。教师信息技术的培训如何开展，开展什么样的课程，以哪些形式开展，培训效果如何，等等，这些方面都是教师信息技术培训操作层面的研究。

四、教师学习力研究趋势展望

（一）将信息化网络融入教师学习的研究

近年来，随着现代信息技术的不断发展，网络信息技术的影响力已经从学生学习推进到教师培训，利用网络来辅助与支持教师培训成为新的趋势。基于网络的教师培训模式具有开放性、高效性、灵活性等特点，可以解决一部分教师培训面临的如学习与工作时间上的冲突、学习积极性不高、参与培训成本较高等问题。也有将信息化网络融入教师培训的研究。

培养学习型教师，最重要的是培养教师自我学习的能力、持续学习的毅力，以及主动学习的动力。将网络融入教师学习，可以把网络当作教师沟通学习的平台，建立网络学习小组，将教师按照兴趣爱好、教学科目或年级等标准分为若干学习小组，通过网络手段进行学习、沟通、会议、讨论等，调动教师学习的积极性、主动性，教师在参与网络学习小组活动的过程中，也在一定程度上锻炼了信息技术的能力。

（二）构建教师学习共同体等促进教师学习与专业发展新途径的研究

教师学习共同体作为一种促进教师学习与专业发展的新途径，受到越来越多学者与教育工作者的关注。除了有学者进行理论研究外，各级各类学校也开始构建教师学习共同体，从实践的层面去探索。近几年，教师学习共同体逐渐发展出新的模式——名师工作室，以专家学者为主持人，联合基层学校进行教师学习共同体的构建与探索。这种基于名师引领的教师学习共同体具有深厚的理论根基，将理论与实践结合在一起，以教师的需求、特点为中心，从而有利于教师科研能力的培养，使教师学习共同体更好地发展，加快高素质教师队伍的建设。

第三节 国内外文献研究的内容分析

笔者结合量化分析的结果以及掌握的文献内容的梳理发现国内外关于教师学习力的研究主要集中在教师学习力的内涵、构成要素、存在的问题及原因分析，以及提升策略四个方面。下面本书将从这四个方面对教师学习力的研究进行内容分析。

一、教师学习力的内涵研究

英国有效终身学习量表（Effective Lifelong Learning Inventory，ELLI）发现学习力内涵释义存在以下三种定位倾向：①学习力内涵的能量观，即学习力是人获得成就的生命能量。英国格拉斯哥大学教授迈克杰屈克（McGettrick）提出学习双螺旋结构理论，他认为学习是两个学习链之间的相互作用过程，一个链反映了学习者的意愿，包括学习态度、价值观、情感、意向、动机等方面，另一个链则反映了学习试图达成的结果，包括所学知识、技能和理解等方面，两个学习链之间的相互作用将会增进学习者的学习力。沈书生（2002）等认为，学习力的构建是为学习者终身有效学习提供能量的过程，一方面要依赖现有已知学习环境和资源，另一方面又要面向未来未知的学习环境和资源，以已知环境和资源为能量，激活学习者的学习潜能，实现终身学习。②学习力内涵的个性观，即人的学习力是人在学习活动中起作用、由心理结构和身心能量组成的一种个性心理品质。英国的 ELLI 项目认为学习力是复杂混合体，包含了意向、生活经验、社会关系、价值、态度、信仰等，它们融合起来形成了个体在特定学习的内在属性。谷力（2009）认为学习活动塑造了学习者一定时期内的学习品质。这种学习品质具体表现为，学习者的学习力，认识形成心智结构，而情意是能量的源泉。因此，人的学习力是人在学习活动中起作用、由心理结构和身心能量组成的一种个性心理品质。③学习力内涵的能力观，即学习力是通过获得与运用知识最终改变工作和生活状态的能力。龙宝新（2013）认为，教师学习力由学习原动力与学习操作力两部分组成，前者指教师专业学习的内驱力，后者包括教师的理论吸收力、经验借鉴力、情景理解力和问题研究力等。每一种教师学习力都包含着一些具体的学习力类型。瞿静（2008）提出，学习力是在有目的前提下，以各种方式、途径获得知识技能的学习过程，并通过实践、反思等进行学习行为的升华，从而产生新思维、新知识、新行为的动态能力系统。樊香兰、孟旭（2011）提出，教师学习力是指教师获取知识、改造自我、创新教育教学并改变自身生活工作状态的能力。吴海洋（2013）认为，教师学习力就是教师自觉吸收知识、转化知识、创新知识、生产知识、践行知识的能力，是促进教师专业发展的核心内驱力。崔振成（2014）认为，教师学习力是一切能够促进教师进行自我反思、自我追问、自我否定、自我接纳、自我驱动、自我构建的力的总和，是一种内发的调控与原始内驱力。

此外，还有学者扩大了教师学习力的内涵与外延，对教师课堂学习力、教师专业学习力、教师现场学习力等概念进行研究。例如，余闻婧（2015）认为，课堂学习力是教师专业发展的内在需要，是自我教育的生长力，作为教师生命能量的课堂学习力揭示了教师在课堂教学中的存在方式。龙宝新（2013）提出，教师专业学习力是促成教师专业成长的内在动因，是教师自觉、不自觉地趋近外界教育资源，寻求解决教育难题的有效对策的客观需求和生存方式。张菊荣（2013）认为，教师现场学习力应包括教师关于现场学习与在现场中的学习能力。

二、教师学习力的构成要素研究

关于学习力的构成要素研究，田玲（2012）认为，有英国的"四要素说""七要素说"以及美国的"综合体说"。"四要素说"认为，构建学习力就是要发展学习者的学习智慧，使其达成四个方面的变化，这四个方面的变化简称为"4R"，即顺应力（Resilient/Resilience）、策应力（Resourceful/Resourcefulness）、反省力（Reflective/Reflection）、互惠力（Reciprocal/Relationships）。（Claxton，2002）"七要素说"是布里斯托尔大学创新中心克里克（Crick，2006）提出的，他以Claxton教授的"4R"为基础，通过对6000多名研究对象的调查分析，归纳出构成学习力的七个要素：变化和学习（Changing and Learning）、关键好奇心（Critical Curiosity）、意义形成（Meaning Making）、创造性（Creativity）、学习互惠（Learning Relationships）、策略意识（Strategic Awareness）、顺应力（Resilience）。此外，美国哈佛大学教授Kirby（2005）出版《学习力》一书，对学习力的内涵进行了深入的诠释。她提出，学习力应是学习动力、学习态度、学习方法、学习效率、创新思维和创造力的一个集合体，认为学习力的几大构成要素是相互叠加、互相促进的有机结合体，是人们自我学习、自我变革、自我超越、自我发展的螺旋式上升的过程。

目前，我国关于教师学习力的构成要素研究，以三要素、四要素、六要素等理论为主。三要素包括学习动力、学习毅力与学习能力。如樊香兰、孟旭（2011）等学者认为教师学习力包括反映目标与兴趣的学习动力，反映学习者意志力的学习毅力，体现学习者知识吸收与运用的学习能力，当"应学"的动力、"该学"的持久力与"能学"的力量同时具备时，教师才能真正拥有学习力。

持四要素论的学者则有不同的见解。陈金国、朱金福（2007）等学者认为，教师学习力应该是学习动力、学习能力、知识吸收以及知识运用的总和；崔振成（2014）则提出教师学习力的基本结构应该包括反思力、接纳力、探究力与生成力；还有部分学者认为教师学习力包括学习动力、学习持久力、学习能力以及学习创新力。

除了较为常见的三要素和四要素论外，高志敏（2002）等学者认为，学习力由六大要素，即学习行为的总动力、学习需求的识别力、学习潜能的评价力、学习行为的理解力、学习行为的激活力以及学习能力构成。此外，高志敏将学习力构成的要素进行综合、分类、归纳，发展出学习力构架的"E"字模型。

此外，瞿静（2007）在总结已有学习力构成要素观点的基础上，结合高志敏教授的六要素观点提出学习力的四阶段、十要素的内容框架：①触发阶段——学习行为的总动力；②推进阶段——学习需求的识别力、学习潜能的评估力、学习行为的理解力；③有效完成阶段——学习活动的激活力、学习能力；④转化提升阶段——学习行为的合作力、创新力、竞争力、社会适应力。

三、阻碍教师学习力发展的问题及因素研究

我国学者对阻碍教师学习力发展的问题及因素的分析,主要分为教师内在因素和外在因素两个方面。首先,在教师内在因素方面,樊香兰、孟旭(2011)指出,教师学习目标规划不明,动力不足,坚持学习的意志力不足,以及学习能力不足、学习效率不高,是教师学习力不足的重要原因。其次,在外在因素方面,吴哲学(2011)认为,阻碍教师学习力的原因包括教学任务繁重、学习机会较少、上级部门规定形式化等。周钧(2013)在总结目前已有研究的基础上,通过非参与式课堂观察、课后交流与访谈的研究方法,对阻碍教师学习的因素进行了内在和外在的总体分析。她指出,影响教师学习的内在因素主要包括三个方面:第一,教师个人没有形成学习习惯,群体还没有形成学习文化;第二,教师缺乏反思精神,凭着经验与惯例进行教学,即便有反思,也处于低层次;第三,教师科研方法不专业,缺乏理论与教育研究方法的指导,单凭经验与直觉做科研。最后,也有学者对青年教师群体进行了重点分析,认为青年教师具有思想活跃、创新能力强、知识结构较全面,以及进取心强等特点,但同时也发现青年教师面临工作成就压力大、经济生活压力大、职业幸福度较低、缺少沟通交流而孤独感强等问题。

四、教师学习力的提升策略研究

学术界关于教师学习力的提升策略研究成果较多,这也是近年来研究的热点问题。学者针对不同对象,通过不同的角度及层面提出了各种策略,主要包括唤醒教师内部驱动力、营造学习氛围和改善外部条件,以及各种形式的教师培训三个方面。近年来,学者更加倾向于培养教师学习乐趣,营造良好的学习氛围,增强教师学习幸福感。

首先,唤醒教师内部驱动力,提升教师学习动力。崔振成(2014)等学者认为,只有从内部激发教师的生命内省与自觉,让其认识到自身的不足与欠缺,意识到学习对自身成长的意义,才能使其自觉将学习作为生活与工作中的常态,从而达成学习力的提升;同时,提出要注重教师之间的沟通与交流,在互相接纳中生成学习力。吴海洋(2013)认为,要让教师经常性地享受到学习的快乐,激发教师的学习幸福感,从而达到提升学习力的持续不断的动力。对此,他提出学校可以多提供教师展示自己的平台,如果有教师在教学比赛中获奖,可以通过宣传栏、校刊、校园网等形式进行宣传和公开表扬,共同分享成功的喜悦。此外,有学者提出,教师要加强自我管理,更新学习理念,树立学习目标,从而在不断追求目标的过程中让学习成为一种习惯。

其次,营造教师学习氛围,改善教师学习的外部条件。吴哲学(2011)认为,虽然教育的大环境一时之间很难改变,但学校是可以通过一些方式方法去营造好的学习环境的,如人性化的管理制度、合理的工作安排等,学校相比整个社会大环境来说,更能影响教师学习力的提升。肖开勇(2007)等进一步提出,良好的学习环境是提升教师学习力的重要保障,包括物质环境和人文环境。物质环境包括学校工作场

所、图书资料、硬件设施等；人文环境包括学习互惠、交流沟通、民主人性化等良好的学校文化，两者结合，才能营造出良好的学习氛围，成为促进教师学习力提升的外部环境。

最后，完善教师培训，提出新理念、新技术培养教师学习力。在培养教师学习力的新理念方面，许多学者提出构建不同形式的教师学习共同体。夏冬杰（2013）提出，通过团队学习，引导教师树立终身学习的理念，营造学习互惠、知识共享的教师学习文化，建立民主的沟通交流机制，以及搭建网络学习平台，等等。李蓉（2011）则提出，通过校本教研的途径构建教师学习共同体，此外，还可以推进教师阅读活动，关注学习制度建设，等等。章云珠（2009）从教师视角出发，提出要关注教师需求，激发教师学习动机，促进教师之间的沟通与对话，通过构建学习共同体实现教师发展，并通过完善奖励和评价机制以促进教师积极性。孟召坤、兰国帅（2015）等学者则从技术的角度出发，提出教师在运用网络进行学习的过程中，会逐步形成以QQ群、微信群为载体的网络学习共同体，并对该种类型的网络学习共同体进行统计分析，发现其在一定程度上能够促进教师学习共同体的优化，提出基于QQ群等自组织的网络学习共同体平台在使用密度、互惠性、活跃度等方面存在较为明显的优势，能够激活共同体内在动力，促进教师学习力的提升。此外，高职院校的教师队伍建设研究近年来受到越来越多学者和教育工作者的关注，这也与国家对职业教育的重视密切相关。对这个问题的研究主要以高职院校教师团队创建为立足点提出不同的创建方法和培育模式，其中以双师型教师团队建设和专业教师团队建设关注度更高。专业教师团队是指以专业、课程为标准将教师划分为不同群体，并使这些不同的群体以团队建设的形式发展。双师型教师团队建设是目前高职院校研究和发展的重点，因为高职院校最根本的任务是培养高技术人才，所以对教师的要求不仅仅是扎实的理论知识，还包括较强的专业技能。除了这两类高职院校教师团队研究较多外，还有专业群、产学研等模式的教师团队建设研究。可以说，高职院校教师团队建设是一个成果较为丰富的研究方向。

在新技术培养教师学习力方面，沈书生、杨欢（2009）等提出，将教育技术实践，尤其是将教育技术培训融入教师学习力的构建过程中，包括学习力考核的量化、将教育技术实践与教师日常学习工作场景关联起来，以及设计实用性强的教育技术培训课程。另外，随着现代信息技术的不断发展，网络信息技术的影响力已经从学生学习推进到教师培训，利用网络来辅助与支持教师培训成为新的趋势。基于网络的教师培训模式具有开放性、高效性、灵活性等特点，可以解决一部分教师培训面临的问题，如学习与工作时间上的冲突、学习积极性不高、参与培训成本较高等。有学者总结，教师通过网络手段进行学习主要分为教师继续教育网络课程以及教师自主的网络学习两种。教师继续教育分为面授与远程两种，而教师自主的网络学习则形式较为多样，包括网络视频学习，社交软件如QQ群、网络论坛的沟通学习。对此，提出在网络环境的支持下，教师培训与参与学习的内容、形式、管理及评价都会发生革新与转变。郭绍青、张乐（2011）等学者提出，以教师参与并互动为特色，以网络环境作为载体与支持手段，以参与培训的教师研讨交流为主要形式，以专家引领讲解为有效补充的网络教师培训模式。钟志贤、林安琪（2008）等则从关联主义的视角分析了赛伯人际管理对提升教师学习力的重要意义，指出通过引导教师充分利用各种社会网络工具，创立教师在网络虚拟空间的人际连接形成人际网络，并有效管理赛伯人际网络，以促进教师学习力的提升。此外，还有学者将 MOOC（大型开放式网络课程）融入教师培训。如汪琼（2015）提出，将"翻转课堂教学法"MOOC 的课程实践用于教师培训，并从课程简述、面向人群、课程设计、学习内容、团队运作、工作流程等几个方面进行全面的阐释，并做了数据调查与分析。李艳红、李思志（2015）则对实践层面的研究做了调查，如宁波教育学院网络与教育技术中心团队研发出云技术教师教育学习平台并投入使用，为教师培训提供移动云学习平台，并针对现状与传统培训做了对比分析。

五、学习力的评估与实践研究

英国的 ELLI 项目探索了一种被称为蜘蛛图的学习力的动态评估方法（Crick，2007）。英国布里斯托尔大学教育学院自 2002 年起开始了"有效终身学习目录编制"（Effective Lifelong Leaning Inventory，ELLI）的项目。该项目分为两个阶段：第一阶段通过文献研究与实地调查相结合，总结归纳了上文提及的构建学习力的七个要素；第二个阶段则将理论与实践相结合，提出构建学习力的实施策略并运用于实际教学中，这些实施策略主要有七个方面，分别是创造健康的学习关系、进行对话学习、发展学习的榜样力量、对学习的过程进行反思、对学习进行评估、创造挑战与机遇、营造有刺激作用的学习氛围。确定学习力构成要素、总结出提升策略、构建出相应的评价方式，三者有机结合形成一套系统可操作的学习力评价体系。本研究较认可美国的综合体说，认为学习力是包括学习动力、学习态度、学习方法、学习效率、创新思维和创造力的一个综合体。学习力还包括兴趣、好奇心和创造等非智力因素。学习力构成要素是构建教师学习力评价体系的重要理论基础。

综上所述，有关教师学习力的研究受到越来越多研究者的关注，并取得了一定的成果。但是从已有的研究来看，将学生作为学习力的研究对象成果较多，而将教师作为学习者进行学习力的研究成果较少，更多是从教师学习这个大的研究领域内稍有提及，缺乏研究的系统性。即便已有的教师学习力研究，也缺乏针对性和实用性，大多仅从学习力的内涵和构成要素等进行分析，提出的对策也缺乏数据支持。

本研究通过对文献的梳理和评析，认为教师学习力包括六要素（学习动力、学习态度、学习方法、学习效率、创新思维和创造力），更加符合目前知识经济、"互联网+"以及教师专业发展对教师提出的要求，也就是教师学习力的六维度理论模型。

1. 学习动力

学习动力是学习者通过对学习行为进行价值判断从而激发学习活动的心理驱动的总和，简单来说，就是驱使学习者自觉从事学习活动的心理驱动力。虽然学习动力的产生受到内部因素和外部因素的双重影响，但结合教师的职业特征以及教师作为成人学习者的特征，学习动力应该是以内部驱动力为主，基于自身内在学习需求、学习兴趣和好奇心而自觉进行学习的动能，并在此基础上，制订明晰可行的学习目标和规划，以保证学习活动的持续进行。

2. 学习态度

学习态度贯穿整个学习过程，良好的学习态度是学习者保持和强化学习状态的"良药"。在学习中，结果取决于行为，而行为很大程度上取决于态度。积极、乐观、勤奋、坚持、专注的学习态度将直接影响学习的效果。教师对学习的重视度将直接决定其是否会进行自主、高效的学习活动。而教师对学习的坚持度和抗压度是教师保持学习活动的动能，因为教师教学工作繁重，其自主学习往往会力不从心，再加上教师肩负教书育人的重任，来自社会、学校、家长、学生等各方面的压力往往成为教师学习的沉重负担。所以，教师用什么样的态度去面对学习中的种种困难和压力，如何把压力转化为动力，做好自我调节，保持学习活动的顺利进行是关键。

3. 学习方法

学习方法就是在学习过程中所用的技巧和工具。"最有价值的知识是关于学习方法的知识"，评判一个人是否具备超越他人的学习力，最关键的不是他已经具备了哪些知识和能力，而是他掌握了多少获取知识和能力的方法。掌握好的学习方法才能提高学习效率，产出更多学习成果，才是具备学习力的体现。有效的学习方法是能给个体的学习带来最大效益的方法。教师作为教育工作者，应结合自身职业特征，在教育教学实践中发现适合自己的学习方法。

4. 学习效率

学习效率也是学习力的组成部分之一。"速度快"是当今社会发展的一大特点，在飞速发展的社会环境中，如果学习速度跟不上社会发展的速度，就会遭到淘汰。当然，只求速度不求质量并不是明智之举，高效率才是学习所追求的最佳效果。高效率的学习者能够在爆炸式的知识海洋中找到自己所需的各种信息和资源，并以最快的速度汲取其精华。教师具备教育者和学习者的双重角色，走在知识发展的前沿，更应该提升自己的学习效率，要能够根据自身需求进行选择性学习和合理分配时间和精力，做到劳逸结合。

5. 创新思维

创新思维是指打破固化的思维限制，对事物之间的联系进行多方位的思考，从而发现和探索出新的思维方式方法，是一种机动灵活、独具创造性、非传统的解决问题的思维能力。可以说，创新思维就是学习力中最具有生命力的组成部分，面对知识快速更新的时代，保持核心竞争力的关键就是要具备创新思维。创新思维是创新的一部分，可以说是进行创新活动的前提。任何创新都是一种探索性的活动，如果按照惯有的思维去思考，得到的也是惯有的东西。作为教师，应该注重创新思维在教育教学中的应用，注重培养学生的创新思维。要想做到这点，教师本身要具备创新思维，打破在思维模式、学习方式、教学方法等方面的固化的限制。

6. 创造力

创造力是学习力的增值，具备创造力，能够创新改变的人才真正具备了学习力。教师的创造力主要是指教师通过学习达成知识更新和行为改善的能力，也就是教师通过学习产生变化和增值，主要体现在教学和科研两个方面。一定的知识储备是基础，还要能够将各种类型的知识融会贯通，运用于教学实践，创新教学方法，紧跟学术与科研前沿，能够将新理念与方法应用于实践，善于培养学生的创新精神，鼓励其创新行为。在科研上，保持学习的好奇心，能够从工作和生活中发现问题，将科研与实际的教育教学工作结合起来。

教师学习力的六个维度虽各有特征，但它们又是相辅相成、互相关联的。首先，学习动力是个体进行自觉学习的心理内驱力，有了学习动力，才能有学习活动的开始。然而，只有动力没有坚持力、毅力也是不够的，而这些品质很大程度上来自对学习的态度，对待学习的态度决定了个体是否能坚持学习。其次，学习方法和效率是学习能力的体现，学习力更多关注的是学习的增值、学以致用，而不仅仅是已经掌握的知识和具备的能力。在知识、科技飞速发展的现代，想要高效地掌握所需要的知识，就要找到适合自己的学习方法并具备较高的学习效率。最后，创新思维和创造力是学习力的升华，具备创新思维和创造力的教师，才具备生命力和核心竞争力。

第四节 教师领导力文献评析

一、教师领导力的中国文献评析

教师领导力的提升是构建学校变革力量的一种途径。因此，有效领导者在实现学校共同愿景过程中，能够清晰地认识到教师学习共同体的努力对于实现愿景的重要性。教师领导力是一个极具影响力的理念。本研究利用中国知网文献论文库，检索得到2002年至2015年计14年间教师领导力研究论文165篇。采用文献计量学方法，对以往研究成果进行统计与分析，对提取的高频关键词采用共词分析方法，导入SPSS软件进行聚类分析，得到树状图并绘出知识图谱，研究得出教师领导力研究的热点，并对未来的研究方向进行了趋势展望。

（一）研究成果的统计与分析

从发表年代来看，自2002年开始有关教师领导力研究的论文发表，截止到2015年，共检索到相关文献165篇。从总的发展趋势看，关于教师领导力的论文数量呈现逐年上升的趋势。（见图3-10）其中，2002年有一篇论文发表，到2007年增加到五篇论文，2013年和2015年文献数量最多，都达到30篇，从2008年到2010年关于教师领导力的论文数量增长速度最快，说明这三年教师领导力的研究得到了学者们的高度重视。由教师领导力年文献数量变化趋势图可见，教师领导力的研究是教育界内的研究热点。

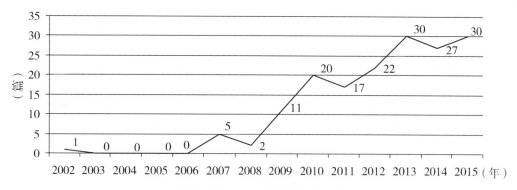

图3-10　年文献数量变化趋势

从研究方法来看，在所检索的165篇文献中，关于理论研究的共有141篇，约占总数量的85%（见图3-11），关于个案研究的共有18篇，占总数量的11%，而关于实证研究和叙事研究的分别仅占3%和1%，这说明关于教师领导力的研究在理论研究上的成果比在个案研究、实证研究上取得的成果多，而且在理论研究这一层面上相对于个案研究也和实证研究也更加成熟，个案研究和实证研究有更大的发展空间。同时还要注意拓宽研究方法，如增加叙事研究方法。

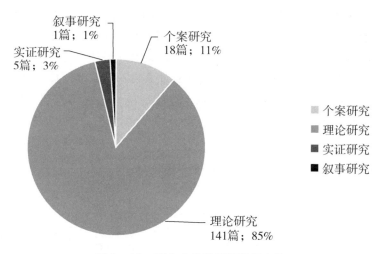

图3-11　研究方法类别及数量占比

从研究内容来看，由图3-12可知，关于教师领导力的研究主要集中在教师领导力的内涵和提升教师领导力的途径、对策上，其次是对教师领导力的意义和启示方面的研究，而关于影响教师领导力的因素分析、变量之间的关系研究、模型建构、指标体系、培养方案研究的论文仅有16篇。从上述分析中也可以看出对教师领导力的概念、策略、意义的研究较多，而缺少对教师领导力的影响因素及变量之间关系、模型建构等实证研究。

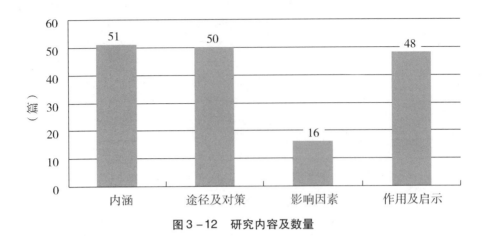

图 3-12 研究内容及数量

（二）共词分析剖析研究热点

1. 提取高频关键词

将所有列的关键词集中到一列，有 806 行，经统计其中不同的词个数为 561，依据高频关键词阈值计算公式 $N = \sqrt{D}$，代入 D 值 561 计算出 N 值为 23，即词频数为 23（含）以上的为高频关键词。如果按这样的标准，则只有"教师领导力"和"领导力"两个关键词的词频大于 23 次，只有两个词显然不足以构成教师领导力的热点词群，原因是采样文献严重不足，从而造成关键词数量减少，故必须根据实际情况适当放大高频关键词范围。本研究选择频次 4 以上的 17 个关键词体现教师领导力的热点，但是这些关键词之间的关系是怎样的，也就是说，怎样排列组合这 17 个词从而呈现出教师领导力的研究热点，则需要用 SPSS 做聚类分析。（见表 3-12）

表 3-12 高频关键词

高频关键词	词频数	高频关键词	词频数
教师领导力	69	学习共同体	5
领导力	28	英国	4
课堂教学	10	新课程改革	4
人格魅力	8	学习过程	4
教师	8	教学领导	4
学校管理	6	教师专业化	4
影响因素	6	高校	4
教师领导	6	策略	4
美国	5		

2. 高频关键词的聚类分析

使用 Excel 得到 17 个高频关键词的全样本词篇矩阵如表 3-13，其中 17 个高频关键词为行，列为 165 篇论文，单元格内容为每篇论文中对应行之关键词出现的次数，出现为"1"，未出现为"0"。

表 3-13 高频关键词词篇论文矩阵（部分）

关键词	论文					
	1. 教师领导力	2. 领导力	3. 课堂教学	4. 人格魅力	5. 教师	6. 学校管理
1. 教师领导力	1	1	0	1	1	1
2. 领导力	0	0	0	0	0	0
3. 课堂教学	0	0	1	0	0	0
4. 人格魅力	0	0	0	0	0	0
5. 教师	0	0	0	0	0	0
6. 学校管理	1	0	0	0	0	0

将词篇矩阵 Excel 工作簿导入 SPSS，方法是分析—分类—系统聚类：将所有 165 个数值型变量选入变量框，将唯一的字符串变量"词篇矩阵"选入标注个案；统计量选项加选相似性矩阵；绘制项加选树状图；方法项中聚类方法选组间连接、度量标准选 Ochiai 二分类法，从而得到高频关键词相似矩阵（见表 3-14）和高频关键词聚类分析树状图。（如图 3-13 所示）

表 3-14 高频关键词相似矩阵（部分）

相似矩阵	1. 教师领导力	2. 领导力	3. 课堂教学	4. 人格魅力	5. 教师	6. 学校管理
1. 教师领导力	1.000	0.091	0.038	0.000	0.000	0.098
2. 领导力	0.091	1.000	0.060	0.000	0.334	0.000
3. 课堂教学	0.038	0.060	1.000	0.000	0.000	0.129
4. 人格魅力	0.000	0.000	0.000	1.000	0.000	0.289
5. 教师	0.000	0.334	0.000	0.000	1.000	0.000
6. 学校管理	0.098	0.000	0.129	0.289	0.000	1.000

关键词名称及其对应出现频率 1~17 排名，标注在树状图纵轴，0~25 代表关键词之间的密切度标注在横轴。关键词之间的纵向连线对应之横轴数字，越接近于"0"，说明关键词关系越密切；越靠近"25"，则说明关键词之间关系越疏远。

从树状图可以看出，教师领导力研究文献的整体研究热点有以下三个。热点一，教师领导力意义的研究；教师在课堂内外对自身的教学及学生的学习过程实施领导力的研究；教师的领导力体现在一定的群体活动中，随着新课程改革及学习共同体理念的深入，有关如何将共同体理念融入教师教学领导、充分发挥教师的个人魅力及教师在学校管理方面的作用的研究也逐渐成为一个新的研究热点问题。热点二，有关如何界定教师领导力及提高教师领导力的策略方面的研究。热点三，教师领导力还具有国别差异，进入20世纪80年代以来，随着领导力理论的发展和社会对领导力的重视，美国、加拿大、澳大利亚等国先后提出了"教师成为领导者"的观点，强调教师领导力培养的重要性。因此，有关英、美等国家的教师领导力发展及其对我国教师领导力的启示，也是目前国内关于教师领导力研究的热点；高校教师领导力提升、教师领导力发展的影响因素也是教师领导力研究的一大热点问题。而这里值得注意的是，有关中小学教师领导力、专业发展还未受到研究者的充分重视，中小学教师没有强烈参与研究的意识和积极性，相关研究也还处于初始阶段。这跟上文提到的关于教师领导力的研究文献的发文单位大多为高校和科研机构不无关系。因此，后续研究者可以深入对中小学教师领导力的相关研究，同时，国家也要颁布相关政策，支持、倡导和鼓励中小学教师作为研究的参与者及研究者本人来开展提升教师领导力的研究。

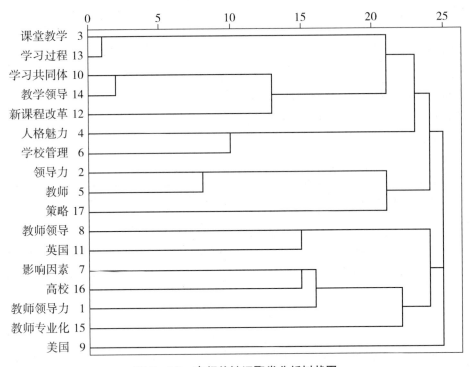

图3-13 高频关键词聚类分析树状图

3. 高频关键词知识图谱绘制和热点关系分析

首先，依据上步SPSS输出的相似矩阵，用1减去相似矩阵每个活动单元格的内容，作为相异矩阵对应每个单元格的内容，得到17个高频关键词的相异矩阵。（见表3-15）

表3-15 高频关键词相异矩阵(部分)

相似矩阵	1. 教师领导力	2. 领导力	3. 课堂教学	4. 人格魅力	5. 教师	6. 学校管理
1. 教师领导力	0.000	0.909	0.962	1.000	1.000	0.902
2. 领导力	0.909	0.000	0.940	1.000	0.666	1.000
3. 课堂教学	0.962	0.940	0.000	1.000	1.000	0.871
4. 人格魅力	1.000	1.000	1.000	0.000	1.000	0.711
5. 教师	1.000	0.666	1.000	1.000	0.000	1.000
6. 学校管理	0.902	1.000	0.871	0.711	1.000	0.000

其次，对相异矩阵再次使用 SPSS 分析，打开相异矩阵数据，分析—度量—多维尺度，将所有数值变量即 17 个关键词选入变量，数据为等距离数据，形状选正对称，模型选项中的度量水平勾序数、条件性勾矩阵，度量模型选 Euclidean 距离，选项输出勾组图，确定后输出图如图 3-14 所示。

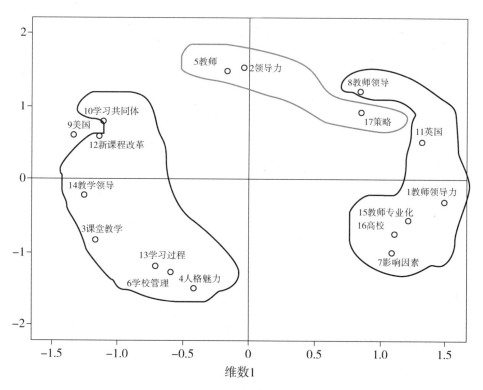

图 3-14 高频关键词共词知识图谱

在共词知识图谱中，关键词组合紧密，则相关性越强，称之为抱团；若几个关键词之间不够紧凑，则证明这些关键词个别共现频率不高，联系松散。高频关键词的多维尺度度量知识图谱依据逆时针方向可划分为三个知识群。

第一个知识群包括英、美等国家的教师领导力发展及其对我国教师领导力的启示，以及高校教师领导力、教师专业发展的影响因素这两个热点问题。文化背景和价值观的差异，使得教师领导力理论和实践在各个国家的发展各具特色。例如，美国的教育行政体制是典型的地方分权制，在这种教育行政体制下，美国没有统一的教科书制度，教科书通常都是由教师自主选择的。因此，美国的学者在进行教师领导力概念界定时，通常将自主选择教科书的权利作为教师领导力的重要特征之一。而我国的教育行政管理体制倾向于中央集权制。在过去很长的时间内，实行全国高度集中统一的课程教材管理制度。近年来，随着教材管理体制的变革，选用教材的权利已经逐步下放到地方教育行政部门，但学校和教师仍没有选用教材的权利。因此，国内教师领导力的界定，没有将选择教材的权利作为教师领导力的组成部分，而更强调课堂教学领导力。这些现象表明，不同社会语境中教师领导力的含义有着很大的区别。关于高校教师领导力，谭敏（2013）指出："在高校的改革进程中，教师作为高校发展的主要力量，肩负教学和科研的双重使命。对教师领导力的开发作为教师发展的有效途径，为高校变革注入了新的活力。"关于教师领导力的影响因素，国外学者有过较多讨论。胡继飞、古立新（2012）认为，概括起来主要涉及四大方面：其一是学校组织文化，它与教师参与领导的意愿密切相关。哈特等人的研究表明，具有民主、信任、合作分享特征的学校文化，是培育和发展教师领导力的主要驱动力。其二是校长的态度，巴克纳等人的研究发现，校长在发展教师领导力的过程中扮演着重要的角色。其三是同事间的人际关系，津恩指出，人际关系能够对教师领导力的发展起促进或阻碍的作用。其四是教师领导者的个人能力，佛罗斯特归纳了教师领导者必须具备的四种个人能力，分别是个人权威、教育教学知识、良好的情境理解能力、人际关系技巧等。

第二个知识群由教师领导力的内涵及提高教师领导力的策略方面的研究热点组成。对于任何一门学科来说，概念的界定有着至关重要的作用，它决定着研究者的思路。教师领导力的研究由来已久，但其概念界定一直处于模糊和尴尬的状态。教师领导力是一个抽象的概念，有着不同的关注方向，因而学者们的界定也各不相同。香港学者卢乃桂认为，"教师领导力就是不论职位或任命，教师对领导力的行使，它的本质特征是提升教师的专业性、重新分配权力和增加同僚互动"。肖月强、袁永新（2011）认为，"领导力本质是一种影响力。每个人身上都具有潜在和现实的影响或改变他人的能力。教师领导力是一个能力体系，它关注的是教师作为领导者在群体活动中吸引和影响相关人员进而实现一定目标的能力。"陈俊彦等从优化知识结构、合作共享、自主创新、学术交流四个方面提出高校教师领导力的提升策略。赵崇平对高职院校教师领导力的提升进行了研究，指出："必须从教师的专业成长、课程评估、个人目标等方面培养教师，赋权增能，提升其领导力。"

第三个知识群的研究热点有：教师领导意义的研究；教师在课堂内外对自身的教学及学生的学习过程实施领导力的研究；随着新课程改革及学习共同体理念的深入，有关如何将共同体理念融入教师教学领导，充分发挥教师的个人魅力及教师在学校管理方面的作用的研究。金建生（2007）认为，教师领导的实施过程有利于校长成为"领导者的领导"，从而放弃"英雄领导"模式；有利于教师的积极参与和专业成长，从而使教师职业具有魅力；有利于学校学习共同体的形成，从而提升学校创造未来的能力，最终达成学生发展的目的。覃小芳（2011）认为，"教师在课堂内外对自身的教学及学生的学习实施领导的能力。因此，教师领导力是与教学与学生紧密联系在一起的，离开了教学与学生，教师领导力就会失去存在的意义。"

（三）研究的趋势展望

从研究方法来看，在所检索的165篇文献中，理论研究共有141篇，占总数量的85%，而个案研究、实证研究、叙事研究共占15%，说明关于教师领导力的研究在理论研究上的成果比在个案、实证和叙事研究上取得的成果多，个案、实证和叙事研究有更大的发展空间。

从研究内容来看，关于教师领导力的研究主要集中在教师领导力的内涵阐释上，其次是关于提升教师领导力的途径以及相应对策的分析，在关于国外如英国、美国等教师领导力研究对国内提升教师领导力的启示，以及教师领导力本身的发展对教学、学生、学校的影响等方面也做了较多研究。而在影响教师领导力因素及变量关系的分析上的研究则相对较少，然而且此方面又比较重要，将是未来研究的关注。

1. 加强和丰富理论研究

教师领导力的概念界定有很多，其所包含的含义非常广泛，随着教育理论研究的发展以及教育改革实践的深入，教师领导力的概念界定呈现出多样化的发展趋势，特别是在引入学习共同体理论后，有关教师领导力的理解有了更多的新意。因此，教师领导力的理论研究如何有效地和学习共同体理论融合，以发挥教师在组织中的领导魅力，这个问题值得我们深思。

2. 关注基层教师参与领导力提升的研究

未来的教师教育是基于提高教师综合素养及提升教师领导力的教师教育。在"互联网+"教育时代，我们的课堂教学发生了转变：从基于知识的课堂转向基于关系的课堂，更关注学生拥有知识的方法和途径；从单纯关注教学技能到多方面掌握学生的知识，教师如何精准识别学生的学习优势、学习风格、学习节奏和认知特点，从而因材施教；从有局限的教学时段转向无边界的流程再造，教学不限于课堂，可以为学生提供线上线下合作学习及个性化的学习，教师不仅要传道授业解惑，更是教学的领导者，如何提升教师的领导力是研究的焦点。而在统计的数据中可以发现关于教师领导力的研究大多集中在高校及科研机构，占49%，关于基础教育教师领导力的理论和实践研究还有巨大的空间。

3. 注重教师领导力维度及变量关系分析

关于教师领导力研究，除了要丰富理论外，还需要构建模型，分析影响教师领导力各变量之间的关系，确定相关维度，编制调查问卷，建立教师领导力评价指标体系，提出教师领导力培养方案，最终促进教师领导力的提升及教师专业的发展。

4. 教师领导力和教师学习力是学校发展的关键因素

通过文献搜索，发现相关研究大多集中于空泛和简单的领导力概念的研究，而关于领导力量化研究只有几篇，王维利、宋江艳、张淼（2011）编制适用于护理管理者领导力问卷,并检验其信度和效度。结果显示,探索分析性因子分析问卷得到29个项目,形成七个因子,即创新能力、感召力、决断力、亲和力、协调能力、控制力和激励能力。针对促进学生学习的目标,领导应明确自己及相关人员的责任,也明确专职教师和学生的责任,并制定明确有效的评估方法。王胜(2007)认为,领导的关键职能包括以下六个方面:①规划。为实现高标准的学生学习目标,明确学校师生的共同努力方向,提供政策、措施等方面的保障。②实施。为实现高标准的学生学习目标,使用必要的人力和资源。③支持。创建一个授权的环境,提供必需的财务政策、技术、人力和社会资本支持,以促进学生的学校学习和社会学习。④宣传。在校内外为满足学生的多种需求而游说。⑤沟通。在校内成员及校外社团中,创造和维持良好的沟通环境。⑥监控。系统地收集和分析各种数据,为决策和行动提供依据。邹双秀、胡中锋通过文献综述访谈和开放式问卷调查,编制了中学领导道德领导力量表。研究结果显示,中学领导道德领导力呈现清晰的五因素结构模型,即公平正义、人际关怀、诚信守责、德行修养和反思实践。为了进一步验证中学领导道德领导力量表的信度和效度,对376份有效问卷进行验证性因素分析,结果证实了五维结构模型的合理性,说明该量表具有较好的信度和效度。张兆芹在学习型学校的创建中也已经研制了学校教师组织学习力和组织学习效果量表。通过相关文献分析和理论综述,结合中国学校实际,初步发展了学习型学校组织学习力的四个纬度量表,分别是团队学习、组织学习系统、行动反思、组织学习障碍。并通过对深圳中学教师有效问卷的效度和信度进行分析,结果显示,学习型学校组织学习力量表具有良好的效度和信度,所以该量表适用于学校教师微团队学习力的测量,为此项研究奠定了良好的基础。

二、教师领导力的国外文献评析

我们从美国教育信息资源中心(Education Resources Information Center,简称ERIC)以"Teacher leadership"作为关键词,搜索近20年的期刊文献计有400多篇,就其研究内容概括如下。

(一)教师领导力的定义

纵观教师领导力研究历史,学者们从各自的视角出发,对教师领导力进行了定义。现总结如下。

表3-16 国外有关教师领导力定义汇总

视角	研究者	研究结果
能力角度	Snell, Swanson (2000)	经研究表明,只有具备以下三方面能力的教师才能成为教师的领导者:①业务技能,包括扎实的教育基础知识和完善的学科专业背景;②合作技能,包括与同伴教师的合作、沟通、交流和对自己教育教学的反思;③决断技能,包括合理分配职责及高效安排教育活动

续表 3-16

视角	研究者	研究结果
能力角度	Harris, Lambert (2003)	从各个角度考虑教师领导能力的构成，概括分类如下：①个体素质方面，包括人格品质、问题意识、反思研究、价值观念；②团队协作方面，包括愿景目标、沟通交流、平等对话；③职业素养，包括扎实的教育专业知识、新颖的教学手段、亲和力及幸福感
权利角度	Harris, Lambert (2003)	为发展变革学校组织机制，全体教师不论处于领导岗还是普通科任教师岗，都可通过不同的参与方式及一定的话语权来实施对学校的不同程度的领导和影响
权利角度	Wasley (1991)	教师领导力指的是学校经过一定的选拔，授权任命具有管理才能的教师，让其在自身管理领域中为学校的发展建设采取一定措施的过程中呈现出的某种专业能力
行为角度	Crowther, Ferguson, Hann (2002)	可以辅助学校校长通过创新管理学校组织结构，提高学校办学水平、教师队伍素质及学生综合能力所进行的一系列行为的教师所具备的能力称为教师领导力
行为角度	Katzenmeyer & Moller (2009)	教师领导力是指教师所具备的参与构建学校教师学习共同体活动的能力，同时又包括影响同伴改善教学实践和价值取向的能力

（二）教师领导活动的影响要素

1. 学校层面

教师领导能力的发挥会受到来自多个方面的影响，其中学校的文化氛围就是一个重要的影响因素。哈特（Hart）为了了解教师能力的发挥是否跟所处的学校背景及文化氛围相关，进行了观察对照试验，即在同一个地区的两所不同学校统一制定政策和开展互动，结果显示两所学校的教师所表现出来的是极大的对比反差。一所学校的教师表现出积极乐观的心态，而另一所学校的教师则明显消极被动。调查发现，这跟不同学校的教师评价标准有关系，因此，哈特得出不同学校的实践背景差异影响着教师的教育教学活动的开展、教师能力的发挥及教师的专业自信等方面。[①] 由此可见，教师领导力的发挥及领导模式的构建要依据各个学校的不同人文环境背景及学校的领导政策。

---

① 转引自 Talbert J E, McLaughlin M W. Teacher Professionalism in Local School Contexts. American Journal of Education, 1994, 5 (11)：102.

2. 同伴关系层面

研究教师领导力，需分析与其密切相关的各个角色、各种关系，如同伴关系的沟通、教师与校长关系的研究。"教师领导的过程包括教育教学实践活动中的方方面面，其中教师与同伴的协作互动及沟通交流是教师能否成为一个优秀领导者的重要评价标准。"① "教师领导作用的发挥还依赖于与所在学校校长的关系，校长是学校领导的核心，校长也是教师的领导，因此，校长开展积极的活动支持教师领导，并制订相关教师领导鼓励措施，有益于学校教师领导力的发挥。"②

3. 个人层面

作为一个有影响的教师，其个人人格魅力必不可少，同时还要求教师提高专业发展能力和人际沟通交往能力。弗洛斯特（Frost, 2003）认为，教师作为领导者应该具有如下特质和能力：首先，是个人权威。这种能力对教师来说，可以为其开展活动提供更多的资源和支持，使其更方便开展各种活动。其次，是专业知识的能力。教师作为教育者，最为重要的能力莫过于其教育教学能力，具备并掌握扎实的专业知识能使其更有自信地从事教学活动，在学生和同伴中树立威信。再次，具备良好的组织能力和情境理解能力。组织能力可以让教师更加轻松自如地举办任何形式的校内外拓展活动，情境理解能力使教师能从一般教师中脱颖而出，显得更富情商。最后，还需要教师有良好的团队协作精神，能与教师同伴融洽相处。良好的沟通和语言表达能力可以让教师跟领导和同事相处时沟通更顺畅，关系更和睦。

（三）教师领导力与其他变量之间的关系

1. 教师领导力与学生的关系研究

教师具有教育学生的义务，同时教师还会对学生产生潜移默化的影响，关于教师领导力的研究热点之一就是提升教师领导能力对学生会产生何种影响。根据这一假设，马尔福德（Mulford et al, 2004）等学者2004年就曾试图通过量化的研究方法去解释教师领导力与学生认知态度的关系。为此他们选择了一定数量的教师和学生作为被试对象，开展调查。研究结果表明，如果学校赋予教师更多的参与权，教师能更好地引导学生积极关注自身、关注学校。这是认为教师领导力对学生有影响的一方的观点代表。在国外的研究结论中，还有一些研究者，如利思伍德（Leithwood, 2000）等认为，教师领导力对学生没有影响。他们也是采取实验的方法将学生的学业水平作为因变量，教师领导力和校长领导力分别作为自变量，来观测自变量对因变量产生的影响。其被试者是来自加拿大某学区的若干名教师和学生，研究结果显示，学生学业成绩与校长的领导力有关，与教师的领导力无关，通过实验，他们开始对研究教师的领导力产生了质疑。

---

① Yarger S J, Lee O. The Development and Sustenance of Instructional Leadership. In Walling D R (ed.). Teachers as Leaders: Perspectives on the Professional Development of Teachers, 1994, 7 (13): 23 - 25.

② Crowther, Ferguson M, Hann L. Developing Teacher Leaders: How Teacher Leadership Enhance School Success. Thousand Oaks CA: Corwin Press, 2002: 41 - 47.

2. 教师领导力与教师专业发展的关系研究

教师的职业素质包括教师的专业知识能力，还包括教师对课程的掌握、与同伴沟通协作的能力。国外的一些学者认为，教师的领导力培养能提高教师的专业技能，使教师在学校中拥有更多的自信。利伯曼（Lieberman & Miller，2004）等认为，教师的领导能力对教师有三个方面的作用。首先，在教学上从以教为主到以学为主。教师不再像传统的只要教好课就行，而是有了更多的机会去参与课程的设置、教师的自评和互评。其次，实现角色的多样化转变。教师不只有一个身份，而可以身兼多重身份：在教学中是一个普通教师，在组织学校活动、参与学校事项决策的时候要用一种领导者的角色参与其中。最后，从个人的活动到集体的活动。教师的活动不仅仅在课堂上，还包括课堂之外的活动。这就要求教师不能只关注个人的发展，还要和同伴交流、协作，融入集体活动中。人是社会中的人，教师也是教师团队中的个人，所以教师的集体生活是必要的。

3. 教师领导力与教师工作激情的关系研究

查阅国外关于教师领导力研究的文献发现，有关教师的领导能力与教师工作积极性的关系研究的文章数量颇多，其中研究结果大多显示教师领导力与教师工作激情成正相关。在一个教师拥有充分自主权和更高参与度的团体中，教师的工作热情会更高，他们觉得自己的价值被重视，拥有更多的集体归属感，因此他们之间的合作沟通也更加顺畅。

（四）文献评析的发现和启示

关于教师领导力的讨论，本研究通过国内外文献回顾，发现我国的研究还处于初步发展阶段，而国外关于教师领导力的研究成果相对比较成熟。国内外研究者根据自身所处文化背景的不同及国家对教育热点关注方向的差异，从各自实际出发对教师领导力定义做了不同阐述，并在一定程度上对教师领导力理论进行了丰富和深入的研究。在文献相关理论基础上结合本书的研究主题，现提出如下概述与反思。

1. 教师领导力的现状

从国内外有关教师领导力的研究中可以看出，当前越来越多的研究者开始呼吁教师应该具备多重身份，这不仅需要学校给予足够的帮助并提供教师多重身份实现的环境支持，还需要教师本人积极参与，重视自己在教育领域多个角色的培养。其中，教师作为领导者的角色不可忽视，教师如何在团体中实现领导，如何在教育教学、日常生活中体验、感悟并提高内在素养，应该成为研究者关注的重点。

2. 教师领导力的评价

美国在领导力评价研究方面做了很多有影响的研究。2005年，美国范德比尔特大学皮博迪教育学院的研究人员在华莱士基金会的资助下，开发和研制了一套标准的领导力评价系统——范德比尔特教育领导力评价系统。它分三个阶段来开展这项研究。第一阶段，研究人员根据有关领导力的文献研究确定领导力的概念和模型之后，依据概念和模型开发评价量表。第二阶段，在学校里实际检验量表，对测量问卷的实施过程甚至模型本身进行调整和完善。第三阶段，在美国几百所公办中小学中大规模使用这个评价工具，并在此基础上建立起一套评定教师领导能力的标准。皮博迪教育学院的研究人员认为，教师在学校中的关键领导职能有六项：教师领导力将促使学校产生多方面变化，从而间接地对学生是否成功产生影响。评价教师的领导力行为，必须关注学校核心绩效和教师关键职能这两个维度的交互作用。学校的核心绩效包括：①高标准的学生学习目标。学校制定个人、团队和学校的不同层次的高标准的目标，以促进学生的在校学习和社会学习。②严谨的课程。在核心学科上为所有的学生提供有竞争力的学习内容。③高质量的教学。为学生的学习提供最有效的教学。④学习型和促进专业实践的学校文化。在给学生提供学校学习和社会学习的服务中，形成综合的专业学习共同体，营造以学生学习为中心的健康的学校氛围。⑤与校外组织的联系。与社区中那些能促进学生学习的人和组织建立联系。⑥系统的绩效评估。

北京大学著名领导力研究专家杨思卓（2008）认为，领导力由学习力、决断力、组织力、教导力、执行力和感召力组合而成，因此提出领导力"六力模型"。美国教师领导力探索联盟将教师领导力分为培育合作文化、获取并开展研究、促进专业学习、改善教育教学活动、运用评估和数据、推动与家庭社区的合作、专业倡导力七个维度。[①] 根据已有的研究领导力维度文献及结合实际深入到调研学校的访谈情况，本研究认为，小学教师应该寻求角色转变，要更加关注自身的各方面发展，因此本研究将教师领导力定义为作为特殊群体的教师个人所具有的创新力、感召力、教导力、行动力、反思力的一种合力。这种合力反映了教师在集体活动及个体生活中培育团队合作文化、改善教育教学活动、问题意识、反思研究和专业倡导等方面的能力。这一定义与美国教师领导力探索联盟将教师领导力划分的七个维度比较相近，因此本研究基于美国教师领导力探索联盟的七维度，将教师的领导力划分为培育团队合作文化、改善教育教学活动、问题意识与教研能力和专业倡导力四个维度。

培育团队合作文化，是指教师对学校合作文化的影响力及与同事、领导的沟通效果如何；改善教育教学活动，是指教师在"互联网+"教育背景下，将教育技术运用于教学方面的能力及对同事的教育教学活动具有的领导力或影响力；问题意识与教研能力，是指教师发现问题、分析问题和反思研究的能力及个人对促进同伴开展科研活动发挥的作用；专业倡导力，是指教师对自身行业的社会地位、社会影响方面所起的作用，同时也体现出教师的职业认知、专业能力和专业素养。教师领导力的实现首先是教师对自身行业的、职业要认可，这样才有可能再来谈及个人能力的问题及影响他人的问题。作为知识传播者的教师应该对自身行业有高度的认可，还需有扎实的专业基础知识、敏锐的问题意识、研究反思能力及亲和力，由内而外地散发出积极的正能量来感染身边的同事，影响自己的学生。教师作为领导者，还要有超越自身岗位的远见和视野，能在广阔的社会领域中为教育、为学生争取一定的教育资源。

---

① 参见高一升、朱宗顺《浙江省幼儿园学科带头人领导力现状与思考——基于教师领导力模型标准（TLMS）的抽样调查》，载《教师教育研究》2016年第28卷第4期，第49–56页。

3. 教师领导力的发展路径

从学校层面来说，学校提倡比较多的还是教师如何关注教学、关注学生，学校应该给教师自主权，解放教师，切切实实地关注教师个人的全面发展。从教师自身层面来说，一个方面是教师对自身领导力意识不强，部分教师认为只有骨干教师和学校中高层领导才需要考虑领导力问题，另一个方面是受学校的整个文化氛围影响，较少将关注点放在自身领导力及综合素质的培养上。因此，全面深入了解影响教师领导力提升的因素，可为研究教师领导能力的发展提供一定的支持。

第五节 教师综合素养的文献评析

21世纪促进学生素养的全面发展，尤以学校教育为重心，教师作为学校教育的主要力量，其基本职业责任是教书育人，为社会培养接班人与建设者。要培养学生这些核心素养，作为培育者的教师应该具备什么样的综合素养呢？教师素养与社会、教育、学生关系密切，培养学生核心素养对教师综合素养提出了新的要求，教师必须准确把握学生核心素养的基本内涵。那么，要促进学生核心素养的发展，教师应该具备什么样的综合素养？值得我们深入思考的教师综合素养到底包括哪些内容？有什么理论和实践的依据？

一、素养的概念界定

什么是素养？素养是否等同于素质？关于这些问题，学术界提出了诸多见解。首先，不能将"素养"完全等同于"素质"，它们之间存在着区别与联系，《教育大辞典》中明确指出"素质是个人先天所具有的解剖生理特点。包括神经系统、感觉器官和运动器官的特点，其中脑的特点尤为重要。它们通过遗传获得，故又称遗传素质，亦称禀赋[①]"。而"素养是指在长期训练和时间中所获得的修习涵养"，其基本要点是，后天形成、可培养、多层面、综合发展。因此，素质指的是事物本来的性质，包括品质与资质；素养指的是人类个体经由平时修养而形成的知识、能力、品德等[②]，通过人的外在表现反映出来。

1997年，OCED启动了"素养的界定与遴选：理论和概念基础"（Definition and Selection of Competencies: Theoretical and Conceptual Foundation，DeSeCo）项目[③]，OCED界定核心素养的逻辑起点是成功的生活和健全的社会。提出每一个"核心素养"（key competence）都必须满足三个要件：①对社会和个体产生有价值的结果；②帮助个体在多样化情境中能够满足重要的需求；③不仅对学科专家重要，而且对所有人重要。然后，选择，并确定了三大类核心素养：互动地运用工具、与异质群体互

[①] 顾明远主编：《教育大辞典》（第1卷），上海教育出版社1990年版，第16页。
[②] 于兴远、陈保平：《教师素养新论》，兰州大学出版社2001年版，第14—15页。
[③] Http://Deed.org/education/skills-beyond-school/definition and selection of Competencies deseco-htm（june 21, 2017）.

动和自主行动。进而将每个核心素养分解成三种能力，再将每个能力以列举的方式呈现具体的行为。这样就形成了 OCED 的核心素养三层框架[1]。OCED 同时提出核心素养有三个基本特征：①超越所教的知识与技能；②核心素养的本质——反思性；③在变化的情境中，各个核心素养是联结在一起发挥作用的。

教师核心素养具有独特的专业意义，"教师品质""教师品性""教师品德"等多是描述教师核心素养的称谓。有学者认为，教师的素养是教师具有的素质与修养，1990 年出版的《教育大辞典》将教师素质与修养表述为"教师素质是教师为完成教育、教学任务所应具备的心理与行为品质的基本条件"，"教师修养是指教师在思想、道德品质、文化专业知识、教育、教学能力等方面经过学习和实践而达到的水平"[2]。范德尔（Fadel）的《四维教育：成功的学习者所需要的素养》（Four-Dimensional Education: The Competences Learners Need to Succeed）[3]，该书提供了一种全新的四维素养框架，并用不同的词语来呈现 21 世纪成功学习者所需要的素养："知识"（跨学科）、"技能"（创造性、批判性思维、交流合作等）、"品格"（道德领导力、好奇心和复原力等）。褚宏启教授认为：第一，核心素养是"关键素养"，不是"全面素养"；第二，核心素养要反映"个体需求"，更要反映"社会需要"；第三，核心素养是"高级素养"，不是"低级素养"，甚至也不是"基础素养"；第四，核心素养要反映"全球化"的要求，更要体现"本土性"的要求[4]。

综上所述，本研究认为，教师综合素养是一种不断发展且受多因素影响的，在长期的社会生活与教育教学实践中所反映出来的教师的知识、情感、态度、能力、人格等方面的素质与修养，是衡量教师综合发展水平的重要指标，是教师在信息化、全球化和学习型社会，面对复杂的、不确定的情境能够综合运用所学的知识和方法解决实际问题所表现出来的必备的健全人格、积极情感和关键能力。核心素养是最必要、最关键的素养，也是超越知识、能力和态度的综合表现。

综合素养提出的根本依据，是教育哲学的本体论回归。教育哲学本体论回答教育是什么的问题。不同的教育哲学观有着不同的教育本体认知。有的认为教育的本体是人的学习本能，有的认为教育的本体是为未来社会培养社会需要的人，教育要求教育者尊重学生的身心发展规律。有的认为教育的本体是知识传承和智慧的生长等。到 21 世纪，由于互联网信息化的发展，随着"万物互联""知识爆炸"时代到来，特别是智慧机器人自我学习能力的发展，正在对人类形成新的挑战，素养就是在这样的背景下产生的，世界经济合作发展组织首先选择了这一概念。素养是与人相伴的通过后天学习而形成的具有持续学习、生活发展、参与社会生产所需的品格和能力。基于这样的哲学认知，综合素养体系的建构和实践始终以人为本，以人的品格和能力发展

---

[1] 崔允漷：《追问"检心素养"》，载《教育文化论坛》，2016 年第 5 期，第 106-108 页。
[2] 《教育大辞典》编纂委员会：《教育大辞典》（第 2 卷），上海教育出版社 1990 年版，第 16 页。
[3] Fadel C, Bialik M, Trilling B. Four-Dimensional Education: The Competences Learners Need to Succeed. (2016: 4-05) http://curriculumredsign.org/our-work/four-dimensional.21st-Century-education learning Competencies future 20307.
[4] 《学生发展核心素养六人谈》，载《华东师范大学学报》（教育科学版）2016 年第 1 期。

为目标。2016年，教育部正式公布了中国学生发展核心素养体系建构，体现了教育哲学的人本回归，它主要包括三个领域、六个素养：自主发展、文化基础、社会参与三个领域；健康生活、学会学习、人文底蕴、科学精神、责任担当、创新实践六个素养。其中，自主发展体现人的个体发展所必备的基本能力，社会参与是人社会性发展的必备品格和关键能力，文化基础是人必备的工具性能力。学生发展核心素养的三个领域都指向人的必备品格和关键能力。核心素养的教育实践过程也需要教师把握素养的哲学本位，把教学目标从知识本位转移到学生本位，把学生发展所需要的核心素养培养作为教学核心目标。在教学实践过程中，这种转变对教师来说无疑是巨大的挑战。同时，核心素养的提出也必然带来课程标准、教材编写、考试命题等一系列的变革。这实际上对教师的要求更高，没有教师综合素养的丰富，也很难有学生核心素养的涵育，教师的综合素养的研究尤其凸显。学生核心素养的培养是学校育人模式的时代转型，需要教师自身综合素养的改变，如果没有教师综合素养的跟进，学生的核心素养恐怕很难在实践中得到培育和转化，师生之间教学相长、相辅相成，才能真正把握国家核心素养的要求切实转化为学生核心素养发展。

二、教师核心素养文献研究关注点

教师综合素养的研究备受广大学者关注，他们关注的热点是什么呢？本研究采用文献计量学与内容分析的方法，利用中国知网期刊数据库，以主题"教师综合素养"收集资料，采用Excel数据处理软件与SPSS统计分析软件作为主要研究工具，通过关键词共词分析法、聚类分析树状图以及多维尺度分析知识图谱，直观、科学地展示当代中国教师综合素养的研究前沿热点话题以及其相关的知识群。

（一）关键词共词分析

通过收集2007—2018年930篇期刊论文关键词，在统计工具Excel中，利用数据透视表统计出高频关键词。笔者选择频次7及以上的30个关键词作为高频关键词，发现比较热门的30个词中，集中研究领域在教师专业发展、学生核心素养、思维品质、深度学习、信息技术、立德树人、教研转型等时下最热的内容。（见表3-17）由此可以初步说明国内学者研究教师综合素养的大致方向是围绕教师专业素养、现代信息素养、能力素养、道德素养、创新素养等主题展开，为把握这些关键词之间的关系，需做进一步的分析。

表3-17 前30位高频关键词排序

序号	关键词	词频	序号	关键词	词频
1	素养	556	16	课程体系	10
2	综合素养	41	17	基础教育	10
3	课程改革	29	18	教学方式	9
4	课堂教学	22	19	教师教育	9

续表 3-17

序号	关键词	词频	序号	关键词	词频
5	学校	20	20	思维品质	8
6	学生核心素养	16	21	深度学习	8
7	教师专业发展	15	22	立德树人	8
8	策略	15	23	信息技术	7
9	英语教学	13	24	学生发展	7
10	课程标准	13	25	教学模式	7
11	培养	13	26	教学策略	7
12	学科素养	11	27	翻转课堂	7
13	教学设计	11	28	教师成长	5
14	教学改革	11	29	教研转型	5
15	教学方法	11	30	创新	5

（二）研究的热点分析

使用 Excel 得到 30 个高频关键词的全样本词篇矩阵，将高频关键词词篇矩阵导入 SPSS，通过聚类分析，得出高频关键词聚类分析树状图（如图 3-15 所示），树状图聚类分析是将具有相似个性的研究个体进行归类，以体现整体研究内容。关键词名称与其对应出现频率排 1~30，标注在树状图纵轴，0~25 代表关键词之间的密切度标注横轴。关键词之间的纵向连线对应之横轴数字，越接近于"0"，说明关键词关系越密切；越靠近"25"，则说明关键词间关系越疏远。

从高频关键词聚类分析树状图可以清楚地看出，研究的主要热点反映在以下几点上。

（1）关于翻转课堂教学模式下教师综合素养提升的研究。包含"教学改革""教学模式""翻转课堂"三个关键词。在新型教育改革的大背景下，翻转课堂等新型教学模式改变了传统的课堂教学方式，充分利用现代教育技术，改变了传统教学中教师的中心地位，重视学生的个性化培养，使教师角色发生了根本性的转变。面对这种新型教学模式的挑战，教师需要转变教育理念，提升自身的综合素养。学者们在研究这一热点问题时，主要探索教师如何强化专业知识与信息技术知识的学习；如何加强师生之间的联系，构建新型师生关系；如何强化合作意识，共享教学经验；等等。

（2）关于教师队伍中师德师风建设的研究。坚持以人为本，全面实施素质教育是教育改革发展的重要战略，党的十九大强调要落实好立德树人的根本教育任务，培养德智体美劳全面发展的新时代人才，要求加强教师队伍的师德师风建设。教师道德水平对学生形成正确道德观具有一定影响，同时也影响着社会文明发展，影响民族文化素质。因此，教师的师德师风也是教师综合素养的重要内容。学者们在研究教师师德师风问题时，主要将师德师风作为教师综合素养的重要组成部分进行探讨，围绕师德师风的内涵、建设路径、现状等问题进行研究分析。

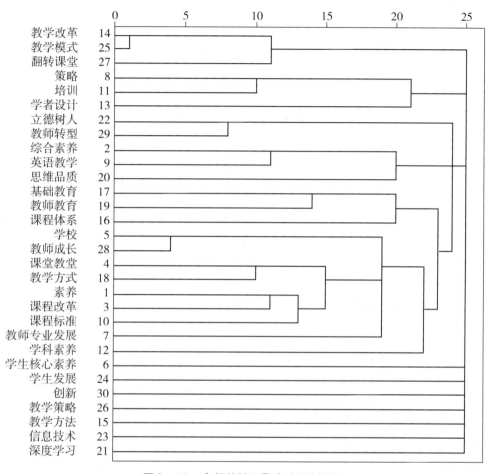

图 3-15 高频关键词聚类分析树状图

（3）关于教师学科专业素养与教师思维方式的研究。教师学科专业素养要求教师有足够的专业知识，一个专业素养高的教师能够较好地掌握课程与教育的基本原理，掌握诸多关于课堂教学情境的知识经验，具有反思教学实践问题的能力，了解课堂学习规律，帮助学生学习学科知识与技能。教学质量与教学效果能够从侧面反映教师对学科知识的掌握程度，也是衡量教师学科专业素养的重要指标。因此，在基础教育课程改革的大环境下，国内学者致力于研究这一热点内容。

（4）关于课程改革与课程标准背景下课堂教学中如何提升教师综合素养的研究。主要包括"课堂教学""教学方式""核心素养""课程改革""课程标准"五个关键词。新课程改革强调教师教学方式与学生学习方式的转变，要求教师处理好知识与技能、过程与方法、效率与质量的关系。新课改推动教师具备相应的新能力，发展课程实施能力、课程研究能力、课程设计能力，协调师生之间的矛盾。在教学过程中，教师需要协助学生掌握技能，传递和展示问题的解决办法。因此，这一热点是我国学者研究教师综合素养的一个方向。

（5）关于教师成长与教师专业发展的研究。主要包含"学校""教师成长"

"教师专业发展"三个关键词。教师成长与教师专业发展与教师综合素养息息相关。教师职业的独特性、专门性和不可替代性特点表明教师成长是一个长期的过程,需要经过专门的教育,形成健全的人格,掌握专业学科、教育学以及心理学的知识。在这一过程中,教师通过长期学习并培育发展自身的综合素养,在社会生活与教育教学实践中不断促进专业发展。教师成长与教师专业发展是通过教师自主发展与学校推进发展两个主要途径实现的,提升教师综合素养是教师实现自我发展的重要方式,因此,学者们在关注教师成长与教师专业发展时,会结合教师综合素养的内容进行深入研究。

(三) 研究热点之间的联系

为了进一步考察热点之间的联系,需要再次使用 SPSS 绘制知识图谱。通过高频关键词聚类分析,获取高频关键词 Ochiia 系数相似矩阵,再将相似矩阵导入 Excel 中,用 1 减去该相似矩阵活动单元格数据,得到相异矩阵(见表 3-18),将相异矩阵导入 SPSS 之中,采用多维尺度分析,得出 Euclidean 距离模型散点图,绘制成高频关键词共词知识图谱(见图 3-16)。通过知识图谱,我们能够发现不同热点形成的知识群,可据此对研究做进一步分析。

表 3-18 高频关键词的 Ochiia 系数相异矩阵(部分)

相异矩阵	1. 素养	2. 综合素养	3. 课程改革	4. 课堂教学	5. 学校	6. 学生核心素养
1. 素养	0.000	0.974	0.866	0.864	0.829	1.000
2. 综合素养	0.974	0.000	0.913	0.967	0.930	1.000
3. 课程改革	0.866	0.913	0.000	1.000	1.000	0.954
4. 课堂教学	0.864	0.967	1.000	0.000	0.952	0.893
5. 学校	0.829	0.930	1.000	0.952	0.000	1.000
6. 学生核心素养	1.000	1.000	0.954	0.893	1.000	0.000

在图 3-16 所示的高频关键词共词知识图谱中,将 30 个高频关键词划分为三个知识群,每个知识群中关键词的紧密程度反映其相关程度,越紧密说明相关性越大,越松散说明相关性越小。

第一个关注点横跨第一、二象限,包含热点一(关于翻转课堂教学模式下教师综合素养提升的研究),与"学生发展""深度学习""教学策略""信息技术"等关键词联系紧密,可作为一个整体研究。说明在课堂教学中,教师应将学生发展放在首位,进行深度学习并运用信息技术等手段改进教学模式,提高教学效果。第二个关注点横跨第二、三象限,包含热点二、热点三,主要涉及师德师风、学科专业素养与教师思维方式等内容,与关键词"教学设计""教师教育""培养"等相关度较大,说明学科专业素养与师德素养在教师综合素养中占据重要地位。第三个关注点横跨第一、四象限,包含热点四、热点五,主要围绕的是教师成长与教师专业发展的问题,与关键词"学生核心素养"联系紧密,关键词之间距离较小,说明教师综合素养不

第三章 国内外相关研究的学术梳理及研究动态评析 73

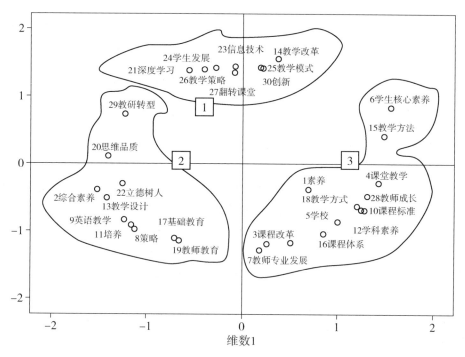

图3-16 高频关键词共词知识图谱

仅是教师专业发展的重要内容，也是培养社会高质量人才的重要因素。

综上所述，教师综合素养研究的关注点和趋势在于在教育改革与课程改革的大背景下，未来教师需要具备多种品格和关键能力。教师在面对新型教学模式的挑战时，需要转变教育理念，强化专业知识与信息技术知识的学习，掌握信息媒体的运用，掌握最新教学能力和创新能力；在实施素质教育的过程中，教师要加强师德师风的建设，注重言传身教，坚持立德树人的育人理念；教师要以培养学生核心素养为目标，以满足学生学习需要为前提，进行深度学习，不断提高自身的学科专业素养；教师要处理好知识与技能、过程与方法、效率与质量的关系，发展教育教学新能力，协调好师生之间的关系；教师要进行自我规划，明确职业目标，促进专业成长。从研究的热点可以判断学者们将继续围绕教师综合素养内涵、发展方式以及提升路径等方向展开研究。

第四章 研究设计

　　学校创新微团队培育研究，是按照教师专业发展的阶段性分层、分阶段组成不同的微团队，微团队通过理论和实践的学习，使教师掌握学习力和领导力提升的五项核心技术。微团队培育采取微团队建设的方式，以教学（创新思维课堂）改革为主要抓手，辅以小课题研究等措施和途径，不断提升教师的学习力和领导力，同时进行效果评价。

　　本研究对象是张兆芹学习共同体工作室的全体在职教师。

第一节 研究概念架构

　　图4-1为研究框块，具体包括研究目标、研究理念、措施途径以及监控评价四部分内容。

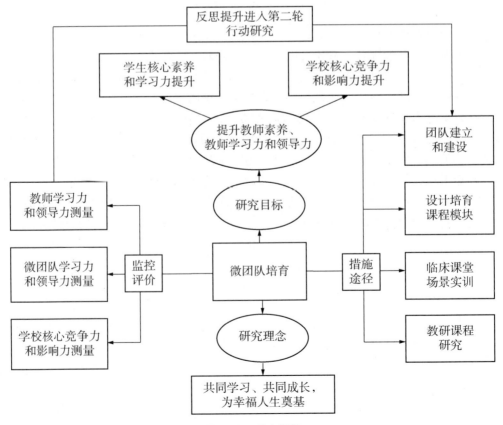

图4-1 研究框架

一、拟解决的重点、难点问题

两大机制的建立和运行：①任务驱动机制；②院校合作机制。

1. 任务驱动机制

（1）一人一规划：引领微团队成员结合校情，从己出发，抓住学校发展中的主要问题及未来三年内的中心任务，确定个人发展规划书。

（2）二维探究"三微"提升：引领微团队成员围绕教师"怎么教"与学生"怎么学"两个维度，引领微团队成员在学校改进行动方案中，围绕"微团队建设、微教学改革、微课题研究"整合创新，在三年内初步形成学校微团队特色、课堂教学特色和课题研究特色。

2. 院校合作机制

通过建立院校合作机制，形成四个层面的"合作共同体"：一是微团队同伴之间形成共同体，二是微团队成员与学科组同伴之间形成共同体，三是微团队成员与年级组同伴之间形成"同伴互助共同体"，四是形成院校之间深度合作的 PCM 学习共同体。

二、拟解决的关键问题

1. 学校微团队的运作方式

通过与信息技术整合提供微团队运作平台，如建立微团队 QQ 群、微信群、微团队论坛等；通过与学科工作整合提供运作平台，如以微团队形式开展微教研、微讨论、微课程等；通过与学校中心工作整合提供微团队运作平台，如微调研、微参与、微贡献等；通过与其他微团队协同提供微团队运作平台，如开展微交流、微经验等。精英微团队可采取"1+X"的运作模式，"1"代表一个微团队，"X"代表微团队根据自己实际情况选择的载体，可以是一个微刊物、一个微课题、一个微论坛、一个微沙龙、一个微主题、一个微成果等。

2. 学校微团队的管理机制

大学与学校建立 PCM 合作模式，大学教授（Professor）、名师（Coach）和学校学科骨干教师（Menter）一起建立 4～5 人组的微团队，协商制订微团管理制度，制度要体现"既规范又自由，既独立又协同"的原则，确保微团队的自然而又自由的活力，使之成为学校最具活力的微组织，通过线上线下活动引领学校微团队的发展。

三、本课题研究的导向

1. 强调针对性导向

从"提升教师学习力""提升教师领导力""提升学校竞争力"三个方面的实际需要打造微团队，制订有针对性的指导方案。

2. 强调实践性导向

以微团队实践能力的提升为目标，以岗位实践引领为路径，以解决教学问题为策略，以促进学校发展的业绩为评价标准。

3. 强调双发展导向

一方面，专家团队要对微团队建设起指导、监督和支持作用；另一方面，微团队建设也反过来促进专家团队的研究和发展。双方达成阶梯发展的共同愿景。

第二节 课题研究基本线路图

教师创新微团队（共同体）阶梯培育研究基本线路图包括三大模块（整体设计、实施操作、反思提升）和九方面的内容，比如问题提出、确定目标、行动构思、研讨反思、形成结论等等，具体见图4-2所示。

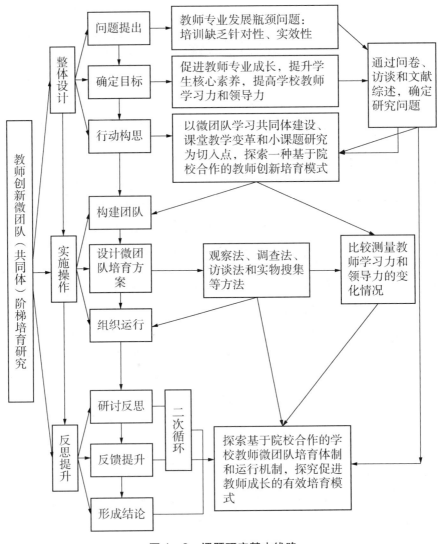

图4-2 课题研究基本线路

第三节 课题研究方法

学校微团队培育研究方法主要采用将文献研究法、问卷调查法、访谈、观察、行动研究结合为一体的行动研究法。

1. 文献研究法

通过对国内外相关主题的文献进行梳理,把握相关的研究现状,为下一步的研究奠定基础。在对国内研究文献进行梳理的过程中,采取量化和质化相结合的方法,先通过 SPSS 对研究高频关键词进行聚类分析以及多维尺度分析,测定关键词之间的距离,将这个距离可视化,并定位到概念空间中的特定位置,形成各个关键词之间的结构图,这个结构图就是知识图谱。知识图谱可以客观、形象地描绘出研究领域内高频关键词的总体态势、亲疏关系和变化规律等,是把握研究主题发展动态、方向的重要科学工具。此外,再结合文献内容的梳理和综述,更加科学、全面地把握我国关于教师学习力的研究现状及热点问题。

2. 问卷调查法

通过调查问卷搜集相关数据材料,了解教师的学习力和领导力前后变化情况。问卷调查法基于已有文献及理论基础的研究,总结发展出教师学习力和领导力的维度,将指标具体化为可操作条目,形成教师学习力、领导力的五级量表,并对量表的信度和效度进行分析,最终形成正式的评价量表。然后,将正式量表投入实测中,收集反馈数据,分析教师学习力和领导力的现状。问卷调查的研究流程如图 4-3 所示。

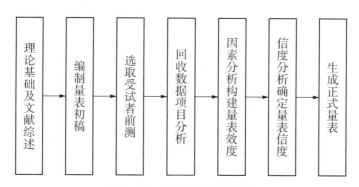

图 4-3 问卷调查研究流程

3. 访谈法

通过访谈了解教师在研究实施前后对研修的态度表现及其参与情况。访谈法,是指通过谈话、访问等方式了解研究对象的相关信息以及对研究问题的看法、态度、评价,以获取有效研究信息的调查方法。可以说,访谈是一种研究性交谈,是研究者通过口头谈话的方式从研究对象那里收集第一手资料的研究方法。[①] 与调查法相比,访

---

① 陈向明:《质的研究方法与社会科学研究》,教育科学出版社 2000 年版。

谈更具灵活性，并且能够了解到更加深入的问题，研究者可以根据访谈过程的具体情况进行选择性追问，以析取问卷调查很难呈现的较为复杂和深入的问题。

首先，按照研究者对访谈结构的控制程度来划分，访谈可以分为封闭型、半开放型、开放型三种，本研究采用半开放型访谈。在半开放型访谈中，研究者对访谈的开展和进程具有一定的控制作用，并在访谈之前设计好访谈提纲，以便在访谈过程中能够根据自己的研究主题对访谈对象提出问题。其次，按照访谈对象的人数来划分，可以进一步分为个别访谈和集体访谈两种类型。个别访谈是一对一单独访谈的形式，只有一名访谈者和一名访谈对象两个人进行交谈；而集体访谈是多人参与访谈进行交流，访谈者主要把握谈话方向和节奏，由访谈对象进行相关问题的回答和讨论。本研究采取个别访谈为主，集体访谈为辅的形式。

在访谈之前，要做好准备工作。第一，根据研究主题选取样本，通过多种渠道了解各个层次的被访者的个人背景（如教龄、职称、学历、所教科目等）后，通过适当的方式联系被访者，确定访谈时间、访谈地点、访谈方式和访谈主题等。第二，设计访谈提纲，明确访谈目的和想要了解的主要问题，提纲应是粗线条的、开放而灵活的。第三，准备访谈中的辅助设备，如录音笔等。访谈之后，将音频资料转化为文本资料，并进行整理与分析。访谈属于质化研究，质化研究一般采用类属分析方法，将收集的各类原始资料进行系统化整理，并对其进行编码和归类，以便后续的研究。

4. 观察法

通过课堂观察等方法收集相关数据材料，了解教师在参与前后的变化情况。

5. 实物收集法

通过收集相关的文字资料、影像资料等了解教师在参与前后的专业发展变化。

6. 行动研究法

本研究主要采取"提出问题—策划方案—行动实施—调查观察（收集数据）—分析数据及反思改进"的五段螺旋式操作程序，如此反复进行二轮行动研究。首先，构建学校教师微团队；然后，进行SWOT（态势分析法）分析诊断，在问卷、访谈和课堂观察的基础上发现学校教师当前成长中的共性问题和个性问题，梳理出未来三年内微团队成员在课堂教学和课题研究方面的主要研修主题，形成"微团队""微课堂"和"微课题"体系，并拟订行动计划，实施第一轮行动方案。在实施方案的过程中和过程后，系统地收集资料，并对所获得的资料进行研究分析。根据分析结果对第一阶段的行动研究予以反思改进和调整，设计第二轮行动方案，再次实施第二轮行动方案并收集相关资料。最后，对所有研究资料进行分析和解释，得出研究结论。

第四节 目 标

一、总体目标

针对微团队进行"提升学习力和领导力，促进学校特色发展"的主题研修，以微团队建设、微教学改革和微课题研究为切入点，探索一种基于院校合作的教师微团队培训机制，促进教师成长，提高学校教师培训实效性和学校影响力。

二、研究阶段与具体目标

学校创新微团队培育研究预期为三年，沿着"构建微团队—诊断分析—实训策划—研讨反思—评价提升"这一路径层层推进，最终实现预期目标。具体来说，大致分为六个阶段，每个阶段有各自明确的目标、任务以及验收指标。

（一）团队构建

实施"1+N"系列教师创新微团队阶梯培育研究，是以教师组成的微团队（N人）为突破口，开始探索一种新型的教师研修模式——学校创新微团队"1+N"系列协同培育研究。基于"1"大主题，探索教师研修的微团队 N 系列小专题的"1+N"系列阶梯培养模式；"1"个教练或培训师带领"N"位教师建立学习共同体；"1"个大课题集聚"N"个教研小课题，通过微团队带动使教师成为研究者，使教师教学和研究成为一种工作习惯和生活方式。

本阶段的主要目标是院校合作进行基于学校的校情分析，遴选微团队成员，商讨形成微团队建设的共同愿景和个人成长规划书。检验指标：形成微团队的个人档案、QQ 群组（QQ group）或微信（Wechat）。

（二）理论培育

定期组织工作室成员进行理论学习，通过开展主题报告和阅读会、体验工作坊和户外体验拓展式培育等形式进行思想引领、理论提升和实践体悟。通过一系列活动统一思想认识，掌握五项修炼技巧，不断改善心智模式，实现自我超越，形成系统思考，建立共同愿景，进行团队学习。

（三）诊断分析

本阶段的主要目标是对微团队成员及其课堂教学进行全面的调查和诊断，对其教学思想、教学风格、课堂文化、学生的学习动机、课堂教学效果、学习效果等各个方面进行全面的诊断。在专家团队的协助下完成微团队的课堂诊断，形成分析报告，建立相应的数据库。

（四）教研实训，学习和提升

（1）理论和实践学习，学习力和领导力技能培训，等等。

（2）室本培训。基于教师个体成长和学校整体发展需要，由专家协作指导，教师主动参与，以问题为导向，以反思为中介，把培训与教育教学实践紧密结合起来，倡导基于学校实际问题的解决，直接推动教师专业的自主发展。

（3）行动研究。行动研究作为一种学习途径和教师专业发展的途径，是一种螺旋上升的发展模式。这是一种以参与合作为特征，以实践情境为对象的研究形式，在教育行动中研究，在研究中行动。

（4）案例研究。案例描述的是教育实践中的典型事例，它直观形象、生动具体，便于运用。这种研究方法可以帮助教师很快掌握对教学进行分析和反思的策略，从而缩短教育情境与实践生活情境的差距。教师把实践中发现的问题以及处理问题的全部过程写成案例，然后围绕案例展开集体研讨和分析，在此基础上形成"案例研究报告"，通过对同类案例的研究，概括出一般规律性的结论。

（五）研讨与反思

本阶段的主要目标是通过自主学习、校本培育、外出考察、研讨交流、课题驱动等各种形式，引领微团队教师自主进行教学改革和创新，形成兼具本校和个人特色的教学模式，在所执教班级中进行两至三轮的实践、反思和调整。检验指标：确立微团队研究课题，完善微团队学习研究行动计划（个人的），开展相应的示范课或研讨课等系列活动，形成微团队互相观课评课的有效研修模式。

（六）评价与提升

本阶段的主要目标是对微团队各个方面的工作进行全面评价，尤其是对教师的教学、学生的学习、课堂教学环境等方面进行评价，形成相应的数据库，并撰写研究报告。同时，基于前期的学习、研究与实践，在专家的协助下，帮助教师提升个人的经验，形成相应的论文等理论成果。检验指标：补充微团队的个人档案，形成微团队课堂教学成长分析报告，建立相应班级的数据库，完成课题结题，形成相应的报告，升华理论成果。

第五节 行动研究

在信息社会的背景下，教师职能的内涵和外延都在不断丰富和扩展，社会发展对教师提出了更高的要求，因此，教师专业发展已成为国际教师改革的趋势。教师继续教育必须与教师发展生涯相结合，创新教师分层培训模式和分层课程教学设计，从创新阶梯培养机制、建立模块化的教师教育课程体系、突出实践导向，到建立对话式培训模式，以及即时诊断式培训、课例、课案的微格研讨等，建设学校教师创新微团队工作室，积极探索提升教师学习力和领导力的途径，促进教师专业发展。

本课题研究运行历经三年，共三个阶段。

一、前期准备阶段

（1）文本工作。包括文献整理、制订工作室三年发展规划和课题研究方案、确定微团队构建方案、开发阶梯式培育课程等。

（2）前测及数据收集。对参与微团队培育的教师进行学习力和领导力前测，收集数据，建立数据库。

二、行动研究阶段

该阶段是工作室运行的重要阶段。该阶段按照"构建微团队—理论培育—课程诊断分析—实训展示—研讨反思—评价提升—制订新的行动方案"这一路径进行二次循环的行动研究。

（1）行动研究要解决的主要问题：针对在教师专业发展培育中缺乏针对性和实效性的瓶颈问题，力图以微团队学习共同体建设、课堂教学变革和小课题研究为抓手，探索一种基于院校合作的教师创新微团队培训模式，从而促进教师的专业成长，提高教师的学习力和领导力。

（2）行动研究的主要内容：学校创新微团队（学习共同体）培育研究，以培育和提升教师的综合素养、不断提升教师的领导力和学习力为目标，按照教师专业发展的阶段性分层、分阶段组成不同的微团队，通过微团队的理论和实践的学习，使教师掌握学习力和领导力提升的核心技术——五项核心技术修炼。微团队培育主要是以团队建设、课堂教学变革和小课题研究等途径为主要抓手，探索一种团队阶梯培育机制，并进行效果测评。行动研究为期三年，不断反思提升，进行二次循环，最终形成有针对性、实效性强的研究报告。

具体行动研究方案见表4-1。

表4-1 教师创新微团队（学习共同体）阶梯培育行动研究方案

	阶段	时间安排	主要内容
行动研究方案	微团队构建	2015年7月—2015年9月	（1）从深圳市参与学校中甄选出20名在职中小学教师 （2）将20名学员按照所教科目分为学科团队，每个学科团队中配备一名骨干教师和四名青年教师，形成五人组的微团队 （3）工作室以1个大课题带领N个小课题群，由学员自行选择，组建各个课题微团队，开展课题研修 （4）微团队组建完成后进行组织建设，选出团队负责人，制订各个小组的规章制度和工作计划
	诊断分析	2015年10月—2015年12月	（1）对微团队成员的教学思想、教学风格、课堂教学效果、课堂文化、学生的学习动机、学习效果等各个方面进行全面的诊断，形成个人诊断书和发展规划书 （2）在导师的协助下完成微团队诊断书和发展规划，形成分析报告，建立团队数据库 （3）依据诊断分析报告精心策划培训方案，针对不同特点和不同层次的学员和微团队安排适合的培训课程和活动

续表 4-1

	阶段	时间安排	主要内容
行动研究方案	教研实训	2016 年 1 月—2017 年 12 月	（1）组织青年教师进行教育理论知识集训 （2）定期组织大型讲座，安排名师或学者进行教育前沿知识讲授，开拓学员教师视野 （3）以各个微团队为单位，每两周开展一次研讨会，微团队成员之间进行问题反馈和研讨 （4）每一个月开展一次集体研讨会，每个微团队负责人或全体学员共同交流研讨培训过程中的心得体会和遇到的问题，导师和专家团队进行解答 （5）课题微团队选定研究的课题开展研究活动，在课题的选择上要结合学校情况，能够将培育活动与实践结合起来，倡导从学校实际问题出发进行校本修研，同时提高教师学员的科研能力 （6）开展示范课培育，培育按照名师示范课—学员上课—团队评课—反思改进这一路径进行，旨在培育教师学员的教学能力
	研讨反思	2017 年 1 月—2017 年 12 月	（1）经过一轮培育后，进行过程性评价，评价形式包括自评、团队成员互评、导师评价 （2）针对评价结果形成个人改进书，制订各个学员下阶段培训的目标 （3）各个团队进行探讨反思，由团队成员共同制订团队下阶段行动计划和目标 （4）针对过程性评价结果，由工作室成员进行统计分析，输入数据库，进行阶段性总结，并制定第二轮培训方案
	评价提升	2018 年 1 月—2018 年 6 月	（1）两轮培育完成后进行结业考核，考核分为个人和微团队两种形式 （2）个人考核包括教师综合素养、学习力和领导力最终评价，以评课、论文、答辩的形式展开，由导师和专家小组进行评价 （3）微团队评价，由工作室组织优秀微团队评选活动，通过线上和线下两种形式进行甄选，在甄选过程中参评微团队展示其活动资料、研究成果等，最终选出各个方向和主题的优秀微团队 （4）工作室成员进行全部资料的整理和分析，形成最终研究成果，并开展后续推广活动

三、成果整理及推广阶段

1. 研究成果整理

对行动研究中获取的资料和数据进行整理分析,完成课题报告,形成论文和专著。

2. 研究成果推广

成果推广分为线上和线下两种形式。线上主要完善和培育课程视频的发布,将培育课程以 MOOC 的形式进行整理和发布,这样,即便课题结束也能方便更多的教师进行学习;线下主要是通过研讨会、座谈会的形式对工作室的研究成果进行推广,增强辐射效应,面向全国或全省举行研究成果报告会,拟建立教师培育基地联盟等。

成果和成效(人才培养):培养省市级成果项目骨干 5~8 名;省市级骨干学科名师 3~5 名。

3. 时间安排计划

2015 年 7—12 月　文献整理、制订工作室三年发展规划和制订微团队行动方案、构建微团队、开发阶梯性培育课程模块、进行教师学习力和领导力前侧,收集数据,建立数据库;

2016 年 1—12 月　第一轮行动研究;

2017 年 1—12 月　第二轮行动研究;

2018 年 1—6 月　整理写作,完成研究报告;

2018 年 6—12 月　完成出版计划。

第六节　行动研究过程

行动研究是指在自然、真实的教育环境中,按照一定的操作程序"制订第一轮行动计划—组织实施—过程监控—评价反思—总结完善—制订第二轮行动计划—组织实施—过程监控—评价反思",综合运用多种研究方法与技术,以解决教育实际问题为首要目标的一种研究模式,如图 4-4 所示。

"行动研究"是美国学者勒温在 20 世纪 50 年代提出的旨在帮助人们解决问题的一种思维和行动方式,包括计划、行动、观察、反思四个阶段的螺旋式循环提升。

行动研究具备以下特性:

(1)行动研究具有情境性。行动研究的研究者进行行动研究必须要参与到真实的场景中,研究者需要根据具体环境情况的变化,适当调整研

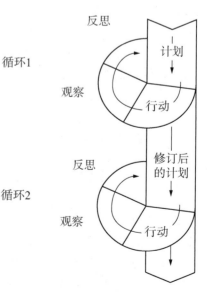

图 4-4　行动研究循环

究步伐，修改研究设计。

（2）行动研究具有协作性。行动研究过程中涉及研究的所有参与者。研究者需要和研究参与者建立良好的合作关系以收集数据。研究过程中，参与者可以向研究者提出改进研究的建议。

（3）行动研究具有参与性。行动研究过程需要研究参与者的配合。研究者作为行动研究的设计者不断修改研究，过程中需要研究参与者的协助配合，研究者与参与者共同参与整个行动研究。

（4）行动研究具有自我反思评价性。张俊英（2010）指出，行动研究过程中，研究者需要向参与者收集多种信息。针对收集到的信息，研究者需要对研究设计进行改进和反思，也需要根据参与者对行动研究的评价，研究者也需要对设计的活动进行反思评价。

本行动研究按照"构建微团队—理论培育—课堂诊断分析—实训展示—研讨反思—评价提升—制订新的行动方案"这一路径进行。这一路径层层推进，二次循环，最终实现预期目标。

一、构建微团队阶段

实施"1+N"系列教师创新微团队阶梯培育研究，是以教师组成的微团队（五人）为突破口，开始探索一种新型的教师研修模式——学校创新微团队"1+N"系列模式。即采用协同培育模式，基于"1"个教练或培训师带领"N"位教师建立学习共同体；"1"大主题，探索教师研修的微团队 N 系列小专题的"1+N"系列阶梯培育模式；"1"个大课题集聚"N"个教研小课题，通过微团队带动使教师成为研究者，使教师教学和教研成为一种工作习惯和生活方式。

按照教师专业发展的阶段设计骨干教师培育模块（工作室主要是针对骨干教师教育），结合临床学校实训和教学课题研究，并结合监控和评价，实施教师学习力和领导力评价研究。工作室模式是"教研训"一体高效运作的工作室模式，将教学、教研和培育等修习途径有机结合，一体化运作，探索兼具项目研究、骨干教师培养和区域培训辐射的多功能教师学习共同体研修活动模式。

二、理论培育

1. 通过价值观引领、文化观念认同，建立共同愿景

（1）培育生命自觉。特别优秀的人多有一个共同特征：非常自主、自觉，总是主动寻找工作目标和任务。这种自主自觉的人，可能是我们这个时代最需要培养的人。培育生命自觉主要包含以下几层意思：一是明自我。即对自我的生命自觉，明白自己一生的教育追求和人生信念，并自主自觉立起来。明自我，意味着教师要学会规划自己的职业生涯，学会制订自己未来三年五年的发展规划；明自我，就是知道自己的优势、劣势、潜势。二是明他人。即对他人生命的尊重和敬畏。三是明环境。学会自觉捕捉所处的生存环境中有利于生命成长的优势资源，能够主动参与环境的改造，从不抱怨指责，而是主动介入环境，改变环境，担负起自己的责任。

（2）学习共同体五项修炼技能策略。五项修炼技能策略具体包括：①核心学习力——建立共同愿景，培养整体视野；②核心学习力——自我超越，激发实现热望的能力；③核心学习力——改善心智模式，建立高效沟通能力；④核心学习力——团队学习，建立团队合作能力；⑤核心学习力——系统思考，训练处理复杂问题的能力等。

2. 针对骨干教师设计课程模块，建立课程体系

课程开发与建设的过程是教研、教学和培育相结合的过程。这个过程是双向的，它使培育者和受育者的素质和能力共同提高、共生共长。一套完整的教师专业发展课程培育体系包括道德情感类、经验分享类、实践提升类、技能训练类、拓宽视野类、五项修炼类、艺术熏染类、休闲兴趣类等八大类，包括学校管理能力模块、课程素养模块、人文素养模块、教研素养模块、健康课程模块等模块课程。

（1）课程设计依据。根据教师专业发展阶段的教师专业发展需求的差异性来整合课程，形成骨干教师的教师终身教育课程系统。按照对教学知识的体悟、教学环境的体悟、教师自我的体悟来提升教师综合素养。钟启泉教授在教师教育课程标准中对教师专业素养设定了如下框架。

1）教学知识的觉悟。教学，是人类的问题解决中最为趣味盎然、最为复杂的活动。教师在教学中必须具备学科内容的知识、教学技能、对学生反应的感受力以及临床智慧。舒尔曼的教学知识研究提出了教师教学知识的要素——教学内容知识、一般教育学知识、课程知识、教学设计知识、关于学习及其性质的知识、教育背景的知识、关于教育结果目的价值的知识。显然这些知识是多元的、实践的、跨学科的、整合的知识。在教学知识的框架下结合教师发展阶段，新手教师主要体现于对教材的把握和理解；骨干教师则上升到课程的设计和反思；专家型教师则体现为对教学资源的跨学科统整，表现为超越传统重新建构教学自我。

2）教学环境的觉悟。教师所从事的职业是一种复杂的、多样化的并处于不断变化的职业，教师的教学总是受到外在环境因素的影响。从教室空间、班级规模、教学设备，到学校体制、社区资源、教育经费和教育政策，都会形成一种独特的互动情景关系。教师唯有敏锐地感知教学环境，才能选择相应的教育行为，负起教育的责任。对教学环境的觉悟，新手教师主要体现为对学生、班级、家长等直接环境的关注；骨干教师开始关注社区、文化背景等要素；专家型教师则关注教育行政与教育政策，直接参与并干预教育政策的制定和实施。

3）教师自我的觉悟。面对同样的学生、同样的情景、同样的材料，不同的教师可能会有迥然不同的教学实践。教师的专业训练背景、个人特质、信念、态度和价值观，可能是关键的影响因素。

结合教师培育课程的依据和实践经验，构建教师培育课程框架（见表4-2）。

表4-2 教师培育课程框架

客观关注角度	对象		
	新手教师	骨干教师（本研究对象）	专家型教师
关注点	经验	学生发展	超越
师资培育取向	以技术为核心	以反思为核心	以道德智慧为核心
教学知识的领悟	教材	课程	跨学科统整
教学环境的领悟	学生、班级、学校	社区、文化背景	教育政策
教学自我的领悟	同化	认同	建构

这里重点关注骨干教师。具体来说，骨干教师在经历最初的普通学科教师或班主任的锻炼成长后，一部分会逐渐成为学校的中层管理人员。除了承担日常的教学任务以外，还增加了新的工作内容，教研、教务、年级工作等学校管理事务要求骨干教师具备相应的管理能力。

● 学科知识的深层理解

教师在逐渐适应学生的实际情况后，需要加深对学科的把握。学科的教育价值不仅仅体现在学科中的事实、原理、概念等知识点上，更重要的是学科内容的结构。这一阶段的教师往往不再满足于教给学生一些学科知识，而开始探讨学科的育人价值。叶澜（2002）曾经论述过学科的丰富育人价值。教学对学生的价值不应停留于此（指教学的知识重点和难点），更不能把学生当作为学习这些知识而存在的，教师是为教这些知识而存在的。具体来讲，每个学科对学生的发展价值，除了一个领域的知识以外，从更深层次看，至少还可以帮助学生认识、阐述、感受、体悟、改变这个自己生活在其中并不断互动着的、丰富多彩的世界和形成、实现自己的意愿，为其提供不同的路径和独特的视角、发现的方法和思维的策略、特有的运算符号和逻辑；提供一种唯有在这个学科的学习中才可能获得的经历和体验；提升学生独特的学科美的发现、欣赏和表达能力。

这种学科知识的重新认识和加工，已经不再是单纯的学科知识了，因此在这一阶段，教师的学科知识不仅仅是知识更新，更强调知识间的横向联系。"香港教师专业能力理念架构"中提出卓越境界教师"能就学习领域内或跨学习领域的知识倡导有目的和有意义的统整"。

● 课程设计和教研能力

钟启泉（2008）的研究指出，课程的理想是通过教学实现的，在教学过程中从学校的"文件课程"到教师诠释产生的"理解课程"，再转化为课堂中实施的"运作课程"，教师都是课程转化与教学实践的主体。

从"教学观"到"课程观"的视野转换成为骨干教师发展的一个重要内容。因此，骨干教师的课程素养成为教师后续发展的重要因素。"课程观"视野就意味着教师不再是国家课程的传声筒，而是主动的课程设计者。从课程资源的开发和利用，到课程评价方式的设计和运用，教师都是主角。教师已经具备了丰富的教学经验，同时也积累了一定的理论基础，因此骨干教师的教学研究一方面可以围绕"教学故事"的叙述，描述自己教学生活中实际的遭遇、困惑，尝试解决的过程及自己的感悟，将焦点放在特定教学情景中的经历、体验，不断叩问，探寻其生存、发展的意义。另一方面教师研究可以从观察、记录自己已习惯的关于教学情景问题的处置方式入手，分析它与特定的情景要求是否相吻合，有无需要变通的地方，在什么样的条件下要做怎么样的变通，同时借助于大量的个人教学个案的分析，从中过滤出起支撑作用的基本要素和主要环节，并揭示它们之间的相互关系，形成一定的实践操作范型；再展开具体操作程序、方法与变通要领的说明，形成师生双方教与学活动的指南，从而构建自己个人的教学模式。（柳夕浪，2003）

- 育人能力的提升

古人云：经师易得，人师难求。教育不完全是知识的传递，更是人与人之间人格的砥砺。一名教师对学生的影响不仅仅是知识上的、智力上的，更是思想上的、人格上的影响。袁振国（2004）认为，精神需要精神的感染，道德需要道德的濡化。一位教育工作者的真正威信在于他的人格力量。鲁洁（1997）认为，"人格陶冶的过程，也即是从一个孤立的个体向世界性个体转变的过程；是个体的人占有人类历史所创造精神文明财富的过程"，"应当特别予以重视的是直接表现人的精神世界、精神力量的人文科学。它们对发展人的心灵，形成和谐人格方面具有独特的作用"。要提高教师的综合素养，经典著作发挥重要作用。教育家的原著和文史哲的相关著作对教师开阔视野，反思当前教育中的缺失，都有一定的参考价值。教师在阅读经典的过程中，与经典对话，从而提高"心灵自我唤醒能力"，与之进行倾心的精神交流。在这个过程中，可以扩大教师对人生觉悟的视野，提高对人生感觉与体验之敏锐性和深刻性，把人类精神发展的成果转化为学习者个体的精神能力，据此得以超越自我有限的个别性，获得普遍性的品质。

- 教师身心保健

随着社会的转型，学校教育承担了许多额外的社会功能，教师也面临越来越繁重的工作任务。近一段时间以来，教师压力逐渐引起人们的关注。有研究表明，这一阶段的教师所承受的压力是最大的。因此，本阶段教师的心理健康能力对专业发展有较大的影响。教师的职业倦怠也是近年来教师研究的热点，教师度过了热情高涨期后，适应了学校生活的节奏，日复一日的教学经历很容易导致职业倦怠。

（2）课程框架的具体模块。柳夕浪（2002）认为，骨干教师培育课程一方面立足于教师的"专业发展"，在学校管理能力、对学科的深层理解、学科教学知识方面拓展教师视野，使教师发展摆脱狭隘的"专业个人主义"；另一方面关注教师作为"人"的发展，通过通识课程陶冶教师人格，为教师的可持续发展提供后劲，并通过健康课程缓解教师遭遇的各种压力。

1）学校管理能力模块。有效的教师校本研修离不开课例的收集和整理，因此开设课例资源的开发和利用。为提高骨干教师的理论素养，借用学习型组织理论，开设建立教师专业学习共同体，指导骨干教师提高组织内部的沟通和交流能力（见表4-3）。

表 4-3 学校管理能力模块课程列举

类别	课程名称	课程目标	课程内容
学校管理能力	校本研修的组织和管理	立足于学校的教师专业发展是提高教师队伍素质的必由之路，本课程旨在探讨校本研修的主要理论框架及实施策略，让学员了解校本研修的主要模式	校本研修的研究背景、以课例为载体的校本研修的实践方式、教师的实践反思、校本研修的主要模式、校本研修活动的组织
	课例资源的开发和利用	本课程旨在介绍课例研究的背景，在中小学教育实践中的价值，通过互动方式探讨课例资源的开发途径和利用方法	课例研究的特点和主要类型、课例的研究价值、课例资源的开发途径、课例资源在学校教学研究中的有效利用策略
	建立学习型的专业社群	本课程旨在介绍有关教师发展和学校发展，让学校成为学习型组织和学习型专业社群的主要概念和议题。课程鼓励学员批判性地思考现实学校体制中给予员工的支持、鼓励和发展	自我管理和学习这个体、领导的持续性和奖励、提升专业和组织能力、针对学生需要的个人和专业发展、沟通与回馈、知识管理、绩效管理

2）课程理论素养模块。韩继伟等（2008）认为，为了促使教师掌握各学科知识的结构，应该加强学科专业课程之间的联系，使学习者对所学学科有一个整体、全面的了解。可以开设一些学科历史与哲学方面的课程，如科学史、科学哲学之类的课程。通过对本学科发展历史的了解和在此基础上的哲学分析，使学习者明白不同学科分支是怎样发展起来的，在历史的脉络中各学科自身独特的贡献与价值，以及与其他学科的历史渊源，从而对所学的各门专业课程有一个整体的了解。（见表 4-4）

教师需要掌握课程的相关理论并成为课程设计者，因此我们设计了校本课程开发、课程资源的开发和利用、课程评价等课程，目的在于让教师实现从"教教材"到"用教材教"的转换。也针对课程改革实施过程中碰到的各种困惑，开设反思课程改革、基础教育的社会学分析等课程，引导教师以宏观、多学科、批判的视野分析当前课程领域的复杂状况，从而逐渐建立自己的课程观。

表 4-4 课程基本理论模块列举

类别	课程名称	课程目标	课程内容
课程理论	教学内容的生成策略	介绍教学内容系统中各个要素及其相互影响，同时也展示了在具体课堂教学中教学内容生成的基本路径，让教师深刻体会到教学内容创生的必要性，进而把"用教材教"这一理念落到实处，以提升自己的教学能力	教学内容创生规定性要素分析、教学内容预设、教学内容的机变与生成、教学内容的系统改写
	反思课程改革	新课程改革是一个研究、对话、探索、完善的多层面建设过程，对新课改进行及时的总结和反思有利于新课改的进一步深化与完善。本课程旨在对新课程改革的目标达成、收获和困境进行理性反思	新课改的历史背景、新课改的理念与目标、新课改的创新与突破、新课改的历程与收获、新课改的难点与困境
	基础教育的社会学分析	本课程主要以学校教育为基本线索来展开基础教育的社会学分析，引导教师借助社会学的视角来分析教育领域中的现象或问题	社会学的主要理论模型、社会学视野中的课程、课堂教学中权力的社会学分析、教师角色的社会学解读

3）人文素养模块。教师的人文素养是我们设计课程一直关注的重点。教师的个人阅读是教师成长的关键。除了保留教师阅读系列课程，还通过增加教育名著导读环节，在教师与名著的对话中提升教师个人对教育本质的思考能力。哲学素养是教师持续发展的一个重要因素，该素养模块开始引入西方哲学的内容，让教师在思考问题时有宽广的视野。（见表4-5）

表 4-5 人文素养模块列举

类别	课程名称	课程目标	课程内容
阅读课程	教师阅读系列课程	本课程旨在关注教育理论和实践中的热点问题，扩大教师的阅读面	本课程由主持人在教育报刊中遴选出适合教师阅读的佳作，汇编成册，提供给教师阅读，并结合自身的教育实践展开讨论
	大教学论	本课程旨在指导学员阅读夸美纽斯的教育名著，了解夸美纽斯的教育思想，并结合教育教学的实际领会夸美纽斯教育思想的现实意义，进一步思考教育的本质，逐步形成自己的教学信念	夸美纽斯的主要教育思想，夸美纽斯教育思想的现实意义

续表 4-5

类别	课程名称	课程目标	课程内容
阅读课程	教育名著导读大家一起来读书系列课程（教师专业成长）	本课程通过推荐教师阅读教育名家著作，鼓励教师在阅读中成长	在阅读的同时，通过教师辅导引导教师互相交流，最后聆听作者讲座，直接与作者进行面对面的对话
团队课程	教师拓展训练	本课程旨在提高教师的团队精神，通过体验式学习，使学员拥有正确的心态，突破自我	消除团队合作的五个机能障碍：缺乏信任、惧怕冲突、缺乏投入、逃避责任、无视结果
人文课程	西方哲学简史	本课程旨在向学员介绍西方哲学思想发展演进的内在脉络和精神实质，力图把不同时空背景中呈现出来的各个哲学派别和各种哲学思想当作一个有机联系的整体来加以把握	古希腊罗马哲学、中世纪基督教哲学、16—18世纪西欧哲学、18世纪法国哲学、德国古典哲学、近代哲学的终结及向现代哲学的过渡

4）教研素养模块。为了提高本阶段教师的教学研究素养，我们开设研究方法课程。进行课堂观察和问卷调查是教师在教学研究中经常用到的研究方法，我们开设课堂观察的理论和实践、问卷编制指导等，进一步提升教师的研究能力。同时也开设教育叙事研究，希望通过此课程提高教师的自我反思能力。还开设教学模式建构，指导教师对自己的个人实践知识进行系统的整理，并初步形成自己的个人教学模式。（见表4-6）

表 4-6 教研素养模块列举

类别	课程名称	课程目标	课程内容
教研素养	课堂观察的理论和实践	本课程对课堂观察方法的理论和运用进行一些解释，鼓励教师对自己的课堂、对自己的教育教学进行观察研究，逐渐成为研究型教师	在介绍课堂观察基本知识的基础上，力图为教师们提供合适课堂情景的、从定量到定性的一系列观察方法，并用实例详细说明教师如何进行课堂观察研究
	问卷编制指导	本课程对问卷编制方法的理论和运用进行一些介绍，鼓励教师对自己的课堂、对自己的教育教学进行问卷调查研究，逐渐成为研究型教师	问卷编制的基本原理、问卷编制的理论基础、问卷的内容、问题的编写、题目的质量分析、问卷的质量评估、问卷调查结果的统计分析和问卷调查报告的撰写
	教学模式的建构	本课程主要介绍教学模式建构的意义，同时认识模式方法的局限性，尝试根据个人教学经验和相关理论建立自己的教学模式	教学模式的历史、教学建模的方法、学科建模方法探讨、教学模式的案例研究

5）健康课程模块。针对骨干教师开设的健康课程主要集中于三个方面：①由于教师特殊的工作性质而导致的一些常见的职业病的预防；②由于日渐增加的压力而导致的心理失衡问题；③家庭中的亲子关系失调。（见表4-7）

表4-7 健康课程模块列举

类别	课程名称	课程目标	课程内容
健康课程	教师常见职业病预防	本课程旨在介绍几类教师常见的职业病，并分析其病因以及可能造成的后果，让学员能有一定的认识，鼓励和倡导他们积极地采取预防措施，远离教师职业病	咽喉炎及其预防对策、支气管炎及其预防对策、颈椎、腰椎病及其预防对策、下肢静脉曲张及其预防对策、脑力疲劳和科学用脑、心理疲劳和心理冥想
健康课程	教师压力管理	本课程旨在帮助教师了解压力的来源和产生机制，从而有效管理和缓解压力	教师压力的来源、教师压力的产生机制、教师压力的不良影响、教师压力的应对策略
健康课程	中医文化与四季保健	本课程旨在帮助教师从中医学的整体观点出发，将人体保健与人体和自然界的关系、顺应四季气候变化特点，以及与人体密切相关的情志、起居、环境、饮食、娱乐、衣着等诸方面视为一个有机的整体	主要内容包括四季的气候变化与人体适应、四季的常发病与防治、四季保健法

三、教学实训诊断分析

工作室通过线上线下方式走进工作室成员的学校、课堂，进行实践指导，进行讲课、观课、评课、反思，提高老师的教学与教研能力。有部分成员路程较远，我们采取录制讲课视频并上传至公共存储空间的方式，组织专家进行视频分析，给出诊断报告。

现附上学府小学张锦滔科学课和赖学清的数学课为例。

案例一

小学三年级数学《比较数的大小》教学设计

深圳市学府小学 赖学清

【教学目标】

1.知识与技能：

（1）通过活动，掌握比较两个数大小的方法，能正确、熟练地比较两个数的大小。

(2) 通过引导，启发学生掌握比较几个数大小的策略、方法，使之能将几个数按顺序排列。

(3) 在比较数大小的过程中，发展学生的推理能力。

2. 过程与方法：让学生在自主观察、比较、合作交流中探索新知。

3. 情感、态度与价值观：在比较大小的过程中进一步体会小数与现实生活的密切联系。

【教学重点】

学会比较两个数的大小以及将几个小数按顺序进行排列，从而培养学生的推理能力。

【教学难点】

能够掌握比较数大小的方法，并且正确地比较它们的大小。

【教学过程】

一、情境导入，引入比较

1. 先出示大南山的照片，再出示中国四大名山的照片。在这四座山中，最高的一座山是哪座山？你是根据什么来判断的？——联系了这座山的海拔高度来进行判断。

2. 出示课题。在生活中我们经常会对数进行大小的比较。今天这节课我们一起来学习比较数的大小。

二、自主探索，在游戏中比较

1. 同学们和老师一起来玩游戏。同学们要思考数学问题。

2. 你先提问题，你能提出这节课我们需要解决的问题吗？我们要学习比较数的大小的什么？——主要解决两个问题：比较数的大小的方法和哪种比较会更简单。

3. 怎么玩游戏？游戏规则是什么？

老师这里有两个牌子，这是我们玩游戏的道具。这里还有两个袋子，里面放的都是数字卡片，接下来我们看玩游戏的规则（多媒体出示）。我们把同学们分成两个队，我们一共有四个组，每两组一队。

第一个游戏规则：

（1）每次两队各派一个代表来抽签。

（2）第一次抽到的数就放在个位上，第二次抽到的数就放在十位上，第三次抽到的数放在百位上……

（3）哪一队抽到的数字组成的四位数大，哪一队获胜！

（4）能确定胜负时，本轮比赛结束。

学生开始玩游戏，在学生玩游戏的过程中，掌握比较数大小的方法。

第二个游戏规则：

（1）每次两队各派一个代表来抽签。

（2）每次抽到的数字由抽签者自己决定放在哪一位上。

（3）哪一队抽到的数字组成的四位数大，哪一队获胜！

（4）能确定胜负时，本轮比赛结束。

学生开始玩游戏,在学生玩游戏的过程中,掌握比较数大小的简便方法。

三、小结方法

从高位比起,一位一位往下比。

简便方法:这两个数进行比较的时候,最关键的是看最高位。

最大的都没有你最小的大,当然三位数是比不过四位数的。这个没办法圈,我建议同学们在下面画一条直线,提醒自己这数位不同,这是个三位数,这是个四位数。

四、巩固练习,拓展应用

1. 比较两组数字:3823 和 2958

有没有看到中间最关键的数千位上的 3 和千位上的 2。好,我们就用同样的方法快速地判断 4569 和 2958。

2. 出示:8758 和 8769,这个时候要看哪个位上的数?

3. 我们看世界上最长的四大河流:

亚马孙河 6440 千米

长江 6300 千米

尼罗河 6695 千米

密西西比河 6020 千米

比一比世界上最长的河流。长江排在世界的第几位?(第三位)那么,在这些河流中最长的是尼罗河,它的长度接近 6700 千米,长江是 6300 千米,密西西比河只比 6000 千米多一点。比较起来,尼罗河的长度就比 6000 千米要多得多啦,其实咱们国家不只是河流多,方方面面在世界上排第一、排第二的,同学们在课外书上多读多看。

4. 我准备随便抽出四张数字卡片,先帮我记下来。假如要用这四张数字卡片组成最大的四位数,谁来帮我排一排?

假如用这四张数字卡片排成最小的四位数,该怎么排?

同学们表达了自己的观点,大家也说这节课上得很愉快,很快乐。我们今天上了什么课?比较数的大小。上课以后大家觉得特别快乐、特别好玩。比较数的大小也是我们数学知识当中的一部分,其实学数学应该是个快乐的过程,数学是好玩的,让我们在今后的数学学习当中去享受这种快乐吧!

五、总结全课

1. 同学太会提问题了,认为我们这节课需要学会比较数的大小的方法,这位同学特别好,他能够主动提出我们学数学的过程当中需要研究的问题

2. 还有谁,还有什么问题要提?怎么比,怎么判断它们的大小?把他说的怎么判断概括起来就是方法,我们就有了两个问题:第一,比较的方法;第二,有没有什么非常简便的方法来比较?你们喜欢用很多数字比,还是用生活事例中的数量来比?

但是要注意三件事:第一,我们要研究比较大小的方法;第二,我们要想办法找到简便的方法;第三,教师可以给出许多生活当中的万以内的数量给大家进行比较。

【教学反思】

本节课我力图按"生活实例引入—提出游戏规则—游戏体验、辨析—数学概

括—深化认识—拓展提高"这样的探究式的教学模式展开。在教学的过程中,既把握游戏的进程,又注重学生的理性思辨,充分体现了以游戏促进学生自主发展的活动教学思想,学生在活动中发现问题并在活动中积极探索,在活动中自主建构。整节课学生学得积极、主动、开心。在玩中学,学中玩的过程中很好地掌握了本节课的重难点。

【名师观课评课意见】

1. 这是一节内容简单的课,教师以精心的设计、亲切的教态、幽默的语言让所有学生情绪高涨、跃跃欲试。全场的教师好像不是在听课,而像在和孩子们一样玩游戏,完全投入、融入进去,很多教师几次站起来。这一节课真正做到趣味横生、课堂活跃。

2. 学生喜欢游戏,在游戏中学习,他们是最开心的。教师在设计游戏时候,就需要精心的预设,不仅预设游戏形式,而且要让学生主动参与游戏或引发他们去思考探究预设相关问题,所以在第二部分探究的过程中,老师分三个大环节,通过改变游戏规则,进行摸卡片组数游戏,有层次、有步骤,让学生自然而然地进行充分感知与思考,为下面学生自己小结比较方法埋下了伏笔。

3. 这节课教师如果能在教学的过程中更好地运用最新的现代化教学手段辅助教学,进行现场交互式的及时评价反馈就更好了。

案例二

小学三年级科学课《磁铁的两极》教学设计

深圳市学府小学　张锦滔

【学情分析】

《磁铁的两极》是三年级科学下册第四单元中的第三课。对于磁铁,三年级的学生已经有一定的概念,对磁铁的探究也比较感兴趣。《磁铁的两极》让学生在前两课的基础上进一步知道磁铁磁性最强的部分是磁极,以及磁极之间的相互作用。在执教过程中,针对三年级的学生的心理特点,我对教材做了一些改动,先让学生探究磁极的概念,接着探究磁铁各部分磁性强弱的特点,最后探究磁极间的相互作用,让学生在探究中发现问题、得出结论,对问题做出自己的假设等。探究过程中,我注意引导学生重视对实验数据的收集,以解决探究过程中的疑问。

【教学目标】

一、科学概念

1. 磁铁上磁力最强的部分称磁极,磁铁有两个磁极。

2. 两个磁极接近,有时相互排斥,有时相互吸引。磁极间的作用是相互的。

二、过程与方法

1. 在观察中发现问题、提出问题,对问题做出假设性解释。

2. 通过实验获取证据,用证据来检验推测。

3. 让学生明白一个假设可以通过不同的探究方法来验证。

三、情感、态度、价值观

1. 体会认真实验、细致观察的重要性。

2. 体验重复实验的必要性和重要性。

【教学重点】

鼓励学生设计不同的实验方案，研究磁性强弱的问题；从某方面对不同的实验方法做出比较和评价；了解同一个问题可以用不同的方法来解决；指导学生在探究活动中要注意收集数据，利用数据验证磁铁的两个磁极磁力最强的结论。

【教学难点】

通过活动，认识到磁极间有吸引和排斥两种不同的作用，这种吸引、排斥的作用是相互的；磁铁的两个磁极不完全相同，磁极不同，作用不同。

【教学准备】

小组准备：小钢珠、螺母、大条形磁铁、回形针、没有标识的磁铁。教师准备：蹄形、椭圆形、球形等不同形状的磁铁，若干纸条（在黑板上直观记录条形磁铁不同位置吸引回形针的数目及相互作用的实验现象时使用）。

【教学过程】

一、魔术导入

1. 出示磁铁，怎么证明它是磁铁呢？（学生：用铁靠近它试试能不能被吸引）

2. 魔术导入：把小铁块放在条形磁铁的中间，一松手，吸不住了！

3. 这可能是什么原因造成的呢？学生猜想，做出假定性解释。

二、探究磁铁什么地方的磁性最强

1. 是不是真的像大家说的那样，同一块磁铁各部分的磁性不一样强呢？那我们猜条形磁铁哪些部位磁性最强。

2. 实验探究磁极概念。出示条形磁铁、蹄形磁铁、圆形磁铁等，它们的磁极在哪里呢？（用小钢珠测试，因为磁极磁性最强，钢珠会自动滚向磁铁的两个磁极）黑板贴不同形状的磁铁，学生实验并用小贴纸记录汇报。

3. 小结。我们把两端磁性最强的地方，叫作磁极。（板书"磁极"）想想一块磁铁磁极有几个？（两个）

三、探究磁铁磁性大小变化的规律

1. 我们已经知道磁铁哪里磁性最强，其他地方呢？学生猜测。这只是大家初步的想法，怎样用科学的实验数据或现象来证明我们的观点呢？要比较磁铁的各部分磁性哪里更强，可以怎么比？

2. 学生讨论并设计实验方案。

3. 交流汇报实验方案。

（1）如果要测磁铁各部分能吸起的回形针数，该怎么做？磁铁是放在桌上好呢，还是挂起来？可以在条形磁铁的哪些部位放回形针？为节约时间，我们可以选择几个有代表性的点（板书"条形磁铁"），并选择五个点，回形针怎么放？我们可以一个接一个放（演示）现在放了几个？如果再放上去又掉下来了，算吸起几个？注意一定要轻轻地放上去，细心一些。要不要记下各部位吸起的回形针数，记在哪里？在记录纸上就有这种实验方法的记录处，我们来看一下，分别在磁铁的A、B、C、D、E

处下面的括号中记录下来（这里我们改良了一下实验方法，吸回形针之前先在磁铁表面吸一个小螺母，这样能使回形针不容易相互磁化而吸在一起）。

（2）这是比磁铁各部分吸的回形针数，是一种比较好的比磁性强弱的办法，还有其他不同的办法吗？

（3）能不能比磁铁各部分吸同一个回形针所需要的距离呢？怎样量磁铁各部位吸起同一个回形针需要的距离？用什么材料做的尺来量比较好一些？旁边能不能放其他磁铁？把回形针放在尺的起始点放回形针，沿着尺慢慢地接近回形针，当吸住回形针时，观察磁铁离起始点的距离，这就是这个部位吸回形针的距离。

（4）如果用刚才的小钢珠做实验，怎么做？小钢珠先放哪里？旁边能不能放其他磁铁？观察什么？怎么记录实验的结果呢？可以用箭头画出钢珠的运动轨迹。

4. 刚才同学们想出了许多好办法。但课堂上时间毕竟有限，为了大家能更好地交流，我们先选择第一种方法，用条形磁铁来实验，学生探究，教师巡视。

5. 在黑板上贴各种形状的磁铁贴条，各小组进行实验数据汇总。

6. 我们一起来观察分析一下，从我们的汇总数据里，我们可以发现什么？

7. 小结：条形磁铁的磁极有两个；在磁铁的两端，往中间磁性逐渐减弱，中间磁性最小。

四、磁铁两极的研究

1. 我们已经知道磁铁的磁极磁性最强，如果用一个磁铁的磁极去吸另一个磁铁的磁极，吸引力会更大吧？想验证一下吗？

2. 用两只手握住两块没有标识的磁铁，使它们的磁极相互接近，出现了什么情况？我们的手有什么感觉？学生操作，交流感受。

3. 为什么有的吸在一起，有的会推开呢？这样的情况会出现几种呢？再做一做看看。

4. 我们能准确地说出，两块磁铁相互接近时，是哪两个磁极相互吸引，哪两个磁极相互排斥吗？（不能）那怎么办呢？

5. 学生讨论、交流，教师适时引导。（为了准确而又简单地表达，我们可以借助一些符号来做标记，比如字母）

6. 我们先给两块磁铁的两端分别标上 A、B、C、D 后，再使它们相互接近吧。当然别忘记把实验结果记录下来。我们也可以借助符号，如用"→←"来表示相互吸引，用"←→"来表示相互排斥。

7. 学生实验，并做好记录。

8. 汇报交流。

9. 小结、延伸。

（1）各组的实验结果都相同吗？

（2）为什么会出现不同的结果呢？（标注字母时是随意的，没有统一标准）

（3）怎样才能标注统一呢？我们下一课再继续研究吧！

五、延伸拓展

日常生活中，我们有哪些地方应用到磁铁的这种特性？同学们，回去找找看吧！

附:

磁铁的两极实验记录表

姓名: 　　　　班级:

1. 你认为 A、B、C、D、E 这几个部分磁力大小一样吗？试着猜一下。

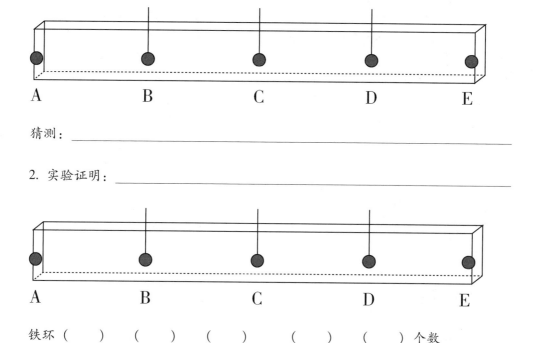

猜测: _____

2. 实验证明: _____

铁环 (　) (　) (　) (　) (　) 个数

3. 我们的发现: _____

【教学反思】

本课教学力图体现以探究活动组织教学。通过营造有趣的问题情景，让学生经历一个发现问题、提出问题、建立假设、设计实验验证、得出结论并解决问题的过程。让学生在探究中认识磁铁的两极特性。

一、营造有趣的问题情景，激发学生的探究欲望

好奇心是学生主动探究未知事物的原动力。因此，在开课时，通过小魔术——小铁球滚动在条形磁铁中间不被吸引，营造有趣的问题情景，大大激发了学生研究磁极特点的兴趣，从而自然过渡到下面的自主探究活动中。这样开课完全符合小学生的身心发展规律和认知规律。

二、注重引导学生发现问题、提出问题、解决问题

通过对教学内容的精心设计和对关键的引导性语言的恰当使用，引导学生在玩磁铁时发现磁铁的第一个秘密，由此提出问题"磁铁哪些地方磁性最强"，引出磁极的概念，进而引导探究"磁铁两极互相接近时有什么规律？"这一问题。提出问题后，在小组内合作设计出实验方案，想出各种途径和方法去观察现象、解决问题并归纳出

结论。

课堂上,教师只是适时对学生进行引导,把实验的时间和空间都留给学生,让他们去思考、探究和交流。教师只是引导者、组织者。同时,关注学生在探究过程中不同的发现、不同的研究方法和不同的看法,给学生交流的平台。这样,在潜移默化中就培养了学生的科学探究能力和敢于探索、敢于创新的精神。

三、采取适当的方法,观察磁极隔着物体的相吸与相斥现象

为了让学生明显地感觉到两块磁铁相互排斥、相互吸引的性质,我想出了一个简单又有效的方法:用两个磁铁的磁极隔着不同厚度的纸张,使之相互吸引或者排斥;用两个磁铁的磁极隔着不同厚度的木块,使之相互吸引或者排斥;用两个磁铁的磁极隔着不同厚度的书本,使之相互吸引或者排斥。让学生体会到一定距离内,磁极隔着物体也能相吸或相斥,但超过一定距离,磁极就不会有相互作用的现象。

四、引导学生走进观察、真正经历探究过程

本课教学充分体现了"探究是科学的核心"这一理念,完整地展示了探究这一流程,并在教学中充分体现了以动手实践为主、学生是探究主体这个教学意图。让学生真正走进科学实验中,走进观察,积极地自主实验,在实验过程中,学生们的自主意识和表达看法的愿望非常强烈。通过实验,学生的思维能力得到了提高和发展,并从中获取了有价值的直接经验和间接经验,真正成为探究的主体,在真正意义上经历了探究过程,成为学习的主人。

【名师观课评课意见】

今天,我聆听张兆芹学习共同体工作室成员张锦滔老师执教的《磁铁的两极》一课,受益匪浅。

一、情境导入,激发兴趣

爱因斯坦曾说:"兴趣是最好的老师。"学生如果有了学习的兴趣,就会产生学习的欲望,并能积极主动地投入学习活动中。上课伊始,教师创设了小魔术情境——请孩子们用条形磁铁的各个部分去靠近钢珠,一下子吸引了所有孩子的注意力。通过对"小钢珠怎么没被条形磁铁的中间部分吸引呢?"这一问题的"猜测—验证",激发学生的兴趣。实验后,学生发现并不是所有的部位都能吸住小钢珠,于是很自然地让学生了解到磁铁各部分的磁力是不同的。究竟有什么不同呢?哪里的磁性最强呢?就是接下来要重点研究的。

二、重视实证,求真求实

实证是科学的基本特点,课上,教师一直把实证的思想贯穿始终。如在对"磁铁什么地方的磁性最强"与"磁铁两极的研究"这两个实验的研究中,教师通过"你猜测一下,哪部分的磁性最强""将两块磁铁互相靠近会怎样"等问题,引导学生大胆猜想,而后让学生通过实验来验证自己的猜想,最后反馈实验结果。这里尤其值得一提的是教师对实验数据的处理。在做完"磁铁什么地方的磁性最强"这个实验后,孩子们得出了条形磁铁上五个部位分别能吸引回形针的个数,教师非常认真地将所有小组的数据都汇总在了一张表格里。汇总完所有数据后,教师问:"你从这些数据中发现了什么?"孩子们很容易就发现了磁铁两端吸的回形针个数多,而中间少

这一现象，也就自然而然地形成了"磁铁上磁性最强的部分是磁极，磁铁有两个磁极"这一科学概念。这样的科学概念是建立在孩子们有效探究的基础上的，是他们从自己的数据中得出的结果。这不仅让孩子们体验到了学习科学的兴趣，而且也能帮助他们慢慢养成尊重事实、善于质疑的科学态度。

三、精选材料，指导探究

小学科学教学中，我们常要选择许多有结构的研究材料供学生观察、实验，经历一个个典型的认识过程，从而获取知识与技能及情感体验。教学中，学习材料的选择与组织往往会影响学生对科学知识的理解和探究能力的形成。在研究过程中，我们可以看到教师对实验材料的选择是做了精心的研究的：其一，小磁铁在学生探究过程中，不便于研究出各个部位的磁性的不同，从而换成大磁铁，大的条形磁铁能够使学生在实验时明确感受到磁铁各个部分吸回形针能力的不同，这样，学生在研究中可一目了然。其二，在"磁铁什么地方的磁性最强"这一实验中，教师为每组的孩子准备了一个支架，使条形磁铁可以水平地悬挂，这也是孩子们能成功地完成实验的关键。其三，为了让学生更直观地感受到一定距离下，磁极隔着物体也能相吸或相斥，但超过一定距离，磁极就不会有相互作用的现象了。教师运用多种方法让学生体会，如用两个磁铁的磁极隔着不同厚度的纸张，使之相互吸引或者排斥；用两个磁铁的磁极隔着不同厚度的木块，使之相互吸引或者排斥；用两个磁铁的磁极隔着不同厚度的书本，使之相互吸引或者排斥。

四、注重细节，完善课堂教学

细节有时也能决定一节课的成败。课上，教师认真地对实验中的一些小细节进行了细致的指导。比如，如果要测磁铁各部分能吸起的回形针数，该怎么办？磁铁是放在桌上好呢还是挂起来好？要晃动怎么办？回形针是一个个接着挂呢，还是挂在一枚回形针上？是挂在磁铁的边上呢，还是挂在磁铁的下方？挂的时候要细心一些。如果再放上去后掉下来了，算吸起了几个？所有这些，教师都考虑得很周到。正因为这样，孩子们才能出色地完成这两个实验。

最后张兆芹教授总结，张锦滔教师这一节科学探究课很好地体现了学习共同体的理念，学生在共同目标下共同合作，从设计实验方案、获得数据，到根据数据得出结论等都很好地诠释了学习共同体的定义，学生探究的欲望得到了充分的挖掘和激发，从而使课堂学习效果得到了大大的提升。

四、教学研究指导

教学研究指导主要培育工作室成员在教学过程中发现问题、提出问题、分析问题和解决问题的能力。由问题转化为小课题，逐步提高能力，工作室有些成员是在读教育硕士，在工作室教研氛围的熏陶下三年后顺利毕业，有的由小课题开始做，并逐步申报区课题、市课题或省课题。有些老师进步很快，原来没有课题，这三年申报区课题、市课题或省课题共八项，教师的教研积极性提高了。

(一) 怎样选题和做题

一是在自己的教育实践中遇到了某些问题，需要通过研究来解决这些问题；二是从他人的研究成果中寻找有待进一步研究的问题；三是研究者本人的学术兴趣，由自己的"实践问题"转化为"研究课题"，根据自己的学术兴趣选择相应的研究类型，阅读期刊与专著，向他人请教，留意有争议的问题，自下而上地提出问题，自上而下地输入学理。

1. 由模糊的问题领域到清晰的研究问题

系统思考、文献阅读、经验升华、教育调查、学术交往、经常追问教育教学中的困惑，通过观察、访谈、调查的方式，使问题聚焦，区别出问题的层次，凸显问题的关键特征，最终使困惑背后的问题浮出水面。思想的火花来自不同想法的碰撞，通过与专业研究人员互动和与同行的自由争论，可使问题得到明确结论。例如在语文教学中引入漫画教学，课程便会变得生动、有趣，但教师没有往深处想，深层思考：学生为何喜欢？如何在兴趣中夯实基础，开发潜能？通过教师们的自由探讨，于是研究问题得以明确：语文教学中运用漫画教学可以提高学生创新思维的研究结论。

2. 确定问题的原则

社会所需、促进教育教学实践的变革、为丰富教育教学理论提供实践基础等是确定问题的原则。聚焦问题，即将研究问题明确化，对研究问题给予界定，给予明确的陈述，给予一定的限定条件，研究方法精确匹配清楚准确地表述研究问题。

3. 开题报告

开题报告是研究设计的蓝图，提出研究问题，梳理文献综述，描述研究的概念框架图并针对问题提出研究方法和思路图，以及时间安排和人员分工。

4. 如何做文献综述

文献综述是对某一时期内某一学科，某一专业或技术的研究成果、发展水平以及科技动态等信息资料进行搜集、整理、选择、提炼，并做出综合性介绍和阐述的实用文体。

文献综述则要求对综述的主题有深入的了解，全面、系统、准确、客观地概述某一主题的内容。运用分析、比较、整理、归纳等方法对一定范围内的文献进行深度加工，对读者具有较好的引导功能，是创造性的研究活动。具有以下特性：①综合性，即综述要"纵横交错"，既要以某一专题的发展为纵线，反映当前课题的进展，又要从本单位、省内、国内到国外，进行横向比较。只有如此，文章才会有大量素材。经过综合分析、归纳整理、消化鉴别，使材料更精练、更明确、更有层次、更有逻辑性，进而把握本课题发展规律和预测发展趋势。②评述性，是指专门、全面、深入、系统地论述某一方面的问题，对所综述的内容进行综合、分析、评价，反映作者的观点和见解，并与综述的内容构成整体。一般来说，综述应有作者的观点，否则就不成为综述，而是手册或讲座了。③先进性，综述不是写学科发展的历史，而是要搜集最新资料，获取最新内容，将最新的信息和科研动向及时传递给读者。综述不应是材料的罗列，而是对亲自搜集和阅读的材料加以归纳、总结，做出评价，并由提供的文献资料引出重要结论。一篇好的综述，应当是既有观点，又有事实，有骨有肉的好文章。综述能帮助我们有效地进行知识更新，能让我们用较少的时间和精力对课题的内容、意义、历史、现状及发展趋势等有个较完整、系统、明确的认识。综述对检索有一定的作用，尤其是重磅级的综述（该领域的大师级人物所写）文后所附的参考文献，是一种独特的"情报检索系统"。利用参考文献，采用回溯检索和循环检索的方法，可获得成千上万篇文献资料，并可满足在检索工具缺乏情况下的族性检索。

除了教学教研指导以外，工作室还开展丰富的阅读会、分享会和研讨会，制订小课题研究指导手册。现附上参与工作室教学教研活动之案例。

案例三

工作室"旁听生"傅老师的经历是一个感人的案例。来自湖南农村中学的他，原本对教研一窍不通。强大的求知欲望促使他参加国考来到了深圳大学，成为教育硕士的双证班成员之一，而当年，双证班只有六名学生。为了学业，已从教10年的傅老师不得不每周末从湖南坐车来深圳，正是因为来到了深圳、来到了深大，才有机缘结识张兆芹教授。得知张兆芹教授正在组建学习共同体工作室的他，第一时间表达了想加入的意愿。可惜的是，作为深圳市的课题，工作室项目只能吸收深圳地区的中小学教师。张教授见其确实有强烈的求知欲望，允许他以"旁听生"的身份参与工作室的活动。在工作室的日子让傅老师终生难忘，他在学业和事业上均获得了很大的提升，通过张教授多次的悉心指导，他从模仿开始尝试写作，一步步迈上了教研之路。目前，他已经成为株洲市的历史学科带头人了！但傅老师的成长之路并不是一直很顺利，由于工作的繁忙、生活的琐事（孩子才三岁），他多次打退堂鼓，想放弃，尤其是在毕业答辩之前的一段时间，傅老师私下跟张教授说觉得自己水平不够，不想答辩了。张教授以身说法，循循善诱，告诉他只要努力就一定能行，工作室的伙伴们也给予他源源不断的支持，在张教授和工作室成员的帮助下，他沉下心来学习研究，刻苦学习钻研，完成了论文，最终通过了论文答辩，拿到了硕士双证学位。他一直很感谢张教授没有放弃他，特别感谢工作室成全了他的那些似乎遥不可及的梦想，现在的他自信多了，还有了读博的意愿。

每次看到傅老师，张教授心中总会涌起一份感动、自豪和欣慰，觉得申报学习共同体工作室并成立是自己做的正确的事，并为此感到骄傲、喜悦、感动和满满的成就感。

案例四

"流光容易把人抛，红了樱桃，绿了芭蕉"的故事

王英华

"流光容易把人抛，红了樱桃，绿了芭蕉。"——《一剪梅·舟过吴江》（宋·蒋捷）

我 50 岁时做了一件常人看来很疯狂的事情：复习、参加全国统考，考上了深圳大学师范学院的研究生，于自己而言，是想了却一个夙愿。年轻时一直想读研，但由于家庭琐事以及工作的快节奏，一直未能如愿。时光荏苒，岁月如流。当初入深圳大学师范学院的新鲜、新奇和激动渐渐远去才发现：一边工作一边学习的自己，坚持每一个周末和寒暑假按时听课、认真学好每一门课程，并非易事，特别是曾经的教育研究理论底子较薄，与刚毕业的年轻人比拼需要付出更多的时间和精力。有一段时间，甚至怀疑自己是否能够顺利毕业，内心常常充满纠结和忐忑。

非常幸运的是，我遇到了导师张兆芹教授。第一堂课，当她向我们娓娓道来自己 40 岁才开始读博士的传奇经历，俨然如一个神奇、迷人的励志故事深深吸引了我、打动了我、感染了我，让我不由得重新审视自己。在张教授的鼓励指导下，我对自己三年的读研生活做了一个具体规划并开始更加有条理地去实施。之后的日子，我成为张教授学习共同体工作室成员，学习工作之余，跟随张教授一起做课题，去学校诊断课堂，同时，跟随张教授去北京、上海、无锡等地参观学习，为深圳市民办学校骨干教师进行培训……丰富的教育实践加上大容量、高密度的学习，使我越来越使我自信，这期间，张教授严肃的科研态度、严谨的治学精神、温暖的待人之道，也都深深地感染和激励着我。为了不负三年的读研时光，我毅然申报了深圳大学的教育硕士小课题并入选通过，经过与同事的实践和研究，已顺利结题；同时，撰写了一篇英语专业论文，在核心期刊发表；用了近七个月的时间完成了近 20 万字的关于英语绘本教学的专著，已交出版社，即将出版……众所周知，研究生毕业的重头戏当属论文以及答辩，非常感恩，从选题到开题到资料查询，再到论文的最终完成，张教授都给予我悉心指导和大力支持，使我论文顺利通过答辩，拿到向往已久的教育硕士学位，我的三年研究生生活也画上一个圆满的句号。

有言道：厚谊常存魂梦里，深恩永志我心中！张兆芹教授积极的人格魅力以及阳光豁达的生活态度让我在收获专业成长的同时，也收获了人生最宝贵的经历。张教授也成为我治学道路上的源泉活水，生活中的良师益友！在此谨向张教授致以诚挚的感谢和崇高的敬意。

案例五

"一路遇见，一路芬芳——我的成长故事"

肖红球

我原本是一个不安心于教育工作岗位的教师，从教 20 来年，我依然边行走、边张望，努力寻找工作和生活的拐点，期待某年某月的某一日告别讲台，华丽转身……在寻寻觅觅中，我走进了张兆芹教授"教师如何做教研"的课堂。张教授渊博的学识、卓雅的涵养深深地吸引了我，我开始虚心跟随张教授学习。2015 年 10 月，我有幸加入了张教授的学习共同体工作室，在张教授等专家的引领和同伴们的帮助下，我认真学习工作室的课题内涵，开始专注教学教研。张教授学习共同体工作室"捧着真诚和爱心，成就彼此"的宣言把我从一个迷失了方向的教师锤炼成课题研究部部长，到今天走上校长的工作岗位，是学习共同体工作室"享受幸福的教育生活"的共同愿景鼓舞和激励我一路前行。

1. 坚持学习伴我逐渐成长

我虽然才智平庸，但是我和工作室的众多成员一样，热爱学习。张教授为了培养我把学习当作一种生活习惯，给我列出了《五项修炼》等一系列书单。我规定自己每月读一本教育教学方面的书籍，每月和同事分享一次读书心得。一方面，我通过学习、读书，提升自己的思想境界、专业素养和教育智慧；另一方面，我利用工作室提供的多种学习渠道，跟随张教授等专家学习，和其他同行一起学习。2015年10月20日，我跟随张教授参加了"课题研究与团队凝聚"的拓展活动，学习如何与团队合作，成就他人，提升自我；2015年12月16日，我与宣传部的王英华部长一起主持了广东省名师工作室邱雪华一行与张兆芹学习共同体工作室的交流会，学习如何突破幼教与中小学教育的管理壁垒；2016年4月22日，我和张教授到南山区学府小学开展听课评课的课堂诊断活动，学习工作室伙伴赖学清、张锦韬、代峰等教师开展了灵动的课堂教学；2017年2月24日，我随同香港中文大学的教授、香港中小学新校长教育考察团，先后到深圳基础教育的标杆学校——深圳中学，学习优秀的教育理论和管理经验，深入高新企业——腾讯公司实地考察、学习调研，深港两地的高端交流学习，让我受益匪浅；2018年10月20—22日，我和张兆芹等教授一行九人来到杭州，参加"新时代教师成长共同体建设"的高峰论坛，在共享知识、经验和智慧中，拓宽自己的教育视野，使自己在锤炼中逐步成长。

2. 勤于实践促我不断提高

学而不思则罔，教而不研则浅。在张教授的指导和工作室各位同伴的支持下，我在工作中认真践行学习共同体的理念。2015年，我成功申报南山区教育科技项目重大招标课题"构建小学英语学习共同体的实践研究"（立项编号NSJY20150272）。2016—2017年，我在南山区赤湾学校成功开展此课题的课题研究，主动承担《构建小学英语学习共同体》的示范课，开展课题研究培育活动。2017年6月，该课题得到专家们的一致好评并顺利结题，之后我在国家级刊物《课程教育研究》发表了相关论文。2016年，我在学习共同体理念指导下的课例荣获当年深圳市中小学优秀录像课例奖。2016年3月18日，我带着英语学习共同体的教育教学理念参加了由深圳市教科院发动的教科研专家工作室对河源的支教活动，展示了一堂七年级的听说课。我引导学生开展对话、沟通与合作式学习，为座无虚席的满场教师和学生打开了一扇教育教学新理念的窗，带给河源源城区全区中学英语教师一场新的课堂教改浪潮。2017年12月，我继续进行教育教学研究，和深圳大学教育硕士班同学一起申报了探究性小课题重点课题"结合翻转课堂的幸福展评学习法研究"（立项编号17JCJY0101）。2018年6月，我关于家校合作研究的课题"'互联网+'背景下，中小学家长学校课程设计研究"成功申报2018年深圳市重点资助课题。在平时的教育教学工作中，我勤于探索，勇于创新，先后被评为深圳市第二批教科研专家工作室"优秀成员"，深圳市南山区教育局授予我南山区第十二届、第十四届英语文化节"先进个人"称号。加入工作室三年来，我在践行学习共同体理念的实践活动中不断提升自我。

3. 组建团队实现新的突破

有语道："独行速，众行远！"教师的团队建设始终是一个学校得以持续发展的关键和根本。2017年8月，我带着学习共同体课题研究成果来到光明区诚铭学校，主持学校的教育教学管理工作。首先，我以建设精良的教师团队为己任，通过加强共同体组织建设、制度建设，为教师团队的成长创造良好的氛围，搭建教师专业成长的平台。2017年11月14—16日，我带领学校语文、数学、英语学科的骨干教师十多人参加了深圳市教科院和张教授学习共同体工作室共同组织的深圳市骨干教师培训会，让教师们领会学习共同体的教育理念，引领骨干教师回校带动、辐射各学科组教师的教育理念和思想。紧接着，在校内四至八年级，推进"构建学习共同体，打造生本课堂"的课堂教学改革。与此同时，我每月会分学科组举行一次"构建学习共同体"的专题讲座或教学研讨会，在反复备课、研课、磨课和交流中提升各学科组教师的实践能力；在课题研究、撰写案例报告中提升教师的理论水平；用课题成果牵动管理人员行动，用教研活动带动全校教师聚焦课堂的深度变革，自上而下建设管理团队、教研团队，以满足不同教师群体个性化需求的研训体系及进阶通道，使学校整体教育教学水平得到长足发展。

4. 以活动实现价值引领

围绕创建学习共同体，我在全校开展了一系列活动，同时也辐射到周边的学校。首先，我在各学科组建立教师专业成长共同体，设立"让每一个学生都优秀，让每一位教师都出彩"的学校发展的共同愿景；接着，集思广益打造以"六精"教育为蓝图的小班教学。"六精"教育即精致班额、精细管理、精品课程、精彩课堂、精英团队、精准服务，旨在通过构建师生学习共同体，实现教育教学的深度变革，最大限度地把学习的主动权还给学生，让学生做学习的主人，让学生找到自己的生长点，进而提升学生的自学能力、交际能力、表达能力和思辨能力，推动学校朝着个性化、特色化、国际化的精品教育之路幸福前行；引领更多教师走在潜心教研、锐意进取、改革创新的前行道路上。三年的耕耘，三年的成长，留下了我美好的足迹。感恩张教授一路的提携和指导，感谢同伴们一路同行与信任。无论什么时候，他们都是我坚强的后盾。张教授学习共同体工作室用爱的话语和行动给了我新的思维、新的行动、新的成长，让我遇见了更好的自己。

第五章 发展调查问卷和先导研究

第一节 量表的编制与发展

量表的建构路线具体如图 5-1 所示。

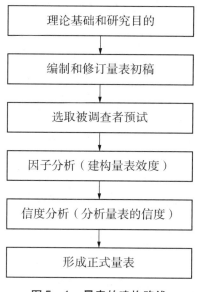

图 5-1 量表的建构路线

一、学习力量表的编制和发展

通过对国内外已有文献及研究进行梳理，结合相关理论基础以及教师作为研究对象的特性，发展出教师学习力评价量表，量表包括六个维度：学习动力、学习态度、学习方法、学习效率、创新思维、创造力。每个维度下各有操作性条目。量表采用李克特五点量表，以 1~5 分来表示很不符合、不太符合、一般符合、比较符合、非常符合，由被试者进行选答，初步量表见表 5-1。

表 5-1　教师学习力评价量表

维度	操作性条目
学习动力	我非常了解自身的学习需求，知道自己为什么而学
	我能够根据学校环境的变化来不断改变自己去学习，具备终身学习的意识
	我具备强烈的求知欲望，善于培养自己的学习兴趣
	我对学习充满好奇心，善于发现问题，思考问题
	我有明晰可行的学习目标并根据学习目标制订学习规划
	我能够按学习规划去学习，从而达成学习目标
学习态度	我认为学习很重要，不学习会被社会淘汰
	我认为自己是善于学习的，对学习我总是积极并充满信心
	我具备勤奋刻苦的学习态度，能够坚定自己的学习目标去学习
	我能够排除一切干扰，集中注意力去学习、工作
	在遇到失败和挫折时，我具备良好的抗压能力和自信心，能够找到自己失败的原因并进行改进
	面对来自社会、学校、家长和学生等各方面的压力，我善于自我调节，把压力转化为学习动力
学习方法	我善于培养自己良好的学习习惯，如学会自学、善于观察、善于自我管理，这些良好的学习习惯能使我更好地学习
	我能够找到自己最喜欢、最适合的学习方法，并能够熟练地运用于学习中，从而达到最佳的学习效果
	我能够在学习中保持愉快的心情，使自己完全融入学习中，从而达到最佳的学习状态
	我具有敏锐的观察力，能够在教育教学过程中发现问题
	我善于聆听，能够很好地接受并吸收外来信息和知识
	我认为阅读很重要，工作之余喜欢读书，不断提高自己的阅读能力
	我善于沟通交流，喜欢团队学习，能够在与团队成员交流的过程中取长补短，学习进步
	我常常对自己的学习和教学工作进行反思，能够发现自己的不足，并分析原因
	我能够针对自己的反思提出改善的措施，并积极投入实践，我觉得自己的学习和教学能力在逐步提高
学习效率	我能够根据自身需求选择适当的知识去学习
	我在学习、工作过程中善于运筹时间，合理分配自身精力，使自己获得最佳的学习效果
	我喜欢同时做好几件事，学习也是一样，喜欢同时学习好几门课程（反向题）
	在学习工作中遇到困难时，我能够选择最优的解决方式，提高学习效率，不会浪费不必要的时间
	我认为劳逸结合对提高学习工作效率非常重要，我也是这样做的

续表 5-1

维度	操作性条目
创新思维	我不满足于现状，喜欢挑战自己，突破现状，乐于学习新的知识
	我敢于质疑权威，拒绝"迷信式学习"，我对学习工作中遇到的问题有自己的理解
	我具备问题意识，在学习和工作中能够发现问题并主动寻找答案
	我认为在学习和工作中发散思维很重要，不局限于一个正确答案
	在学习工作中，我能够克服心理定式，善于从不同角度去寻找问题的答案
	我注重锻炼自己的发散思维，并且也是这样教导学生的
	我认为想象力很重要，平时也十分注重培养自己和学生的想象力
	我的教学方法和手段独具一格，我喜欢发挥想象力把自己的课堂变得丰富多彩
创造力	我具备良好的知识基础，不局限于自己所教授的学科，喜欢吸收各种类型的知识
	我能将各种类型的知识融会贯通，并将所学的知识运用到我的教育教学过程中
	在学习和工作中遇到问题的时候，我更倾向于用自己固有的经验和方式去解决（反向题）
	我在学习新的知识时，能够结合自身的教育教学经验去思考理解
	我善于对已经掌握的知识进行加工改造，常常迸发出新的点子
	我在与同行进行沟通交流的过程中，能够汲取对方的经验，加入自己的思考与改造，使其为我所用
	我喜欢学习前沿的教育理念和知识，经常浏览学习论坛和网站，通过 MOOC 等网络课程学习
	我喜欢运用一些先进的学习工具帮助我学习，如思维导图、学习软件、云盘等
	在教学中，我善于运用新型的、科技的教学设备和手段去辅助我的教学，喜欢将翻转课堂、微课等新的教学方式引入我的课堂
	我时常关注本学科的最新科研动态，并积极参与学校里的各种科研活动，具有一定的科研能力
	我能够将科研与实际的教育教学工作结合起来，使两者相辅相成，共同发展进步

（一）量表的信度与效度分析

为了使编制的量表能够科学、有效地对研究对象进行测量评估，首先要对量表进行预试，通过预试对量表的信度和效度进行分析，从而探索、生成正式的教师学习力量表。

通过调查问卷的形式对量表进行预试，本次预试发放 150 份问卷，回收 150 份，对回收的问卷进行甄别，剔除无效问卷 18 份，得到有效问卷 132 份，并使用 SPSS 对量表进行信度和效度分析。首先，通过因子分析检验量表的结构效度，将原始变量降维转化，构造出具有代表意义的因子变量，经过探索性因子分析，最终得出结构合理的量表维度以及条目。其次，通过克龙巴赫（Cronbach）α系数对量表进行内部一致性信度检验，使得出的量表能够反映教师学习力的特征。

1. 因子分析

首先要对量表的原始变量进行 KMO 检验和 Bartlett 球形检验，考察其是否适合做因子分析。如表 5-2 所示，其中 KMO 值为 0.926，根据 Kaiser 度量标准，KMO > 0.9 时非常适合做因子分析。Bartlett 球形检验的卡方值为 4768.142，Sig. 值为 0.000，小于显著性水平 0.05，说明原始变量的相关矩阵有较多公共因素存在，适合做因子分析。

表 5-2 KMO 和 Bartlett 的检验

取样足够度的 Kaiser-Meyer-Olkin 度量		0.926
Bartlett 的球形度检验	近似卡方	4768.142
	df	990
	Sig.	0.000

接着进行第一次因子分析，通过主成分分析法提取公共因子，再通过 Varimax 最大方差法对因子载荷进行正交旋转，得到旋转后的因子载荷矩阵，通过因子矩阵的旋转重新安排量表条目在每个因子的因子载荷，使因子变量的含义更为清晰，具有可解释性。分析结果显示，转轴后提取七个特征值大于 1 的公共因子，其特征根值分别为 21.125、2.550、2.032、1.489、1.350、1.138、1.038，累积方差贡献率为 68.272%。

在因子载荷矩阵表中，条目按照因子载荷量的高低排列，在进行探索性因子分析的过程中，要删除共同度低于 0.5、在每个因子的载荷量均小于 0.3 或者在多个因子上均有较大载荷量的条目，条目删除后的因子结构会发生改变，因此要再次进行因子分析，验证量表结构效度。在进行多次因子分析后，最终删除 20 项条目，保留 25 项条目。

最终因子分析结果显示，KMO 值为 0.926，Bartlett 球形检验的卡方值为 2323.984，Sig. 值为 0.000，达到显著水平，如表 5-3 所示。

表 5-3 KMO 和 Bartlett 的检验

取样足够度的 Kaiser-Meyer-Olkin 度量		0.926
Bartlett 的球形度检验	近似卡方	2323.984
	df	300
	Sig.	0.000

因子提取和旋转结果如表 5-4 所示，转轴后提取四个特征值大于 1 的公共因子，其特征根值分别为 11.970、2.104、1.502、1.119，相对应的方差贡献率为 47.878%、8.418%、6.008%、4.477%，累积方差贡献率为 66.781%。因此，提取四个公共因子在较大程度上可以反映原变量信息。

表 5-4 解释的总方差

成分	初始特征值			提取平方和载入			旋转平方和载入		
	合计	方差的（%）	累积（%）	合计	方差的（%）	累积（%）	合计	方差的（%）	累积（%）
1	11.970	47.878	47.878	11.970	47.878	47.878	5.574	22.294	22.294
2	2.104	8.418	56.296	2.104	8.418	56.296	4.437	17.748	40.042
3	1.502	6.008	62.304	1.502	6.008	62.304	3.347	13.390	53.432
4	1.119	4.477	66.781	1.119	4.477	66.781	3.337	13.349	66.781
5	0.876	3.504	70.285						
…	…	…	…						
24	0.147	0.587	99.623						
25	0.094	0.377	100.000						
提取方法：主成分分析									

除了根据特征根值确定公共因子数外，还可以通过绘制观察碎石图来确定因子数。如图 5-2 所示，横坐标轴表示公共因子数，纵坐标轴表示特征根植，第四个公共因子以后坡度趋于平缓，结合累计方差贡献率的值，因此以保留四个公共因子为宜。

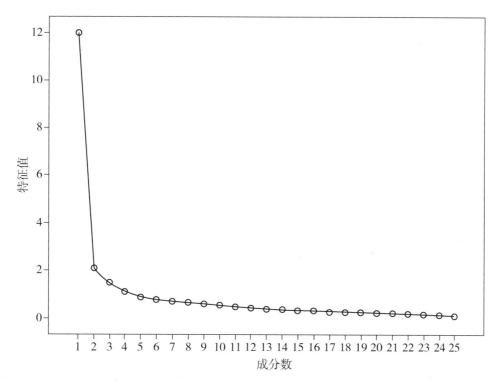

图 5-2 因子的碎石图

接下来采用 Varimax 最大方差法对因子载荷矩阵进行正交旋转，得到旋转后的因子载荷矩阵。旋转是为了弄清楚每个因子在不同变量上的因子载荷情况，尽量使每一个标量仅在一个公共因子上具有较大载荷，这样每一个公共因子的含义会更为清晰，有助于各个公共因子的命名和解释。经过探索性因子分析，确定四个公共因子，每个因子包含的变量条目如表5-5所示。

表5-5 旋转后的因子载荷矩阵

量表条目（样本数：228）	1	2	3	4
我能够排除一切干扰，集中注意力去学习、工作	0.795	0.283	0.016	0.193
面对来自社会、学校、家长和学生等各方面带来的压力，我善于自我调节，把压力转化为动力	0.793	-0.030	0.296	0.129
我善于培养自己良好的学习习惯，如学会自学、善于观察、善于自我管理，这些良好的学习习惯能使我更好地学习	0.721	0.292	0.214	0.213
我能够找到自己最喜欢、最适合的学习方法，并能够熟练地运用于学习中，从而达到最佳的学习效果	0.708	0.352	0.206	0.123
我具有敏锐的观察力，能够在教育教学过程中发现问题	0.678	0.274	0.014	0.102
我能够按学习规划去学习，从而达成学习目标	0.626	0.317	0.277	0.187
我敢于质疑权威，拒绝"迷信式学习"，我对学习工作中遇到的问题有自己的理解	0.622	0.379	0.086	0.305
我善于沟通交流，喜欢团队学习，能够在与团队成员交流的过程中取长补短，学习进步	0.609	0.104	0.268	0.357
我在学习和工作过程中善于运筹时间，合理分配自身精力，使自己获得最佳的学习效果	0.605	0.179	0.417	0.380
我常常对自己的学习和教学工作进行反思，能够发现自己的不足，并分析原因	0.589	0.243	0.228	0.489
我的教学方法和手段独具一格，我喜欢发挥想象力把自己的课堂变得丰富多彩	0.199	0.756	0.272	0.075
在学习和工作遇到问题的时候，我更倾向于用自己固有的经验和方式去解决	0.236	0.707	0.215	0.006
我能将各种类型的知识融会贯通，并将所学的知识运用到我的教育教学过程中	0.198	0.700	0.261	0.308
我具备良好的知识基础，不局限于自己所教授的学科，喜欢吸收各种类型的知识	0.310	0.622	0.263	0.291
我能够将科研与实际的教育教学工作结合起来，使两者相辅相成，共同发展进步	0.240	0.615	0.428	0.229
我在学习新的知识时，能够结合自身的教育教学经验去思考理解	0.236	0.599	0.003	0.314

续表 5-5

量表条目（样本数：228）	1	2	3	4
我在与同行进行沟通交流的过程中，能够汲取对方的经验，加入自己的思考与改造，使其为我所用	0.262	0.555	0.247	0.414
在教学中，我善于运用新型的、科技的教学设备和手段去辅助我的教学，喜欢将翻转课堂、微课等新的教学方式引入我的课堂	0.118	0.200	0.834	0.128
我喜欢运用一些先进的学习工具帮助我学习，如思维导图、学习软件、云盘等	0.272	0.260	0.804	0.044
我喜欢学习前沿的教育理念和知识，经常浏览学习论坛和网站，通过 MOOC 等网络课程学习	0.249	0.350	0.708	0.055
我时常关注本学科的最新科研动态，并积极参与学校里的各种科研活动，具有一定的科研能力	0.206	0.584	0.603	0.202
我能够根据学校和学生的变化来不断改变自己去学习，具备终身学习的意识	0.291	0.200	0.067	0.778
我对学习充满好奇心，善于发现问题，思考问题	0.265	0.304	0.126	0.74
我具备强烈的求知欲望，善于培养自己的学习兴趣	0.450	0.133	0.244	0.678
我认为学习很重要，不学习会被社会淘汰	0.057	0.100	-0.003	0.624

2. 信度分析

因子分析之后，还要对量表进行信度分析，检验其是否具备稳定性和可靠性，采用同质性信度分析，通过测算 Cronbach α 系数值来检验量表的内部一致性和相关性。一般来说，α 系数值大于 0.8，则量表的内在信度是可以接受的，α 系数值大于 0.9，则量表的内在信度很高。通过信度分析，教师个体学习力正式量表总的信度系数值为 0.952，表明总的量表具有很高的可信度。四个维度的信度分析情况如表 5-6 所示，学习能力维度的信度系数为 0.930，学习实践力维度的信度系数为 0.888，学习创新力维度的信度系数为 0.881，学习动力维度的信度系数为 0.816，均处于较高数值。研究结果显示，教师个体学习力的量表具备很好的内部一致性和稳定性。

表 5-6 教师学习力量表的信度系数

维 度	Cronbach's Alpha 信度系数	量表条目数
学习能力维度	0.930	10
学习实践力维度	0.888	7
学习创新力维度	0.881	4
学习动力维度	0.816	4
总的信度系数	0.952	25

3. 结果讨论

经过因子分析和信效度检验,得出正式的教师学习力量表,包括四个维度(学习能力、学习实践力、学习创新力、学习动力)25 个操作性条目。如表 5-7 所示。

表 5-7 教师学习力正式量表

维 度	操作性条目	信度系数
学习能力	我能够排除一切干扰,集中注意力去学习、工作	0.930
	面对来自社会、学校、家长和学生等各方面的压力,我善于自我调节,把压力转化为动力	
	我善于培养自己良好的学习习惯,如学会自学、善于观察、善于自我管理,这些良好的学习习惯能使我更好地学习	
	我能够找到自己最喜欢、最适合的学习方法,并能够熟练地运用于学习中,从而达到最佳的学习效果	
	我具有敏锐的观察力,能够在教育教学过程中发现问题	
	我能够按学习规划去学习,从而达成学习目标	
	我敢于质疑权威,拒绝"迷信式学习",我对学习工作中遇到的问题有自己的理解	
	我善于沟通交流,喜欢团队学习,能够在与团队成员交流的过程中取长补短,学习进步	
	我在学习、工作过程中善于运筹时间,合理分配自身精力,使自己获得最佳的学习效果	
	我常常对自己的学习和教学工作进行反思,能够发现自己的不足,并分析原因	
学习实践力	我的教学方法和手段独具一格,我喜欢发挥想象力把自己的课堂变得丰富多彩	0.888
	我能将各种类型的知识融会贯通,并将所学的知识运用到在我的教育教学过程中	
	在学习和工作遇到问题的时候,我更倾向于用自己固有的经验和方式去解决	
	我能够将科研与实际的教育教学工作结合起来,使两者相辅相成,共同发展进步	
	我具备良好的知识基础,不局限于自己所教授的学科,喜欢吸收各种类型的知识	
	我在学习新的知识时,能够结合自身的教育教学经验去思考理解	
	我在与同行进行沟通交流的过程中,能够汲取对方的经验,加入自己的思考与改造,使其为我所用	

续表 5-7

维 度	操作性条目	信度系数
学习创新力	在教学中，我善于运用新型的、科技的教学设备和手段去辅助我的教学，喜欢将翻转课堂、微课等新的教学方式引入我的课堂	0.881
	我喜欢运用一些先进的学习工具帮助我学习，如思维导图、学习软件、云盘等	
	我喜欢学习前沿的教育理念和知识，经常浏览学习论坛和网站，通过MOOC等网络课程学习	
	我时常关注本学科的最新科研动态，并积极参与学校里的各种科研活动，具有一定的科研能力	
学习动力	我能够根据学校和学生的变化来不断改变自己去学习，具备终身学习的意识	0.816
	我对学习充满好奇心，善于发现问题，思考问题	
	我具备强烈的求知欲望，善于培养自己的学习兴趣	
	我认为学习很重要，不学习会被社会淘汰	

注：总的量表信度系数：0.952。

教师个体学习力的第一个维度包括十个条目，这十个条目均在第一个因子上具有较高载荷，包括学习注意力、压力调节、学习习惯、学习方法、观察力、反思提升、交流合作等内容。总的来说，第一个因子主要测量教师的学习能力，故命名为学习能力维度。

教师个体学习力的第二个因子包括七个条目，这七个条目均在第二个因子上具有较高载荷，主要测量的是教师如何将学习到的知识运用于实践当中，故将该因子命名为学习实践力维度。

教师个体学习力的第三个因子包含四个条目，这四个条目均在第三因子上具备较高载荷，主要讨论的是教师学习创新力的内容，包括使用新型教学设备和手段辅助教学、学习前沿教育知识和理念、关注最新学科动态等方面，故将该因子命名为学习创新力维度。

教师个体学习的第四个因子包括四个条目，这四个条目均在第四个因子上具有较高载荷，主要包括对学习的重视程度、好奇心、学习兴趣等内容，讨论关于教师学习动力的内容，故将该因子命名为学习动力维度。

二、领导力量表的编制和发展

本研究量表的发展基于美国教师领导力模型标准（TLMS），该标准将教师领导力分为七个维度：培育合作文化、获取并开展研究、促进专业学习、促进改善教育教学活动、运用评估和数据、推动与家庭社区的合作、专业倡导力；每个维度下又有若干的具体条目来解释该维度下的领导力体现。笔者参考了大量的文献，并通过对教师的访谈和根据基础教育阶段的特性，对 TLMS 量表进行了文字的调整和修改，发展了以下条目。这些条目用以解释教师领导力量表的概念和理论的相关部分。教师领导力变量量表的主要组成部分包括七个维度：培育合作文化、获取并开展研究、促进专业学习、改善教育教学活动、运用评估和数据、推动与家庭社区的合作、专业倡导力。（见表5-8）。每个维度下又有各自的若干小条目。量表主要是参考李克五点特量表，以1～5分来表示很不符合、不太符合、一般符合、比较符合、非常符合，由被调查者根据自身情况自由选择（见表5-9）。

表 5-8 教师领导力变量维度内涵和题数

维 度	维度内涵	题数
培育合作文化	该维度旨在考察教师对学校合作文化的影响力及跟同事和领导的沟通效果如何	8
获取并开展研究	该维度用于了解教师的反思和研究能力及对学校和同伴的运用科研促进教研能力发挥的作用	6
促进专业学习	该维度旨在了解教师能否对同伴、同行的专业发展和专业学习起重要作用或具有较大影响	8
改善教育教学活动	该维度旨在考察教师对同事的教育教学活动是否具有领导力或影响力	8
运用评估和数据	该维度旨在考察教师对"互联网+"教育背景下，教育技术运用及数据处理能力的领导力	4
推动与家庭社区的合作	该维度旨在解释教师对促进、协调学校和社区、家庭各方的合作推动能力	6
专业倡导力	该维度旨在考察教师对教师行业的社会地位、社会认知方面所起的作用，同时也体现教师自身的专业能力和专业素养	5

表 5-9 学校教师领导力变量量表

维 度	题号	编号	操作性条目
培育合作文化	Q1	P1	我努力促进团队合作，与同事一起决策、管理、解决问题和冲突，共同推动有意义的改革
	Q8	P2	我以身作则帮助同事进行有效的沟通交流，带动同事间的讨论，认真倾听、细致表达，让自己和他人的需求都得到澄清，求同存异
	Q15	P3	我促进同事间的信任，发动集体智慧，开展有利于学生发展的活动
	Q22	P4	我努力营造学科组同事间包容的文化氛围，接纳各种不同的观点与挑战

续表 5-9

维 度	题号	编号	操作性条目
培育合作文化	Q29	P5	为使同事间能有效地互动，我愿意学习与运用不同背景、民族、文化的语言和知识
	Q35	P6	我能与同事进行互相尊重和彼此信任的专业对话
	Q40	P7	我经常与新教师聊天，主动帮助其更快融入教学生活
	Q43	P8	如果积累了很好的教学经验，我愿意拿出来与同事一起分享
获取并开展研究	Q2	H1	为了提高教育教学能力，我愿意与同事一起申请并开展课题研究
	Q9	H2	我努力与同事共同分析、解释学生发展数据，积极运用分析结果
	Q16	H3	我支持普通教师与高等教育机构或其他组织合作研究教育课题
	Q23	H4	我会传授方法给新同事，帮助他们从班级收集、分析各方面数据并互相交流
	Q30	H5	我平时除了教学以外，还会留出时间进行学术研究
	Q36	H6	我能从教学实践中发现问题并深入思考出现问题的原因
促进专业学习	Q3	C1	我与同事合作规划专业学习，使在职专业学习能够与工作结合并持续下去，既符合国家要求，又与学校和地区的改革目标相符
	Q10	C2	我运用成人学习理论来促进多样化的专业学习，满足自己不同的学习需求
	Q17	C3	我采用恰当的技术手段，帮助同事进行个性化的专业学习
	Q24	C4	我与同事一起收集、分析、传播同事专业学习效果的数据资料，关注教师的专业发展对学生发展产生的实际效果
	Q31	C5	我会给同事提供充足的时间、资源和各种支持，方便他们在职学习
	Q37	C6	我会给新同事的专业学习提供建设性的反馈
	Q41	C7	我平时积极关注教育类新闻
	Q44	C8	我乐于帮助新就职的教师提升专业能力

续表 5-9

维 度	题号	编号	操作性条目
改善教育教学活动	Q4	G1	我推动收集、分析班级和学生的相关材料，努力改善教育教学活动和课程，评估并改善学校组织文化
	Q11	G2	我观察教师的教育教学活动和学生的学习，分析评估数据，与同事开展反思性对话，帮助同事把调查研究和实践联系起来
	Q18	G3	我在同事个人或专业成长过程中发挥指导者作用，传播教育知识与技能
	Q25	G4	当同事遇到课程目标与学生发展需要的问题，我会尽量帮助同事运用知识和技能来解决
	Q32	G5	我运用并指导新同事使用新科技，来共同帮助学生适当上网获取知识，指导同事帮助学生通过新媒体合作学习，接触世界各地的人群与资源
	Q38	G6	我关注班级学生多样性与公平性的问题，帮助同事改进教育策略，努力让教育教学活动的重点能够涉及每个学生的发展需求
	Q42	G7	在教学中，我不断更新和丰富自己的课程知识
	Q45	G8	我有能力对教学内容的处置进行合理的选择
运用评估和数据	Q5	Y1	我愿意与同事一起去了解、学习和运用多种符合国家、地方标准的评估工具
	Q12	Y2	我与同事一起设计评估方法，来施测、打分与解释学生发展数据
	Q19	Y3	在解决特定教育问题时，我促进同事开展基于学生发展数据的挑战性对话，营造信任的、反思性的氛围
	Q26	Y4	我与同事合作，努力把评估数据和成果运用到提高教育教学能力、改善学校组织结构的过程之中
推动与家庭社区的合作	Q6	T1	我了解与学习社区内不同背景、种族、文化和语言的知识，帮助教师、家庭、社区之间进行有效互动
	Q13	T2	我以身作则，与同事分享自己和学生家庭或其他相关人员沟通、合作的技巧，努力让不同背景、环境中的学生都能得到公平的发展
	Q20	T3	我帮助同事反思自己对社区文化及其多样性的理解，思考自己应该如何根据不同的文化来调整教育教学策略，丰富学生的经验，使所有学生都能得到发展

续表 5-9

维 度	题号	编号	操作性条目
推动与家庭社区的合作	Q27	T4	我努力让同事对家庭、社区的多种教育需求达成共识
	Q33	T5	我与同事、学生家庭、社区共同商讨策略，努力满足家庭和社区多样的教育需求
	Q39	T6	我会不定期约见学生家长，开展家校交流会
专业倡导力	Q7	Z1	我与地区内外的教师共享信息，讨论国家地区的政策趋势对学校教育活动和学生发展的影响
	Q14	Z2	我以科学研究为基础，呼吁开展能更好满足学生发展需要的教育教学方式
	Q21	Z3	我与各方沟通，努力在家长和社区中为学生争取更多资源，与同事一起在适当的时机呼吁保护学生权益
	Q28	Z4	我愿意为同事能够进行专业学习而呼吁争取更多财政、人力或其他物质资源，以学校发展为目标，努力建设专业的学习型社区
	Q34	Z5	我在学校之外的社会情景中，代表教育行业而奔走呼吁

（一）量表的效度分析和信度分析

通过调查问卷进行预试，共发放问卷 250 份，回收 250 份，剔除无效问卷 22 份，得到有效问卷 228 分，并使用 SPSS 对量表进行效度分析和信度分析。

1. 因子分析

因子分析在共享因子的抽取时，经常采用主成分分析法。因子分析的目的在于解释量表的"结构效度"。本研究针对教师领导力变量量表进行了如下分析。

（1）因子分析的适用性检验结果。KMO 统计量：用于检验变量间的偏相关性是否足够小，是简单相关量与偏相关量的一个相对指数。KMO 统计量取值在 0～1 之间，KMO 值越大，因子分析的效果越好。$KMO > 0.9$ 时，最适合做因子分析；$KMO < 0.5$ 时，不适合做因子分析。Bartlett 球形检验：用于检验相关阵是否单位阵。一般认为，如果检验结果大于 0.05，不适合做因子分析。表 5-10 给出了 KMO 和 Bartlett 球形检验的结果。其中，KMO 值为 0.926，大于 0.9，Bartlett 球形检验给出的相伴概率为 0.000，小于显著性水平 0.05，因此拒绝各变量间相互独立的假设，即变量间具有较强的相关性，非常适合做因子分析。

表 5-10 *KMO* 和 *Bartlett* 的检验

取样足够度的 Kaiser-Meyer-Olkin 度量		0.926
Bartlett 的球形度检验	近似卡方	2209.444
	df	325.000
	Sig.	0.000

（2）因子抽取的共同度。变量的共同度表示各变量中所含原始信息能被提取的公因子所表示的程度。由表5－11所示的结果中可知，绝大多数的变量共同度都在60%以上，因子提取出的这些公共因子对原变量的解释程度可以接受。

表5－11 公因子方差

	初始	提取		初始	提取		初始	提取
A1	1	0.648	A18	1	0.682	A34	1	0.778
A35	1	0.705	A42	1	0.680	A29	1	0.652
A43	1	0.766	A5	1	0.737	A24	1	0.815
A16	1	0.632	A19	1	0.565	A30	1	0.664
A36	1	0.619	A13	1	0.723	A45	1	0.713
A10	1	0.701	A39	1	0.514	A27	1	0.831
A17	1	0.747	A7	1	0.663	A33	1	0.780
A44	1	0.720	A14	1	0.764	A21	1	0.695
A11	1	0.694	A28	1	0.697			

（3）累计方差贡献率。表5－12中第二列（即"合计"列）是因子变量的特征值。比如，第一行的特征值为14.102，其含义为第一个因子描述了总方差26中的14.102。第三列［即方差的（%）列］表示各公共因子的方差贡献率，表示该因子的方差占总方差的比例，其计算方法是特征值除以方差总值26。如第一行中的54.24%是14.102除以26所得的百分比。第四列是因子变量的累计方差贡献率，表示前四个因子（特征值大于1）累积的方差占总方差26的比例为69.94%。第五、六、七列给出了旋转后各因子的载荷情况，旋转后特征值大于1的四个因子的特征值和方差贡献率依次为14.102、1.827、1.228、1.027，54.24%、7.026%、4.724%、3.95%，前四个因子的累积方差贡献率还是69.94%。

表5－12 解释的总方差

成分	初始特征值			提取平方和载入			旋转平方和载入		
	合计	方差的（%）	累积（%）	合计	方差的（%）	累积（%）	合计	方差的（%）	累积（%）
1	14.102	54.240	54.240	14.102	54.240	54.240	7.137	28.144	28.144
2	1.827	7.026	61.266	1.827	7.026	61.266	3.844	14.783	42.927
3	1.228	4.724	65.990	1.228	4.724	65.990	3.658	14.068	56.995
4	1.027	3.950	69.940	1.027	3.950	69.940	3.366	12.946	69.940
5	0.859	3.305	73.245						
6	0.765	2.943	76.189						
7	0.719	2.764	78.953						

续表 5-12

成分	初始特征值			提取平方和载入			旋转平方和载入		
	合计	方差的(%)	累积(%)	合计	方差的(%)	累积(%)	合计	方差的(%)	累积(%)
8	0.606	2.332	81.285						
…	…	…	…						
22	0.158	0.607	98.352						
23	0.129	0.495	98.848						
24	0.125	0.482	99.330						
25	0.105	0.406	99.735						
26	0.069	0.265	100						

图 5-3 显示的为因子碎石图，横坐标为公共因子，纵坐标为公共因子的特征值。从图中可以看出，第四个因子以后坡线甚为平坦，因此保留四个因子为宜。

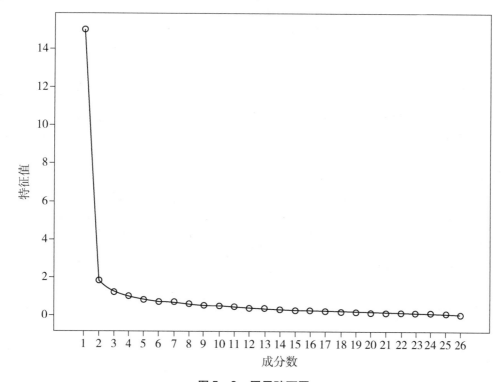

图 5-3 因子碎石图

表 5-13 为未旋转前各因子的载荷矩阵，从表中数据可以看出，各个因子的载荷都相对集中，如第一个公共因子（第一列数据）几乎所有的变量都具有较高的载荷。这种情况下，提取的公共因子的命名就相对困难，因此需要对因子载荷矩阵进行旋转后，再对公共因子命名。

表 5-13　未旋转的因子载荷矩阵

成分矩阵				
	成分			
	1	2	3	4
A24	0.891	-0.067	-0.042	-0.122
A27	0.859	-0.256	-0.141	0.084
A34	0.839	-0.267	-0.048	0.004
A11	0.826	-0.078	0.054	0.046
A33	0.818	-0.278	-0.119	0.135
A13	0.776	-0.258	0.165	0.161
A21	0.767	-0.277	-0.076	0.156
…	…	…	…	…
A39	0.660	-0.252	-0.097	0.073
A42	0.646	0.477	-0.176	0.061
A45	0.644	0.477	-0.221	-0.152
A43	0.642	0.393	0.117	0.430
A35	0.629	0.377	-0.197	0.359

表 5-14 为采用极大方差法对因子载荷矩阵旋转后的结果。经过旋转后，可以看到每个变量仅在一个公共因子上具有较大的载荷，而在其余公共因子上具有较小的载荷。这样，每个公共因子的含义就比较清楚，更具有可解释性，有利于各个公共因子的命名。

另外，在多次进行因子分析后，验证了量表的结构效度比较稳定，因此不需要再做因子分析。从表 5-14 中可以看出，四个公共因子中第一个含有 12 个题项，第二个含有六个题项，第三个和第四个因素各含有四个题项，可以得出教师领导力变量量表所包含的题项为筛选后的 26 个小题。

表 5-14　旋转后的因子载荷矩阵

旋转成分矩阵[a]				
	成分			
	1	2	3	4
27. 我努力让同事对家庭、社区的多种教育需求达成共识	0.798	0.260	0.202	0.295
33. 我与同事、学生家庭、社区共同商讨策略，努力满足家庭和社区多样的教育需求	0.794	0.248	0.193	0.224

续表 5-14

旋转成分矩阵[a]				
	成分			
	1	2	3	4
17. 我采用恰当的技术手段，帮助同事进行个性化的专业学习	0.791	0.207	0.068	0.270
21. 我与各方沟通，努力在家长和社区中为学生争取更多资源，与同事一起在适当的时机呼吁保护学生权益	0.756	0.228	0.205	0.170
34. 我在学校之外的社会情景中，代表教育行业而奔走呼吁	0.751	0.182	0.288	0.312
13. 我以身作则，与同事分享自己和学生家庭或其他相关人员沟通、合作的技巧，努力让不同背景、环境中的学生都能得到公平的发展	0.708	0.194	0.422	0.080
29. 为使同事间能有效地互动，我愿意学习并运用不同背景、民族、文化的语言和知识	0.660	0.394	0.207	0.136
7. 我与地区内外的教师共享信息，讨论国家地区的政策趋势对学校教育活动和学生发展的影响	0.654	0.092	0.442	0.178
39. 我会不定期约见学生家长，开展家校交流会	0.649	0.162	0.157	0.204
19. 在解决特定教育问题时，我促进同事开展基于学生发展数据的挑战性对话，营造信任的、反思性的氛围	0.621	0.114	0.310	0.266
24. 我与同事一起收集、分析、传播同事专业学习效果的数据资料，关注教师的专业发展对学生发展产生的实际效果	0.619	0.281	0.361	0.472
11. 我观察教师的教育教学活动和学生的学习，分析评估数据，与同事开展反思性对话，帮助同事把调查研究和实践联系起来	0.611	0.310	0.389	0.272
35. 我能与同事进行互相尊重和彼此信任的专业对话	0.311	0.764	0.089	0.128
43. 如果积累了很好的教学经验，我愿意拿出来与同事一起分享	0.270	0.749	0.360	-0.041
44. 我乐于帮助新就职的教师提升专业能力	0.228	0.712	0.199	0.347
42. 在教学中，我不断更新和丰富自己的课程知识	0.170	0.687	0.178	0.385
45. 我有能力对教学内容的处置进行合理的选择	0.118	0.587	0.172	0.570
36. 我能从教学实践中发现问题并深入思考出现问题的原因	0.299	0.508	0.413	0.318

续表 5-14

旋转成分矩阵[a]				
5. 我愿意与同事一起去了解、学习和运用多种符合国家、地方标准的评估工具	0.370	0.139	0.758	0.075
10. 我运用成人学习理论来促进多样化的专业学习，满足自己不同的学习需求	0.240	0.295	0.722	0.188
14. 我以科学研究为基础，呼吁开展能更好满足学生发展需要的教育教学方式	0.240	0.169	0.709	0.419
16. 我支持普通教师与高等教育机构或其他组织合作研究教育课题	0.269	0.358	0.623	0.207
18. 我在同事个人或专业成长过程中发挥指导者作用，传播教育知识与技能	0.315	0.243	0.182	0.701
1. 我努力促进团队合作，与同事一起决策、管理、解决问题和冲突，共同推动有意义的改革	0.410	0.220	0.149	0.640
28. 我愿意为同事能够进行专业学习而呼吁争取更多财政、人力或其他物质资源，以学校发展为目标，努力建设专业的学习型社区	0.523	0.162	0.211	0.594
30. 我平时除了教学以外，还会留出时间进行学术研究	0.376	0.219	0.368	0.582

统计分析显示，教师领导力的第一个因子包括 12 个小条目，包括教师之间的专业知识沟通交流、平等对话；教师与家庭、社区之间为教育需求达成共识的合作；同伴教师反思互动、共享信息等（见表 5-15）。这些都体现学校教师团队文化建设的支持要素。

表 5-15 教师领导力的第一个因子：培育团队合作文化的条目

量表条目（样本数：228）	均值	标准差
我努力让同事之间对家庭、社区的多种教育需求达成共识	4.09	0.935
我与同事、学生家庭、社区共同商讨策略，努力满足家庭和社区多样的教育需求	3.95	1.018
我采用恰当的技术手段，帮助同事进行个性化的专业学习	4.01	0.960
我与各方沟通，努力在家长和社区中为学生争取更多资源，与同事一起在适当的时机呼吁保护学生权益	4.07	0.978
我在学校之外的社会情景中，代表教育行业而奔走呼吁	3.72	1.155
我以身作则，与同事分享自己和学生家庭或其他相关人员沟通、合作的技巧，努力让不同背景、环境中的学生都能得到公平的发展	4.25	0.75

续表 5-15

量表条目（样本数：228）	均值	标准差
为使同事间能有效地互动，我愿意学习并运用不同背景、民族、文化的语言和知识	4.16	0.92
我与地区内外的教师共享信息，讨论国家地区的政策趋势对学校教育活动和学生发展的影响	3.85	1.103
我会不定期约见学生家长，开展家校交流会	3.98	1.117
在解决特定教育问题时，我促进同事开展基于学生发展数据的挑战性对话，营造信任的、反思性的氛围	4.07	1.046
我与同事一起收集、分析、传播同事专业学习效果的数据资料，关注教师的专业发展对学生发展产生的实际效果	3.98	0.985
我观察教师的教育教学活动和学生的学习，分析评估数据，与同事开展反思性对话，帮助同事把调查研究和实践联系起来	4.11	0.900

统计分析显示，教师领导力的第二个因子包括六个小条目。从六个条目来看，主要是关于教师的专业成长，其中包括教师在教育教学活动中的选择与安排，同时也包括在新环境下如何利用信息技术丰富教育教学方式。（见表 5-16）

表 5-16 教师领导力的第二个因子：教育信息化及改善教育教学活动的条目

量表条目（样本数：228）	均值	标准差
我能与同事进行互相尊重和彼此信任的专业对话	4.47	0.656
如果积累了很好的教学经验，我愿意拿出来与同事一起分享	4.43	0.682
我乐于帮助新就职教师提升专业能力	4.35	0.828
在教学中，我不断更新和丰富自己的课程知识	4.38	0.704
我有能力对教学内容的处置进行合理的选择	4.30	0.672
我能从教学实践中发现问题并深入思考出现问题的原因	4.28	0.813

统计分析显示，教师领导力的第三个因子包括四个小条目。从四个条目的内容来看，主要是关于教师的数据获取能力、运用评估工具、对开展合作研究课题的认识等。（见表 5-17）

表 5-17 教师领导力的第三个因子：获取并开展研究的条目

量表条目（样本数：228）	均值	标准差
我愿意与同事一起去了解、学习和运用多种符合国家、地方标准的评估工具	4.30	0.742
我运用成人学习理论来促进多样化的专业学习，满足自己不同的学习需求	4.35	0.753
我以科学研究为基础，呼吁开展能更好满足学生发展需要的教育教学方式	4.20	0.845
我支持普通教师与高等教育机构或其他组织合作研究教育课题	4.28	0.883

统计分析显示，教师领导力的第四个因子包括四个小条目。从四个条目的内容可以看出，讨论的是关于教师对自身行业的认可度、对教育行业发展的推动、个人专业发展问题。（见表5-18）

表5-18 教师领导力的第四个因子：专业倡导力的条目

量表条目（样本数：228）	均值	标准差
我在同事个人或专业成长过程中发挥指导者作用，传播教育知识与技能	4.15	0.916
我努力促进团队合作，与同事一起决策、管理、解决问题和冲突，共同推动有意义的改革	4.37	0.730
我愿意为同事能够进行专业学习而呼吁争取更多财政、人力或其他物质资源，以学校发展为目标，努力建设专业的学习型社区	4.12	0.926
我平时除了教学以外，还会留出时间进行学术研究	4.00	0.995

公共因子间的协方差矩阵如表5-19所示。

表5-19 因子变量的协方差成分得分协方差矩阵

成分	1	2	3	4
1	1.000	0.000	0.000	0.000
2	0.000	1.000	0.000	0.000
3	0.000	0.000	1.000	0.000
4	0.000	0.000	0.000	1.000

由表5-19的数据可以看出，通过因子分析得到的公共因子之间的相关度为0，表明公共因子之间是正交的、独立的，这样得到的因子变量更有利于我们对教师的领导力测量的可操作性。

2. 信度分析

在因子分析后，为进一步了解问卷的可靠性与稳定性，要做信度检验。我们用内部信度，也叫内部一致性来反映各条目间的相关度。内部信度通常用Cronbach α 系数测量，α 表示量表总变异中由不同被试者导致的比例占多少。α 值越大，表示条目间相关性越好，信度越高。如果量表的信度越高，代表量表越稳定。通过信度分析，教师领导力数据处理后的正式量表的信度系数为：培育团队合作文化是0.954，教育信息化及改善教育教学活动是0.887，获取并开展研究是0.856，专业倡导力是0.840，总的信度系数是0.965。这表示学校教师领导力变量量表有较高的可信度。研究结果也显示，其具有较好的稳定性与一致性。

表 5-20 教师领导力的信度系数

教师领导力的因子	信度系数	条目数
培育团队合作文化	0.954	12.000
教育信息化及改善教育教学活动	0.887	6.000
获取并开展研究	0.856	4.000
专业倡导力	0.840	4.000
总的信度系数	0.965	26.000

3. 讨论

由于国内有关教师领导力的研究尚不成熟，理论基础也还尚未完善，因此本节也还只是初步探索研究，主要是找出教师领导力的主要因子，所以用因子分析的方法。数据经过因子分析，固定值大于1，因子负荷大于0.1或以上，辨别出合并解释变异数，结果显示能探索出四个因子，其因子数与原来理论框架假设有差异。在重新理解和分辨各个问题的题意后，将题项重新加以组合、合并，探索出新的教师领导力的四个因子，即培育团队合作文化、教育信息化及改善教育教学活动、获取并开展研究和专业倡导力，重新发展成新的量表并对研究对象进行调查分析，得出新量表的信度系数是0.952。

表 5-21 教师领导力的因子分析

成 分	变异数（%）	累积变异数（%）
培育团队合作文化	47.759	47.759
教育信息化及改善教育教学活动	7.463	55.222
获取并开展研究	5.563	60.785
专业倡导力	4.633	65.419

第二节 访谈设计

一、访谈法

（一）访谈法的概念、作用及意义

访谈法，是指通过谈话、访问等方式了解研究对象的相关信息以及对研究问题的看法、态度、评价，以获取有效研究信息的调查方法，是对调查研究的补充验证。陈向明（2005）认为，访谈是一种研究性交谈，是研究者通过口头谈话的方式从研究对象那里收集第一手资料的研究方法。与调查法相比，访谈更具灵活性，并且能够了解到更加深入的问题，研究者可以根据访谈过程的具体情况进行追问，汲取问卷调查

很难呈现的较为复杂和深入的问题，具有情境性。访谈法是研究者通过访问被研究者，并且与其进行交谈和对其进行询问，以口头谈话的方式从被研究者那里收集第一手资料，为研究提供案例说明。

作为一种研究性交谈，陈向明（2000）认为访谈作为言语事件体现在三方面，首先，访谈本身就是参与双方共同建构的一个社会事件，对双方都有一定的"现实"意义；其次，访谈作为一种言语事件，其本身是一个有机的整体；再次，访谈作为言语行为，不仅可以表达意义，而且可以"以言行事"和"以言取效"。访谈时建立在访谈者和受访者相互理解的基础之上，不仅仅只是一方"客观"地向另一方了解情况的过程，也是一个双方相互作用、共同建构"事实"和"行为"的过程。本研究之所以选择访谈法，一方面在于与实物分析等其他方法相比，访谈法具有更大的灵活性以及对意义进行解释的空间，能够更深入地了解受访者的所思所想和情绪反应，以及发生的事件及其背后的意义；另一方面，以提问和交谈的方式，访谈者和受访者可以超越自己，相互理解，共同建构出新的、对双方都有意义的社会现实，这对本研究是大有裨益的。

（二）访谈法的类型和方式

访谈法的类型多样，陈向明（2000）认为可从结构、正式程度、访谈者与受访者接触的方式、受访者的人数及访谈的次数等方面来划分。按结构分类，可分为封闭型、开放型、半开放型三种类型，也被称为"结构型""无结构型""半结构型"。在封闭型访谈中，研究者主导访谈的走向和步骤，按照预先设计好、具有固定结构的统一问卷进行访谈，提问顺序、记录方式等全部标准化，对每一个受访者都采用同一套访谈题目。与其不同的开放型访谈则没有固定的访谈问题，研究者在其中只起到辅助作用，鼓励受访者用自己的语言发表自己的看法，访谈形式不拘一格。半开放型访谈是准备一个粗线条的访谈提纲，用以提示访谈者根据研究设计对受访者提问，访谈者可根据访谈的具体情况对访谈的程序和内容进行灵活的调整。访谈按照其正式程度，可以分为正规型访谈和非正规型访谈。前者指的是访谈者和受访者双方就时间、地点和问题范围事先正式约定，之后见面交谈，后者指的是访谈者配合受访者日常生活的安排，在特定情形下选择性地与对方交谈。按照访谈者与受访者双方接触的方式，可分为直接访谈和间接访谈两种类型。前者指的是访谈者与受访者面对面地进行交谈；后者指的是访谈者与受访者通过电话等通信工具进行访谈。根据受访者的人数，访谈还可以分成个别访谈和集体访谈两种情况。个别访谈是一名访谈者和一名受访者进行交谈；而集体访谈可以由一到三名访谈者和六到十名参与者组成，访谈者主要协调谈话的方向和节奏，参与者自己相互之间就有关的问题进行讨论。根据访谈的次数，访谈可以分成一次性访谈和多次性访谈。一次性访谈以收集事实性信息为主，内容相对简单；多次性访谈遵循由浅及深、由表及里、由事实信息到意义解释的原则，多用于追踪调查或深入探究，可以有一定的结构设计。

（三）访谈的准备工作及注意事项

值得注意的是访谈者在开始访谈之前，要做好充足的准备工作。第一，确定访谈的时间和地点，适当选择让受访者感到安全、轻松的环境，时间上配合受访者的日常安排，充分尊重受访者，合理控制访谈时长，每位受访者的访谈时间为 30～60 分钟。第二，协商有关事宜，在访谈开始之前清晰地向受访者介绍自己和自己的研究课题，并且就告知对方有关交谈规则、保密原则和录音等问题，明确承诺对受访者提供的信息只用于课题研究，对所有人名和地名使用匿名，请求对方的同意。第三，设计访谈提纲，明确访谈目的和想要了解的主要问题，准备访谈中的录音笔等。访谈过后，将录音资料转化为文本资料，并进行资料的整理与分析。访谈属于质化研究，质化研究一般采用类属分析，将收集的各类原始资料进行系统化整理，并对其进行编码和归类，以便后续的研究。设计访谈提纲包含需要了解的主要问题和应该覆盖的内容范围。访谈问题简明扼要、通俗易懂、可操作性强，且内容控制在一页纸的篇幅，不造成受访者的视觉疲劳。在提问时，访谈者坚持灵活与开放原则，具体情况具体分析，不拘泥于固有的问题顺序和访谈形式。在贴合研究问题的前提下，访谈提纲可根据不同的受访者适当微调，具有一定的灵活性。此外，访谈记录要根据受访者的回答选择相应的记录方式，包括内容型记录、观察型记录、方法型记录和内省型记录等方式。在访谈中访谈者要注意自己的一些非言语行为，如访谈者的穿着、形体动作、面部表情、眼神、人际距离、说话和沉默的时间长短、说话时的音量等，访谈者也要关注受访者的非言语行为，以获得更多重要的、言语行为无法提供的信息。访谈收尾工作也要做好，访谈者要善于察言观色，在适当的时机结束访谈，尽可能以一种轻松、自然的方式结束。本研究的访谈属于半结构访谈，即采取粗线条的访谈提纲，坚持灵活和开放的原则，并把所有访谈内容转录成文本，运用扎根理论的类属分析的方式对访谈资料进行处理。

二、本研究访谈提纲及主题

（一）关于学习力的访谈提纲

1. 如何理解"教师学习力"这一概念？
2. 您认为哪种教师培育方式最有效？
3. 阻碍学习效果的因素有哪些？促进学习的因素有哪些？
4. 工作室组织开展的学习活动有哪些？效果如何？
5. 工作室为教师学习提供了哪些方面的保障和支持？
6. 期望未来参加哪些方面或哪种形式的学习活动以提高自己的学习力？

（二）关于领导力的访谈提纲

1. 您如何看待教师的"领导力"问题？
2. 您觉得教师领导力与教师专业发展有关系吗？可否具体谈谈？

3. 您认为目前教师的领导力发展面临的困境有哪些？
4. 您觉得学校可以采取哪些措施帮助提升教师的领导力？
5. 您认为在学校中教师本人应该如何提升自己的领导力？
6. 您对所在学校为教师的发展提供的各项支持性政策满意吗？如果不满意，您是否愿意谈谈自己的建议？

第六章 工作室行动研究及结果分析

第一节 行动研究工具

本研究所使用的问卷是由工作室主持人张兆芹与其硕士研究生时艺萌、陈守芳共同编制的，信效度检验结果良好。具体问卷见附录1和附录2。

教师个体学习力的第一个维度为学习能力维度，包括十个条目，这十个条目均在第一个因子上具有较高载荷，包括学习注意力、压力调节、学习习惯、学习方法、观察力、反思提升、交流合作等内容，共十个条目。教师个体学习力的第二个维度为学习实践力维度，包括七个条目，主要测量的是教师如何将学习到的知识运用于实践当中。教师个体学习力的第三个维度为学习创新力维度，包含四个条目，主要讨论的是教师学习创新力的内容，包括使用新型教学设备和手段辅助教学、学习前沿教育知识和理念、关注最新学科动态等方面。教师个体学习的第四个维度是学习动力维度，共四个条目，主要包括对学习的重视程度、好奇心、兴趣等内容，讨论关于教师学习动力的内容。

学习能力是指学习者通过对学习内容认知、理解并掌握的能力，体现了知识的内化过程。学习创新力是指对新事物吸收、理解并使用的能力，是学习者通过学习产生增值的过程。学习实践力是指学习者对知识转化和使用的能力，体现了知识的输出过程。学习动力是学习者进行持续有效学习活动的内驱力和动能，它贯穿于整个学习过程，体现了个体对学习的动机、情绪与意志。总的来说，学习者在学习的过程中，通过认知、体验、反思等途径进行知识的内化，以促进自我提升与增值，并能够将知识进行提炼整合，运用于实践当中，使学习力在整个学习过程中得到提升。

本研究所使用的教师领导力调查问卷是基于美国教师领导力模型标准（TLMS）进行编制的，依据研究实践对TLMS做了部分文字的调整和修改，发展了教师领导力变量量表，并对量表进行了因子分析和信度分析，形成最终的量表。在美国教师领导力探索联盟的七维度的基础上，将教师的领导力划分为培育团队合作文化、改善教育教学活动、问题意识与教研能力、专业倡导力四个维度，且用因子分析法进行了验证和调整。

培育团队合作文化维度包含十二个条目，培育团队合作文化是指教师对学校合作文化的影响力及与同事、领导的沟通效果如何，包括教师之间的专业知识沟通交流、平等对话；教师与教育各方之间为平衡教育需求协商合作；同伴教师反思互动、共享信息等。这些都体现学校教师团队文化建设的支持要素。改善教育教学活动维度包含六个条目，改善教育教学活动是指教师在"互联网+"教育背景下，将教育技术运用于教学方面的能力及对同事的教育教学活动具有的领导力或影响力，主要是关于教师的专业成长，其中包括教师在教育教学活动中的选择与安排，同时也包括在新环境下如何利用信息技术丰富教育教学方式。问题意识与教研能力维度包含四个条目,是指教师发现问题、分析问题和反思研究的能力及个人对促进同伴开展科研活动发挥的作用,主要是教师的数据获取能力、运用评估工具的运用、对开展合作研究课题的认识等。专业倡导力维度包含四个条目,它是指教师对自身行业的社会地位、社会影响方面所起的作用,同时也体现教师的职业认知、专业能力和专业素养,讨论关于教师对自身行业的认可度、对教育行业发展的推动、个人专业发展等问题。

第二节 工作室背景和调查对象简介

一、张兆芹学习共同体工作室介绍

张兆芹学习共同体工作室是深圳市第二批教科研专家工作室。以"激情分享,互帮互助,专注教研,体悟人生,享受幸福的教育研究生活"为理念,以开展教学诊断研究、课题研究,培养教育科研骨干,开展骨干教师培育和指导、推广科研成果为主要职责,以中小学学校内涵和特色发展、教学改革等难点问题研究为重点,以中小学学科教学问题研究和建立教师专业学习共同体为纽带,以新教育理念为指导,促进学习型学校建设和校长、教师专业成长和发展。

二、调查对象简介

调查对象简介见表6-1。

表6-1 调查对象简介

所在学校类型	姓名	性别	工作单位	任教学科
中学	梁老师	男	宝安区教育局	语文
	叶老师	男	南山区西丽第二中学	物理
	李老师	男	罗湖区第二实验学校	历史
	张老师	女	深圳市松泉中学	地理
	肖老师	女	南山区赤湾学校	英语
	李老师	男	深圳市布吉中学	体育
小学	孙老师	女	罗湖区东昌小学	语文
	黄老师	女	南山区港湾小学	英语
	单老师	女	龙华新区民治小学	语文
	师老师	男	罗湖区螺岭外国语实验学校	语文
	刘老师	女	龙岗区龙城小学	英语
	张老师	男	南山区学府小学	科学
	代老师	男	南山区学府小学珠海部	数学
	王老师	女	南山区学府小学	英语
	邱老师	女	南山区学府小学珠海部	数学

续表 6-1

所在学校类型	姓名	性别	工作单位	任教学科
小学	卢老师	女	南山外国语学校集团	英语
	郭老师	女	龙岗时代学校	英语
	冯老师	男	东莞石排中学	信息技术
职校	曾老师	女	广东省南方技师学院（深圳分校）	人力资源
	李老师	女	深圳市第二职业技术学校	心理学
	张老师	女	深圳市石岩公学国际部	语文

第三节 行动研究及其结果分析

一、第一轮行动研究

（一）方案的制订与实施

经过与工作室成员反复的商讨，沿着"构建微团队—理论培育—实训诊断分析—研讨反思提升"这一路径，在反思的基础上制订第一轮和第二轮行动研究的方案，逐步推进。具体来说，方案大致分为五个阶段，每个阶段有各自明确的目标、任务以及达标验收指标。

1. 团队构建

工作室微团队的组织架构分为课题研究一部、课题研究二部、宣传部、活动策划部和行政联络中心，每个部由正副部长负责，制订各个小组规章制度和工作计划。

2. 理论培育

工作室成员通过工作室达成文化观念认同，建立共同愿景，培育生命自觉。陶行知先生说，"教，是为了不教"，也就是让学生学会学习，提高自我教育的能力。而作为教师，更应该懂得如何去自我教育，让教师的自我教育、教师的自身发展也成为学生重要的学习资源。

培育学习共同体五项修炼技能策略。第一项是改善心智模式，提升高效沟通能力；第二项是自我超越，激发实现热望的能力；第三项是建立共同愿景，培养整体视野；第四项是团队学习，提高团队合作能力；第五项是系统思考，训练处理复杂问题的能力等。另外，"工欲善其事，必先利其器"，所以学习有价值的高效交流工具也是很有必要的。彼得·圣吉在《第五项修炼》中传授的了解个人风格、左手栏和右手栏、推论阶梯、主张和探询等，都可以使共同体的不同成员间的沟通更加高效。

开发阶梯式培训课程。我国目前的教师教育培训模式还是重理论知识的传授，教师的实践经验和真实感受。大部分教师在参与培训后,都感到很难把所学到的知识和技能迁移到日常教学中,教师感受到专家的理论与教学实践有较大的鸿沟,培训内容缺乏针对性,未能有效关照教师专业发展阶段的特点。工作室想要打造骨干教师和名师,于是开发了针对骨干教师的课程模块体系。工作室的骨干教师培育课程框架分为学校管理能力模块、课程素养模块、人文素养模块、教研素养模块和健康素养模块,希望教师们可以做到:深层理解学科知识、提升课程设计和教研能力、提升育人能力和做好身心保健。

3. 实训诊断分析

(1) 个人诊断。在专家团队的协助下,对微团队成员的教学思想、教学风格、课堂教学效果、课堂文化、学生的学习动机和学习效果等各个方面进行全面的诊断,形成个人诊断书和发展规划书。在导师的协助下完成微团队诊断书和发展规划,形成分析报告,作为微团队成员的个人补充材料,并建立团队数据库。依据诊断分析报告精心策划培训,针对不同特点和不同层次的学员和微团队安排适合的培育课程和活动。

(2) 校本研修。工作室的每个部门以工作室的大课题带领多个小课题群,基于个人诊断中总结得出的个人诊断书和发展规划书,由学员根据自身的实际情况,有目的性地选择课题,回校组建各个课题微团队,开展校本研修。

4. 研讨反思会

(1) 微团队研讨。微团队组建是为了更好地发挥集体智慧,而头脑风暴法的研讨无疑是激发集体智慧最好的工具之一。而工作室的一大优势也在于组建的微团队的同质性、异质性都很大,都是一群积极上进、热爱教研的人,但在区域上、学科上、年级上又各不相同,所以这群人聚在一起会迸发出更大的集体智慧,惠及工作室的每一个成员。

(2) 微团队反思。反思和研讨是一体同胞的,重申微团队的反思可表现出对它的重视。一个人若没有反思,就很难有进步。对微团队而言,更是如此。所以在第一轮行动研究的最后,开展微团队研讨,在工作室内部进行充分的讨论,并不断反思过程中的问题,从而可以在第二轮行动研究中加以改进,不断进步。

(二) 调查对象的描述性分析情况

1. 关于学习力

在工作室刚成立之际,通过问卷星制作在线调查问卷,进行微信群内分享,对工作室成员进行教师学习力问卷调查,共回收有效问卷21份。其样本主要特征分布情况见表6-2。

表6-2 学习力调查的描述性分析

个体背景变量	类别	样本数	百分比(正式)(%)
性别	男	6	28.57
	女	15	71.43

续表 6-2

个体背景变量	类别	样本数	百分比（正式）（%）
教龄	<5 年	4	19.05
	≥5 年，<10 年	6	28.57
	≥10 年，<15 年	8	38.10
	≥15 年	3	14.29
学历	研究生	2	9.52
	本科	19	90.48
	大专	0	0.00
	中专	0	0.00
	中专以下	0	0.00
职称	高级教师	0	0.00
	一级教师	15	71.43
	二级教师	2	9.52
	三级教师	4	19.05
	暂无职称	0	0.00

2. 关于领导力

领导力调查与学习力调查同步进行。在工作室刚成立之际，通过问卷星制作在线调查问卷，进行微信群内分享，对工作室成员进行教师领导力问卷调查，共回收有效问卷 17 份；在工作室成立一年半之后，再次以同样的方式发送问卷，回收问卷。其样本主要特征分布情况见表 6-3。

表 6-3 领导力调查的描述性分析

个体背景变量	类别	样本数	百分比（正式）（%）
性别	男	5	29.41
	女	12	70.59
教龄	<5 年	2	11.76
	≥5 年，<10 年	6	35.29
	≥10 年，<15 年	6	35.29
	≥15 年	3	17.65
学历	研究生	1	5.88
	本科	16	94.12
	大专	0	0.00
	中专	0	0.00
	中专以下	0	0.00

续表 6-3

个体背景变量	类别	样本数	百分比（正式）（%）
职称	高级教师	0	5.88
	一级教师	11	64.71
	二级教师	2	11.76
	三级教师	3	17.65
	暂无职称	0	0.00

（三）学习力量表的维度数据分析

对教师学习力四个维度的得分进行统计，其均值和标准差如表 6-4 所示。从表中可以看出，四个维度的均值得分在 3.250～4.083 之间，分值较高，说明本学习共同体工作室的成员教师学习力水平处于较高水平。标准差在 0.133～0.234 之间，表示四个维度的得分情况差异不大，反映出一定的同质性，即均值代表性较高，能够很好地反映变量的趋势。

表 6-4　教师学习力各维度得分情况（第一轮）

维度	N	均值	标准差
学习动力	21	4.083	0.150
学习能力	21	3.762	0.133
学习实践力	21	3.810	0.232
学习创新力	21	3.250	0.234

然后将第一轮调查的教师学习力各维度均值以直方图形式展示，如图 6-1 所示。

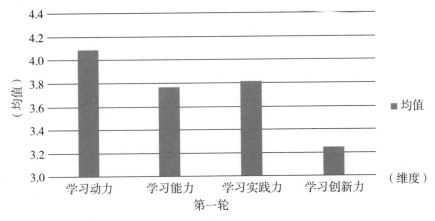

图 6-1　教师学习力各维度得分均值直方图（第一轮）

根据图6-1，我们发现工作室成员在学习力方面都有较高的水平，均值在3.250以上且分值接近，这说明教师的学习力总体能力较为均衡，但也存在差异。其中，学习动力最高，学习实践力次之，学习能力再次之，学习创新力略显不足。这说明工作室成员教师有很强烈的学习动机和意志，愿意通过学习来提高自己。作为骨干教师，他们的知识输出能力也比较强，对知识的吸收和转化程度也较高。但是我们仍发现他们对新知识的理解和掌握稍弱，这一点值得我们关注。

工作室的教师均为学校的骨干教师，从业年限比较长。为进一步了解刚进入工作室的各位教师的学习力和领导力情况，对工作室的多名教师进行访谈。通过对访谈资料的类属分析，结合访谈时的观察以及访谈反思，尝试对教师的学习力现状进行分析。我们的访谈结果与问卷收集的数据的结论方向大体一致。

1. 职业倦怠期学习需要迸发

职业倦怠是指对工作提不起兴趣，对职业充满了厌倦情绪，工作绩效明显降低，身体疲惫。教师是职业倦怠的高发人群。美国哥伦比亚大学的教授巴利·法伯称教师职业倦怠为"教育中的危机"。工作室成员教师身为学校的中坚力量，往往身兼其他职务，而教学经验的积累使他们的教学进入了程序化的阶段，不像新手教师那般需要磨炼自己的教学技能，因此精力的分配呈现不均衡化，更容易导致职业倦怠。工作室的教师坦言"这些年出现了一些惰性"，甚至感觉"内心迷茫，找不到方向"。还有老师敏锐地意识到了职业倦怠的存在，"在工作中我看到了自己的职业倦怠"。职业倦怠的出现让教师们感受到了危机，作为深圳市优秀的骨干教师，他们强大的问题意识提醒自己"需要充电"，对自己现状的认识十分客观，直接指出自己的不足之处，表现出极强的学习动机。有教师说道："不希望甘于现状，不希望自己在教学中停滞不前，渴望自己真正弄懂教育的真谛和怎样通过学习共同体达到改变自身的需求。"还有老师说："期盼自己在名师团队的带领下，有机会有方向努力学习、展现自己、追求自己的目标。"不少教师表示，对工作室安排的培训课程和活动都愿意"积极参与"，"努力汲取"，"扩大自己的学术视野"。

而且，我们看到了这些老师对于学术科研能力的重视，有多位教师都攻读了专业硕士学位，提升自己，甚至有一位教师计划"报考博士研究生"。学习动力不仅仅包括一时的冲动，还包括对学习持续性的理解，包括在工作室学习成长过程中体会到教研的乐趣，有进一步深造的意念和兴趣。受访的所有教师几乎都提到了终身学习，并以此为目标。

2. 学习创新力需要提高

学习创新力是教师发展的动力之源，具有使教师的学习实现增值的作用。在访谈各位老师时，我们发现工作室的教师们的创新意识很强，"时刻告诫自己追求卓越，崇尚一流，拒绝平庸，注重自身创新精神与实践能力的提升"。在谈及个人发展的愿景时，渴望自己未来三年"在专家引领和成员的相互砥砺中，提高自我反思和发展能力，不断追问自己教育教学的合理性，形成自己对教学现象、教学问题的独立思考和创造性见解"。不否认教师对"创新"的意识力强，但很多教师的创新力还有待提高。大多教师认真学习、刻苦钻研，但新点子和意念、独创性有待进一步挖掘，不断提升创新力。

3. 学习能力较强

学习能力的强弱主要体现在对学习内容的认知、理解和掌握上，主要是知识内化的深度问题。课程改革的推进对教师的能力提出了更高的要求，时代在进步，学生的思维和眼界与以往相比早已"不可同日而语"，教师必须不断地学习，与时俱进才能为学生的发展搭桥铺路。教师的成长＝经验＋反思，经验的积累需要在教育实践中不断感悟、积淀、提升。访谈中一位老师谈道，他以"自主学习"为理论指导，"提高经验认识水平、强化教学反思能力"。其次，每一位老师均对理论的学习高度重视，有的教师还向我们展示了自己的阅读计划和书单列表。

4. 对教师团队培育的认可度高

工作室加入的这些教师，虽然已经在自身的教学领域有所建树，但是自身发展似乎进入了一个"高原期"。他们对自己的不足有着清晰准确的认识，对自己的专业发展道路有想法，但缺乏再进一步的成果。他们在了解教师创新微团队（学习共同体）理念后，非常认同，是带着期待加入工作室的。吴耀东表示自己被选入工作室"非常荣幸"，"期盼自己在名师团队的带领下，有机会有方向努力学习、展现自己、追求自己的目标"，"有幸成为张兆芹工作室的一员，有幸时刻有名师的引领，有幸有一群对教育钟爱的志同道合的朋友一起为了教育、为了教学、为了教育的理想和信念一起研究、一起探索，真是很幸运、很幸福"。成员们加入工作室的初衷就是以一颗赤子之心"追梦"，与团队共同成长。

（四）领导力量表维度的统计分析

对教师领导力四个维度的得分进行描述性统计，其均值和标准差如表6-5所示。从表中可以看出，四个维度的均值得分在3.632～3.863之间，说明本学习共同体工作室的成员教师领导力水平处于较高水平。标准差在0.094～0.296之间，表示四个维度的得分情况差异不大，反映出一定的同质性，即均值代表性较高，能够很好地反映变量的趋势。

表6-5 教师领导力各维度得分情况（第一轮）

维度	N	均值	标准差
培育团队合作文化	17	3.725	0.296
改善教育教学活动	17	3.863	0.094
问题意识与教研能力	17	3.706	0.150
专业倡导力	17	3.632	0.127

然后将教师领导力各维度均值以直方图形式展示，如图6-2所示。

根据图6-2，我们发现工作室成员在领导力的四个维度上的得分均高于3.6分，也存在些许差异，其中改善教育教学活动相对突出，培育团队合作文化次之，问题与教研能力第三，专业倡导力第四。这说明，教师对教学方式和运用教育技术开展研究

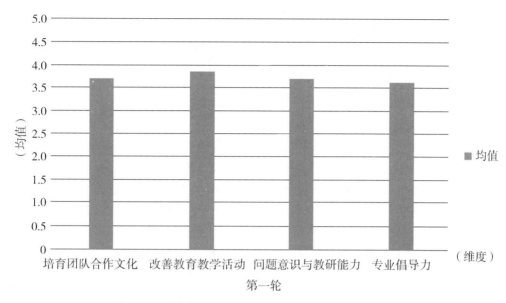

图6-2 教师领导力各维度得分均值直方图（第一轮）

的意识和重视度高，但对团队合作、专业身份的意识较弱，以及对自身在教育行业的主动性和责任感不太重视，需要加强和提高。

通过对访谈资料进行分析，结合访谈反思和其他相关资料，尝试对教师的领导力现状进行分析发现，我们的访谈结果与问卷收集的数据在结论上虽有差异，但大体一致。

1. 专注教学能力的提升

信息社会的到来为教育带来了一场大的变革，教育技术手段的应用给教师们的能力结构增加了旁系。掌握基础的现代教育技术是最基本的能力要求，它能改善教师的教育教学活动，但在不同的教育环境下灵活运用教育信息技术则对教师提出挑战。擅长这一技能的教师往往获得同行的关注，表现出一定的领导能力。黄瑛老师在剖析自身缺点时说道："信息技术能力不强，需不断加强学习，以适应大数据时代背景下的信息化教学。利用好信息技术手段，改善和提高教学质量。"

对于骨干教师而言，横向的知识体系已经构建，现在正是提升"输出"能力，课程设计能力的关键时期。该阶段的教师已经从关注"经验"转变为关注"学生发展"，要想成为专家型教师则应该关注"超越"，即创新。工作室的成员老师们意识到"（要）积极提高自身的专业水平"，"不断探索教学改革和实践"。教师专业成长的道路和方法，是在不断地磨炼中走出来的，教师能够成长为骨干教师，得益于他们始终关注自身成长，始终坚持不断挖掘、更新自身潜能。

2. 互动意识强，乐于交流

团队于个人的优势在于交流的便利性，每五人组建一个微团队，规模虽小，却能在一定程度上保证交流的高效性。五人微团队，就像五个手指一般一抓就拢。工作室的成员在访谈过程中显得很专注，对我们提出的问题都认真且富有条理地回答。当询问对方是否愿意与同伴或专家交流时，都诚恳地表示十分愿意，表达了对交流的渴望。工作室黄瑛老师是其中的一个典型代表，她不仅表示在工作室会"主动与同伴讨论交流，互相促进、共同提高"，而且身为学校的行政人员，也会"积极促进国际化交流项目的实施和推进，争取实现与国际结盟学校的相互交流和访问"。交流能力也是教师领导力的内涵之一，工作室成员在这一点上表现得极为突出，这从侧面显示出他们有一定的领导能力。

3. 课题研究能力的提升需求

教师能否意识到科研的重要性以及促进同伴开展科研活动是领导能力中非常重要的一项，主要在于数据获取、价值判断能力以及对合作课题的认识深度。当询问教师对教育科研的想法时，很多教师都提到希望自己成长为"研究型、学者型的教师"，并提及对科研成果的具体目标。有人说，最大的快乐是来自职业的快乐，对教师而言，教学科研具有赋予教师第二次职业生命的力量。骨干教师在经历了新手教师和熟手教师阶段后，高发性的职业倦怠会使其职业幸福感大打折扣。作为一名"老"教师，要在教学中体验幸福，需要把目光偏转到成果发表上来，所以课题申报、论文写作、科研方法的学习应当成为该阶段教师的重心之一。

4. 行业影响力较欠缺

教师的行业影响力主要体现在其他教师对其认可度、业内的知名度以及号召力和信服力上。工作室的成员在进工作室之初虽然在教学经验上比较丰富，但由于教研成果的相对欠缺，因此知名度不高，所具有的影响力也较弱。但他们都渴望通过努力成长为同行中的标杆，发挥对其他老师的带动作用。有成员教师谈到了对支教的看法："我们走下去，走到其他的学校去感受当地的教学，是不是当地的学校也存在着这样那样的问题，或许能够发现共有的问题，又或许能够为当地的学校贡献自己的一分力量，使得自己再次思考、再次学习。"但在访谈中我们也发现，有成员教师对自身的影响力很有自信，评价自己"能够灵活驾驭一至九年级的知识结构，在学科教学方面，具有引领和指导年轻教师专业发展的能力"。该教师拥有自己的子课题，并表示自己会"整理、总结课题研究成果，撰写论文，开展学术论坛、专题讲座和网络传播等多种形式的活动，向同行辐射、示范研究成果，普惠教育同仁"。

（五）总结反思

问卷所测得的数据和访谈结果呈现一致性。首先，二者都表明工作室的教师学习动机强烈。正因为是倦怠期，教师们的问题意识促使他们感受到学习的必要性，否则就会一直在发展的"高原期"原地踏步，若不提高学习力，持续学习、提高，就会被淘汰。教师们内心都有自己的成长规划，都对"教师创新微团队"充满信心，认为在专家的带领下，不论是个体自身还是团队都会获得提升。其中内部成员的学习创新能力存在较大差异，需要得到更多的关注。我们需要格外注意文化熏陶的作用。对于教师专业发展之路而言，科研是教师永葆活力的灵丹妙药，为了工作室教师今后的长足发展，我们需要大力提升教师的科研能力。虽然调查显示成员们的问题意识很强烈，能够比较敏锐地感知教学中存在的问题，但是由于缺乏系统针对的训练，对教学的研究还比较陌生，不懂得如何将对教学问题的思考转化成学术成果。总而言之，我们会着重从实践出发，发挥工作室的引领作用，采用体验式学习的方式方法，促进每一位成员的专业成长。

在领导力第一轮的行动研究中，我们发现工作室的老师们学习研究的热情都很高，教师们带着自己的问题加入工作室，希望通过工作室的学习交流能够解决进来时的难题困惑，有的是教学多年产生的职业倦怠，有的是怎样提高自身的教学能力，有的则是在教学过程中对教师这个职业产生了迷茫。总之，就像列夫·托尔斯泰说的，幸福的家庭是相似的，不幸的家庭各有各的不幸。老师们也是这样，各有各的问题，而这些问题凭一己之力很难得到解决，所以他们加入了学习共同体工作室这个大家庭，希望能利用集体的力量去解决问题。

在第一轮行动研究中，我们发现教师们专注教学能力的提升，这个特点相对突出，然后是教师之间经常互动，都有较强的互动意识，我们从中发现他们是乐于交流的。但也有两个问题，其中一个问题是教师们整体上课题研究能力不是很高，这一方面是因为他们没有接受专业的研究训练，另一方面是因为教师们平时对教学实践比较重视，对教育科学研究的重要性不够重视。还有一个不容忽视的问题就是工作室的教师们对团队合作、专业身份的意识情况较弱，以及对自身在教育行业的主动性和责任感不太重视，需要加强和提高。古语云："知人者智，自知者明"。如果对自己的事业一脸茫然，认识不够，更遑论教好学生，使教师这份职业受到全社会的尊重了。针对这两个比较大的问题，我们将在第二轮的行动研究中加以改进，调整工作室这个微团队的各个方面，以期工作室的老师在领导力上有更大的提高和突破。

深圳作为四大一线城市之一，经济水平始终走在国内前列。教育作为基础性、先导性、全局性的事业，受到深圳市政府的高度重视，在资金和政策方面都给予了很大的支持。教师作为教育三大基本要素之一，是教育的顶梁柱。教师队伍的素质高低在很大程度上决定了教育的高度和深度，因此，如何衡量教师的素质高低是值得关注的问题。学生核心素养的出台为我们提供了思路，故本研究提出了衡量教师综合素养的"三五模型"，将中国教师综合素养分为人格系统、情感系统和能力系统。人格系统即教育观念、教育自觉、道德领导、家国情怀、责任担当。情感系统即仁爱之心、教育情怀、体验幸福、心理健康、人际关怀。能力系统即信息处理能力、专业教学能力、跨学科整合力、领导与学习力、研究创新能力。在此基础之上，我们进行了学校创新微团队培育研究，按照教师专业发展的阶段性分层、分阶段组成不同的微团队，通过微团队的理论和实践的学习，使教师的综合素养得到提升。

对于骨干教师而言，学习力和领导力的提升是决定他们未来发展道路的核心能力。但第一轮行动研究调查的结果显示，工作室的成员在学习力和领导力上均存在一些不足，具体情况见上述分析。如何调整、寻找到合适的策略与方法，使工作室的成员获得进步？本研究的思路是以微团队（1+N）为培育单位，结合理论培育与拓展活动，用团队的发展带动教师个体成长。另外，激发教师个体自主学习的动力，使工作室成员自主自发地制订专业成长计划，并主动寻求团队的帮助，以团队促个人，反过来又以个人促进团队发展，二者相辅相成，使教师在学习力和领导力上获得提高。

二、第二轮行动研究

（一）方案修改与实施

在第一轮行动研究中，我们发现教师们很多重视教学，把教学当作一种技术、技艺，对其孜孜以求，在教学一线的教师有这样的想法无可厚非，但如果这种想法占主导地位，那么，教学工作也很难有长远的发展。正所谓"经师易得，人师难求"，针对第一轮行动研究中出现的问题，本工作室在第二轮开始转向，在反思实践中促进教师信念的确立，在合作交流中促进教师分享信息能力的提升，共同愿景和新的教育理念的建立对于教师具有重要性，因此，制订了新一轮的实施方案，举办了多次专题讲座和团队活动，从理论基础建构到教学理念，从课例研讨到经验分享。每一次讲座都带给教师们更高的视角和新的理念，每一次活动都让教师们在实践中得到提升。记得在麒麟山庄举行的拓展活动中，通过学习，工作室成员一致认识到：我们不仅要"埋头拉车"，还应"抬头看路"！找准方向，朝着目标不断地学习研究。同时，工作室特别注重教师的跟岗学习展示，把培育与教育教学实践紧密结合起来，倡导基于学校实际问题的解决，直接推动教师专业的自主发展。另外就是运用各种新的学习形式，如校本培育、微团队展示课、外出考察、课题驱动等新的培育形式，来促进教师的专业成长和专业发展。

> "纸上得来终觉浅，绝知此事要躬行。"从书本上得到的知识终归是浅易的，从专家处得到的经验终归是他人的，最终要想认识事物或事理的本质，还必须依靠亲身的实践。只有这样，才能把知识变成自己的实际本领。学了书本知识，听了专家讲课，我们每一名教师只有走"教、学、研"之路，开展切实有效的行动研究，才能使平时的教育教学工作上升到一定的高度。（工作室成员李鹏）

对微团队第一轮行动研究中的学习及实际效果进行微团队间的研究性讨论、总结和反思，开展微团队之间互相观课、评课，还有相应的示范课或研讨课等系列活动，完善微团队个人学习研究行动计划。同时，各个微团队反思在第一轮行动研究中的问题和不足之处，进行阶段性总结，共同商议制订出第二轮行动方案。

（1）经过一轮培育后进行过程性评价，评价形式包括自评、团队成员互评、导师评价。

（2）针对评价结果形成个人改进书，制订各个学员下阶段培育目标。

（3）各个团队进行探讨反思，由团队成员共同制订定团队下阶段行动计划和目标。

（4）针对过程性评价结果，由工作室成员进行统计分析，输入数据库，进行阶段性总结，并制订第二轮培育方案。

（5）两轮培育完成后进行考核，考核分为个人和微团队两种形式。

（6）个人考核包括教师综合素养、学习力和领导力最终评价，以讲课评课、（教育研讨）论文报告、答辩的形式展开，由名师专家小组进行评价。

（7）微团队评价，由工作室组织优秀微团队评选活动，通过线上和线下两种形式进行甄选。在甄选过程中，参评微团队展示其活动资料、研究成果等，最终选出各个方向和主题的优秀微团队。

（8）工作室成员进行全部资料的整理和分析，形成最终研究成果，并开展后续推广活动。

（二）学习力量表的维度数据分析

同理，对第二轮调查样本在学习力的四个维度的得分进行描述性统计，其均值和标准差如表6-6所示。四个维度的均值得分在3.750～4.330之间，说明本学习共同体工作室的成员教师学习力水平处于较高水平，且较第一轮得分有了明显提升。标准差在0.130～0.361之间，表示均值代表性较高，能够作为学习力水平高低的判断依据。

表6-6　教师学习力各维度得分情况（第二轮）

维度	N	均值	标准差
学习动力	18	4.330	0.256
学习能力	18	3.920	0.130
学习实践力	18	3.850	0.361
学习创新力	18	3.750	0.274

然后将第二轮调查的教师学习力各维度均值以直方图形式展示，如图6-3所示。

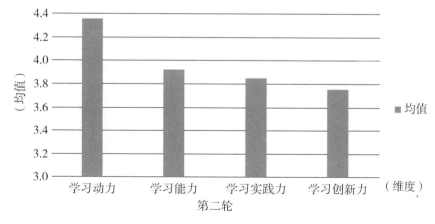

图6-3　教师学习力各维度得分均值直方图（第二轮）

根据图6-3，我们发现学习力的四个维度的均值在3.750以上，第一轮调查的结果最低值是3.250。这说明本学习共同体工作室的老师们经过一年半的时间，学习力获得了明显提高。另外，我们发现四个维度的排名状况发生了改变，学习动力依旧是第一，但是学习能力和学习实践力排名发生了互换，我们发现，在第一轮研究中，学习实践力仅次于学习动力,强于学习能力,在第二轮研究中则排至学习能力之后,学习创新力依旧落后于其他三者。

最后,我们发现学习动力相对于其他三者来说"独树一帜",说明经过一年半的时间,本学习共同体的成员教师的学习动力变得格外突出。教师均充分认识到学习的重要性,具备格外强烈的学习愿望和学习兴趣。

为进一步了解进入工作室三年的各位老师的学习力和领导力情况,我们对工作室的多名教师进行访谈。通过对访谈资料的类属分析,结合访谈时的观察以及访谈反思,尝试对教师的学习力现状进行分析。我们的访谈结果与问卷收集而来的数据的结论方向大体一致。通过访谈,我们可以很清楚地从他们的话语中,感受到他们的学习力确实得到提高。本研究室将从以下几点说明这个问题。

1. 名师引领,学习共同体文化催人奋进

学校是一个学习共同体,学校领导更关注共同的愿景、信仰、价值观、专业精神、团队灵魂、成员互依、对社会的服务等方面的文化建设,这样的学习共同体除了需要学校校长强有力的行政领导和道德领导外,还需要全体教师的积极参与。工作室可以说是一个微型的教师发展中心,学习共同体文化创建需要有正确的理念引导,这就需要名师专家引领的机制。朱琴(2012)认为,所谓理论改变视点,视点决定视野,视野决定人的成长质量,要想往更高层次发展,就必须有更开阔的胸襟和更高的追求,就需要专家的介入引领。所谓名师专家引领,就是在工作室主持人营造的学习共同体文化中,成员在名师专家的帮助指导下梳理自己的教育理念,做好自己的职业规划,激活教师参与教学与教研的内驱力,引领教师的教学行为,引领教育研讨,引领日常的教育与反思,引导自我教育、自主学习和自我管理,并逐步形成自我发展、自我提升、自我创新机制,有效促进工作室成员的专业发展。也可以说,专家名师是教师职业生涯中的一盏明灯、一个航标,能带给教师对职业的认同感、内心思想的觉醒以及对学习文化的感悟等,这才是真正持久有效的动力。

> 进入工作室学习,让我从"教师"重新回到"学生"的身份,体会学习的快乐。在这里,有学识渊博、视野开阔、"书香满腹气自华"的极具人格魅力的张兆芹教授的引领。她用智慧启迪每个成员,她用激情点燃我们的激情,她用爱心浇灌我们的爱心,她像妈妈一样柔情和温暖,她用自己的人格魅力感染着我们每一个人,所以我们工作室洋溢着温暖、温馨,充满温情,大家在学习共同体中享受着幸福的教育生活。(工作室成员吴耀东)

在教师专业成长发展的道路上,通过有效的职业规划和引领,使骨干教师迅速成长为名师,使他们的能力、技术和价值观沿着教师专业发展的目标,不断追求和不断实现,并在教学实场不断践行。

工作室这种基于教学实践开展的专家引领、同伴研讨式培训方式,正是实现教学相长的实验田,是将理论学习与教学实践紧密结合、相互转化的能量场。

（工作室成员黄瑛）

  一次次的课堂试教、一次次研磨打造，让我收获颇丰。在2015年，我荣获深圳市宝安区2015年"五段互动式"研训比赛一等奖且荣获"优秀点评教师"称号。此外，我坚持在工作中不断学习和提高，努力探究教育教学相关问题。2016年和2017年，参与课题"小组合作学习在小学英语故事教学中的研究""思维导图在小学高年级英语教学中的应用研究"，分别获区级课题立项。我锐意进取，专研教学，教育教学成绩突出。在2017年3月，荣获深圳市宝安区教育系统"名师工程"骨干教师称号。另外，我还利用空余时间加强自身进修和学习，攻读在职硕士研究生学位，并于2017年4月，顺利通过硕士论文答辩，获得教育硕士学位。（工作室成员吴耀东）

学习共同体文化的营造由学习者和助学者（专家、名师）构成，他们有共同的目标——促进成员全面成长，经常在一起共同学习、分享各种教育资源，强调在学习过程中以相互作用式的学习观为指导，通过相互深度对话、交流、碰撞、沟通、反思、分享、体验与感悟，认识与观念的学习共同体文化，相互影响、相互促进，因此，工作室成员形成了强烈的认同感和归属感。

2. 坚持阅读反思，提升生命自觉

教师专业发展的关键是自主学习、主动发展和自我教育，这种原动力来自教师内在的对教育事业的高度价值认同和生命自觉。教师自身的内驱力量从哪里来？从兴趣需要来，从责任担当来，从正确的职业价值观来，正所谓"思想决定行为，行为决定命运；要改变命运，就要改变行为，要改变行为，先要改变思想"。此时，专家引领阅读反思，能帮助教师真正感受到身为一名教师的价值所在，由而提升生命积极自觉的职业心态。

  我研读了佐藤学先生的专业理论书籍——《学习的快乐——走向对话》《静悄悄的革命》《教育改革设计》《教师这一难题——走向反思性实践》，也阅读了有关学习共同体的书籍和张教授的相关研究论文。随着阅读量的不断增加，我也越来越深刻地意识到，要做一名好教师，绝不仅仅是上好课那么简单。只有不断坚持学习，向前辈学习、向同行学习、向书本学习，才能让自己成为"源头活水"。古人云："心之官则思，思则得之，不思则不得也。"我们不仅仅要踏实工作，还应该勤于思考，善于发现问题，研究问题，不断学习，充实自己。这样源头活水，它源源不断而来，滋润着我们的教育，丰盈着我们的人生。（工作室成员孙飞虹）

"腹有诗书气自华"，仅仅拥有知识的人看到一块石头就是一块石头，而拥有自我反思和智慧的人却能在一块石头里看到风景，从一粒沙子里发现灵魂。知识只是奠定了教师课堂教学的底气，而反思智慧却给教师带来灵气，一个有底气和灵气的教师，在课堂上才大气，才会表现出教育机智，因此要养成阅读反思的习惯。

工作室始终倡导每一位教师成为善于思辨的人，促进教师形成反思的习惯，不仅在思辨中发现并解决教育教学中的问题，把握教育教学的规律，提高教育教学能力和水平，并且通过思辨反思，提升自己的教育理念，发展自己的教研能力和水平，向专家型教师发展。从某种意义上说，教师在行动中反思，在反思中行动，教师文化自觉在反思中形成，有了这种文化自觉，就有能力通过系统的自我研究，通过研究别的教师的教学方式和通过在课堂研究中对有关理论的检验，实现专业上自我发展。

在工作室成长，必须阅读书籍、开展公开课及主题讲座、指导新岗教师、主持课题研究、参加主题研修等。佐藤学认为，学习就是相遇和对话。有幸身处张兆芹学习共同体工作室这个教育工作专业发展平台。借由它，美好的相遇和对话在不断展开、深化，我也在持续的学习中对自己未来的职业发展有了更清晰的定位，对发展的路径有了更明确的认识。"路漫漫其修远兮，吾将上下而求索"，未来的日子里，我仍将砥砺前行。（工作室成员张锦滔）

3. 同伴互助，专家引领，引燃内驱动力系统

朱宁波、张萍（2007）认为，教师同伴互助是指在两个或两个以上教师间发生的、以专业发展为指向、旨在实现教师持续主动地自我提升、相互合作并共同进步的教学研究活动。教师同伴互助在促进教师的专业发展上存在诸多的优势，如多样化的实施形式、便利就近的学习场所、教师双方平等合作的地位等，使教师同伴互助发展成为促进教师专业发展的有效策略和重要手段之一，主要包括教学观摩和校本教研等。

张雪（2017）认为，教学观摩是在实际的教学活动中对某位教师的教学活动进行观察和记录，并且还需要提供相应的回馈。教学观摩是最为直观的同伴互助方式，这种方式使教师可以取长补短，不仅可以学习其他教师丰富的教学经验，而且还可以为其他教师改进教学方式提供有针对性的意见，对教学教师与观摩教师的教学技能都有提升作用。

很喜欢代老师的真诚与正直，也很喜欢他的风趣，更喜欢他上课的风度及见解。有幸获得向代老师学习的机会。他的课体现着新课改的要求、趋势；课堂生动，预设生成与动态生成相结合；目标达成度高，无不渗透着新的教学思想和教学方法。课堂上，代老师特别关注学生在学习过程中所表现出来的情感、兴趣、个性思维各方面的互动；留给学生广阔开放的思维空间，让学生真正成为情境演绎的经历者、情境意义的建构者，将学生推到学习的主体地位上，让学生成为情境展开过程中的主角，从而使课堂成为学生主体成长过程中的重要场所，使学生的自主性、能动性和创造性不断发展。（工作室成员吴耀东）

乔雪峰（2013）认为，校本教研在实践定位上，致力于推行最优化的技能训练体系，使教师能够在较短的时间内掌握实用的教学技能，并且强调学校依托自身的资

源优势,围绕自身的特点出发,有针对性地围绕自身问题展开研讨,并且注重骨干教师对青年教师的引领作用。

> 我也喜欢肖老师严谨的工作作风、和蔼可亲的态度。肖老师的课情境创设设计精彩、导入巧妙、重点的突出、难点的突破、别出心裁的练习设计、循循善诱的启发及精致的板书,一言一行都给我留下了深刻印象。在案例评析、专题讨论和沙龙会谈等方面值得我好好学习。(工作室成员吴耀东)

工作室成员相互学习、相互欣赏、互相帮助已经成为一种风尚和学习共同体文化。工作室的老师们在同伴互助、专家引领下,引燃了教师内在驱动力系统。他们是一群具有强烈学习动机的人,他们大部分会在工作岗位辛勤耕耘的同时,利用工作之余,在工作室主持人的精心指导下,不断地接受继续教育或继续攻读高一级的学位。

> 信息化时代,我认为,教师应该不断自我充电,并不断将能量传递他人。很幸运,能够在"学习共同体"这个温暖、向上的大集体中,我与张兆芹教授及一群志趣相投的教育人一起行走在充电的研究路上,一起敏锐地发现问题,专注地研究问题,智慧地解决问题,愉悦地分享教育成果。(工作室成员王英华)
>
> 一个阶段的过去,并不代表追求的脚步就会停歇,反而在这期间的点点滴滴都将成为我追梦路上的坚强后盾和不懈动力,引领和鞭策着我不断向前。在这个共同体中,张教授在生活上和学习上都给予我们无微不至的关爱、帮助,让每个人都有了一种归属感,有了一个温馨的"家"。在这个"家"里,我们彼此信任、互相依赖。每一步的尝试与努力,都让我们找到了心灵回家的路。(工作室成员孙飞虹)

在对教师们的访谈中,我们感受到的都是教师们对工作室领导人的满满的感恩和对同伴们的感谢之情。微团队的建设很重要的一条就是专家引领、同伴互助,在共同愿景的激励下,点燃教师们对教育教学教研的激情。对于长期工作在教学一线的教师而言,教学激情很可能被消磨,所以在工作室营造的学习共同体微团队文化中,每位教师的差异及长处都是这个微团队的新鲜血液,互相融通,能够让其中的每一个个体都健康成长。

美国著名成人教育理论家诺尔斯提出,成人学习具有个人经验性、学习意愿和社会责任相连、自我指导性、应用性学习等特征。本工作室的各项学习和教研交流活动,以解决教育教学工作中实际问题为抓手,让成员们带着各自的经验,自主探讨、真诚交流,共享资源、共同发展。他们付出时间和精力,收获荣誉与成长。工作室对各位成员的最重要意义在于,为有主动成长需求的伙伴搭建了共同发展的学习共同体框架,为优秀教师持续优质发展提供了资源和平台。

在已经到来的"互联网+"教育中,积极学习运用先进的教育教学技术丰富课堂教学，发挥共同体的辐射带动作用。"赠人玫瑰，手有余香"，我还会在自己发展的同时帮助和鼓励身边的新教师更快速地成长起来，形成师生共同体、教师发展共同体。（工作室成员王英华）

如今的共同体成员也不仅仅是一线教师，还包括教育科研人员、学校管理人员、教育专家等，激情与智慧同在，理论与实践互补，共同探索"个人反思、同伴互助、专家引领"的教师自主专业发展规律。展望未来，工作室还须继续在教育之路上不断探索，多做课题研究，总结经验，反思改进。

4. 尊重差异，研讨碰撞，增强创新力

尊重差异是一种胸怀，更是创新的源泉。每个人的成长背景和思维方式都不一样，因此每个人的思维方式和行为也不同。工作室在创办之初，吸收各个学科的骨干教师。他们的学科背景不同，思维方式也不同。在学习共同体文化的熏陶下，换位思考，互帮互助，互相启发，工作室教育生活因和而不同而有趣味、有意思。工作室培养了成员的思维方式和合作精神，特别是思维方式的互相影响。改变已有的思维方式，拥有新的思维方式，并不是一件轻而易举的事情，而是一个巨大的挑战。如联合国教科文组织前总干事马约尔所指出的："在朝向我们的生活和行为方式的根本变革而前进的过程中……最困难的挑战将是改变我们的思维方式，使之能够面对形成我们世界特点的日益增长的复杂性、变化的迅速性和不可预见性。"这一挑战将贯穿在教师专业发展的全部历程中。

在与工作室成员工作期间，我们发现教师的思维大多是点状思维，缺乏整体、系统的综合思维。点状思维是一种片面的思维方式，只看到表面上的、零星的东西，不能透过现象看本质，是"只见树木不见森林"的思维方式。而整体系统综合思维是强调整体的视角，主张把某一部分始终置于整体的背景框架中进行思考，要求用整体来说明局部，强调整体内不同要素的综合融通，而不是不同要素的简单累加。在工作室的理论培育中，注重对教师系统思维的培育，分析问题要放置在整体的教育生态的现实背景下，放置在历史和当下共同构成的教育改革背景下，给予其定位和属性的诊断分析，使成员教师从割裂式思维发展到关系式思维的培育。如对于书本世界与生活世界的关系而言，以关系式思维审视这两个世界原本为同一世界，生活世界并非全部的生活，书本世界也并非纯粹的书本，生活是教育的源泉，由书本加以提升，书本则是对生活的解读，是重新建构了意义的文本。所以大教育家杜威提出"教育即生活"、陶行知提出"生活即教育"的教育思想。认识到这点，本工作室非常重视通过培育成员的思维方式来促进成员的专业成长，尊重差异、和而不同，通过研讨进行思维碰撞，增强成员的创新力。

> 参加工作室的三年里，每次活动都感觉收获满满——在科研活动中学会如何去做课题，在拓展活动中学会如何去团结合作、成就他人。一人智短，两人智长，工作室的不同学科、不同学校的老师们彼此交流学习，共同探讨教育教学问题，更容易碰撞出思想的火花，从而增强教师们在实际教学工作中的学习创新

力。(工作室成员张立超)

5. 学以致用,校本践行,反思提升

"纸上得来终觉浅,绝知此事要躬行。"从书本上得到的知识终归是浅薄的,从专家处得到的经验终归是他人的,最终要想认识事物或事理的本质,还必须依靠亲身的实践。只有这样,才能把书本上的知识变成自己的实际本领。获取知识、习得知识是为了用它们来武装头脑,进而指导我们的实践。在访谈中我们得知,老师们很多都早已出师,在各个基地学校听课、评课、交流指导。

> 在工作室的筹划下,我能够以英语课堂教学专家的视角深入多个教学场景,以关注学生核心素养是否得到培育,关键能力有否得到发展作为观察点,切入英语课堂教学实践,通过观察、交流,一方面帮助授课教师真正关注学生学的质量,从而使课堂教学质效得到提升;另一方面通过专业深入地观摩英语课堂教学,反思英语课堂教学中普遍存在的问题,在与同伴不断的讨论和研究中提升自身的课程领导力。(工作室成员黄瑛)

工作室的教师们在实践中运用知识的能力有所增强,这从工作室骨干教师的成长足迹上可见一斑。王英华老师从普通教师成长为分管校区的部长,肖红球老师成长为副校长,叶小滨老师也在2018年3月成为深圳市教育局首期优培班的成员,前往北京大学学习培训。

> 2015年在我任校团委书记之初,我便开始全面负责该校的共青团组织建设及青年工作。起初,我的工作内容较为传统,没有太多的鲜明特色,工作方式也没有较为突出的创新举措,工作效果平淡无奇。然而,自从加入"张兆芹学习共同体工作室"后,我运用学习共同体的思维与方法,让团委工作真正变成了青年师生的群体工作,使得工作的内容和活动的效果都有了比较明显的变化。秉承工作室的教育及工作理念,我带领校团委开始致力于以青年学生为抓手,推动青年教师和学生共同参与活动,关注公益、服务社区、回报社会,最终形成齐心协力、齐头并进、携手成长的良好态势。并直接指导600多名青年教师和学生成为深圳电子注册义工,先后推动5000多人参与公益志愿服务活动,形成了一个初具规模的学习分享共同体。(工作室成员李雪亮)

本工作室的教师们在上述这些方面表现都很好,工作室的刘洋老师主持全国教育信息"十二五"规划课题"电子书包背景下小学英语课堂学习共同体的研究",在工作室的专家引领同伴互助下,2017年顺利结题。工作室的黄瑛老师出席中芬联合学习创新研究院"学习与智慧"国际高端教育论坛,与来自芬兰的国际知名数学家、赫尔辛基大学教授等教育界大家同台讨论"未来教育",分享参与"未来创新学校"探索的反思成果,获得好评。

本工作室做的其实一直都是微团队建设,而教师们也都在微团队中不断学习成长,并慢慢开始组建自己的微团队。这些都强有力地说明教师们将在工作室中所学得的理论知识运用到实践中的能力得到成长和提升。

6. 考察名校,游学调研,开阔视野

考察名校、游学调研对教师开阔视野有不可估量的作用。访问名校,与名校的教师和学生交流,感受名校风采,必然能激发教师力争上游的斗志,同时传播学习共同体文化,促进文化交流,对教师人格养成和知识形成起到重要作用。毛泽东主席在《讲堂录》里写下这样的名言:"欲从天下国家万事万物而学之,则汗漫九垓,遍游四宇,尚已。"可见,游学是从古到今长盛不衰的学习方式,有着丰富的历史底蕴。

> 追随张兆芹教授,到北上江浙等地学习、取经;积极参与学习共同体活动,无论是讲座还是拓展,都能从张老师身上汲取满满的正能量。(工作室成员王英华)

> 工作室给予我机会让我在其他方面不断锻炼提高。2016 年,参加由深圳市教科院发起的教科研专家工作室对河源的支教活动。2017 年,参与专家引领、教师发力,协同打造精品课堂——西丽二小专家进课堂活动。(工作室成员张锦滔)

综合上面六点,我们在对教师们的访谈中,真切地感受到了在工作室的三年里,教师们的学习力都得到了显著的提高。这是工作室专家引领的自然结果,也离不开每一位教师自身的不断努力。成立工作室的初衷,就是带领教师们开展教学研究和课题研究,培养教育科研骨干教师,促进学习型学校建设和校长、教师专业成长和发展,使教师们享受幸福的教育研究生活。

(三) 领导力量表的维度数据分析

教师领导力四个维度的得分的描述性统计,其均值和标准差如表 6-7。从表中可以看出,四个维度的均值得分在 3.750~4.225 之间,说明张兆芹学习共同体工作室的成员教师领导力水平处于较高水平。标准差在 0.158~0.348 之间,表示四个维度的得分情况差异不大,均值代表性较高。

表 6-7 教师领导力各维度得分情况(第二轮)

维度	N	均值	标准差
培育团队合作文化	15	3.856	0.348
改善教育活动	15	4.225	0.205
问题意识与教研能力	15	4.044	0.158
专业倡导力	15	3.750	0.192

根据图 6-4,我们发现领导力各维度得分均在 3.750 以上,分数很高,而且改善教育活动的分值达到了 4.225,问题意识与教研能力次之,培育团队合作文化第

三,专业倡导力第四。与第一轮相比,问题意识与教研能力和培育团队合作文化的排名发生了转变,但这并不代表工作室的教师对团队的忽视,因为较第一轮数据而言,培育团队合作文化的得分是增加了的。

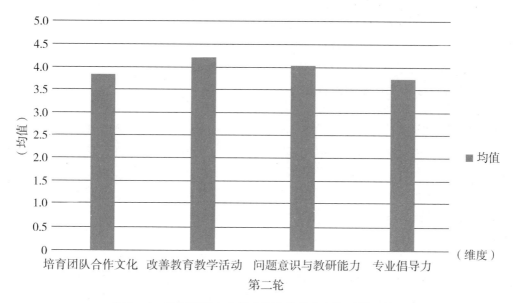

图6-4 教师领导力各维度得分均值直方图(第二轮)

为进一步了解进入工作室三年的各位老师领导力的变化,对工作室的多名教师进行了访谈。通过对访谈资料的类属分析,结合访谈时的观察以及访谈反思,尝试对教师的领导力现状进行分析。我们的访谈结果与问卷收集的数据的结论方向大体一致。

在学校中,校长是学校的领导者和管理者,其服务对象包括教师和学生。而在每一个班级中,教师们是学生的领导者和管理者。《中华人民共和国教师法》规定教师"进行教育教学活动,开展教育教学改革和实验,指导学生的学习和发展,评定学生的品行和学业成绩"的教师权利说明教师在教学中应该既是管理者,又是领导者。在访谈中发现,工作室的老师的领导力得到了显著提高,我们将从以下几个方面展开阐述。

1. 学习共同体文化熏陶,团队合作能力提升

培育团队合作文化是指教师对学校合作文化的影响力及与同事、领导的沟通效果如何,包括教师之间的专业知识沟通交流、平等对话;教师与教育各方之间为平衡教育需求协商合作;同伴教师反思互动、共享信息等,这些都体现学校教师团队文化建设的支持要素。老师们从一开始参加共同体,其实就反映了其自身对团队合作的重视程度。从对老师们的访谈中,我们发现工作室的老师们也十分注重培育团队合作文化。

2017年,我作为深圳市南山区教育局引领者计划骨干教师培养对象,顺利通过为期两年的学习和综合考评,获得南山区首批骨干教师荣誉称号;同年年

底，在南山区名师工作室主持人申报过程中，本人作为小学英语教师申报的名师工作室顺利通过评审。（工作室成员黄瑛）

值得一提的是，黄瑛老师的名师工作室已经挂牌成立了，她也成长为一位领导者。"张兆芹学习共同体工作室"想要构建的其实就是一个学校教师创新微团队，而且是分阶梯培育的。而我们也可喜地看到了工作室的老师们现在也在做这个工作，把在学习共同体中学到的理论知识应用到实际工作中，薪火相传。

2. 教育观念转变，教育教学能力提升

改善教育教学活动是指教师在"互联网+"教育背景下，将教育技术运用于教学方面的能力及对同事的教育教学活动具有的领导力或影响力，主要是关于教师的专业成长，其中包括教师在教育教学活动中的选择与安排，也包括在新环境下如何利用信息技术丰富教育教学方式。工作室建立的初衷是培育教师的学习力和领导力，但是它们的提高并不是目的，而应该只是方式手段。工作室所做的一切最终还是指向教师的实际教学和教研，即通过增强教师的学习力和领导力，更好地改善教育教学教研活动。

我是带着两个问题进入张兆芹学习共同体工作室的：一是作为一名体育老师，在实际教学过程中经常会运用小组形式开展教学，那么"学习共同体"的概念能否帮助我在教学上解决实际的问题；二是业余时间我还带领部分参加体育高考的学生进行相关训练，在训练中如何促使教练、学生形成一种积极向上的学习状态。在工作室的三年中，经历了很多，也历练了很多，找到了自己想要的答案。（工作室成员李鹏）

3. 注重反思，提高问题意识，教研能力提升

反思产生问题，教师能够在自己已有的理论基础上不断发现教育的矛盾和疑难的根本原因，反思存在于理论与实践之间需要澄清的矛盾与疑难，它更加侧重于理论内部、理论之间和已有观念及新生观念间的矛盾和疑难的解决。从教师的反思出发来提出问题，在对思想观念的反省中回归真实的生活世界。教师这一系列的问题系统是一问题前结构意识形态生活世界回归的关系网络。问题其实并非问题本身，而在于教师的问题性，即对于问题本身的反思。教师的问题意识有助于教师全面地审视自己的行为、关注自身生存的状态和价值，最终使教师形成一种完善的思维体系与对问题的高度敏感性。如何展开反思呢？反思的关键因素就是需要置疑、批判精神，要去除盲从的心理。无论遇到教育的各种问题，还是有关以往教育知识的普遍真理，都要先将它悬置，然后从教育问题的本原出发，进行一种重组性思考。反思的另一个重要品质就是思辨，是对一种思想的辨析。有关思辨的思维，黑格尔曾有过一种解释：它以思想的本身为内容，力求思想自觉其为思想。①黑格尔还进一步区分了表象思维、形式思

---

① 参见［德］黑格尔《小逻辑》，商务印书馆1980年版，第39页。

维和思辨思维。他指出，表象思维是一种物质的思维，它源于一种偶然的意识，并很难从物质中解脱出来；而形式思维是一种推理性的思维，它以脱离内容为自由，并以超出内容而骄傲；而思辨思维既不以经验材料为对象而显现表象，也不以思维的推理为结构而摆脱内容，它要做的是努力把自由渗入内容，让内容按照其本性自行运动，并且考察这种运动。① 因而，教师的反思活动应是一种高度的生命自觉，是一种摆脱了以往习惯的表象或当前流行的某种观念来理解教育本身及生活实质。在新时代的教育背景下，教师应注重培养自身的问题意识、反思和批判精神，不断加强对思维的训练，以提升其内在的智慧品格和哲学精神，在对教育本真的不断追问中加深对教育问题的思考；教师应在理论与实践、实践与智慧、智慧与品格的相互渗透与完善中不断提升其研究水平，在对教育问题的重新思考中实现其生命的价值与意志的追求。

在教师的思维过程中，从一般感性认识上升到理性认识是教师能力发展的第一次飞跃，教师将已经形成的理性认识运用于教育实践是教师已有经验的第二次飞跃，对理性的教育经验不断进行反思，在反思中批判是教师自身能力的第三次飞跃，而只有在反思过程中达到思维的飞跃才能够真正地完成质的飞跃。这种层面上的飞跃使教师在心灵深处贴近了教育的灵魂与本质。教师反思能力、问题意识与教研能力表现是一脉相承的，教师的问题发现、问题分析和反思研究能力及个人对促进同伴开展科研活动发挥作用，主要是教师的数据获取能力，运用评估工具，对开展合作研究课题的认识等。教师们在访谈中表现的问题意识很多，其中包括自身发展阶段的问题和在实际教学中出现的问题。比如有教师说，"意识到自己有了职业倦怠，觉得迷茫，找不到方向"，所以这是教师发展阶段中出现的问题，在实际教学中出现的问题那就更多了，但是教师们的问题意识都很高。比如还有教师就说，"为了解决和改进自己的实际教学问题，邀请张教授及其专家团队特意到自己所在的学校进行听课、评课和教学诊断"，这也正是发挥了微团队的力量，撷取众长，发挥专家教授的引领作用，同伴同事的互助作用。教研能力的提高更是不用说，在张教授的带领下，教师们在三年中可以说是硕果累累，国家级、省级、市区级成果遍地开花。教师的这种反思不单是一种理论性的反思，同时，也是一种基于教育实践层面的反思。因为任何一种实践离开了系统化、理性化的思维指导都是不可能成功的。从一般意义上说，教师对教育问题和教育知识的认知程度直接影响了教师对教育实践的理解程度，也直接决定了教育效果的优劣。

4. 职业幸福感提升，专业倡导力的提高

专业倡导力是指教师对自身行业的社会地位、社会影响方面所起的作用，同时也体现教师的职业认知、专业能力和专业素养，讨论的是关于教师对自身行业的认可度、对教育行业发展的推动、个人专业发展问题。工作室成员李鹏老师说，自己在进入共同体之后，改变传统的教学方法，在自己的班级里构建了体育术科学习共同体，把其他教师也拉进这个组织中，建立共同的目标，有着共同的愿景，制订详细的训练计划。并且在固定的时间，教师与学生要有深刻的训练总结与思考，要带着问题训

---

① 参见 [德] 黑格尔《精神现象学》，商务印书馆1997年版，第40页。

练,从解决实际问题出发,把训练由过去的教练带的"跑",改为大家按照共同目标与计划一起"跑"。在此过程中,实际效果明显,学生不仅取得高分,还从中找到了自我实现的途径,教师找到了工作幸福教育的来源,在工作能力上实现了对自我的超越,提升了自身的教师素养。师贞元老师也说,"很庆幸也无比珍惜这份师生缘,从面试到上课,到成为张老师的学生,成为张老师工作室成员,一路受到张老师的感染。随和、亲切却又不失严厉,宽容、鼓励却又略有威严。这些教会我如何去影响学生,如何勇敢面对困难,又怎样宽容、鼓励,跟周围人建立平等和互信关系共成长。"老师们真诚的话语都在说明教师们的专业倡导力得到了提高。另外,王英华老师成长为部长,肖红球老师成长为副校长,都是工作室的老师们领导力得到显著提升的有力佐证。

教师是培养学生的关键因素,精英教育一直倡导培养的也是学生的领导能力,而缺乏具有领导能力的教师,是很难培养出具有领导能力的学生的。所以,"张兆芹学习共同体工作室"通过微团队建设,团队内成员互相帮助,共同提高,使教师们的领导能力都得到了较大的提升。

三、两轮行动研究对比分析

(一)学校教师创新微团队阶梯培育两轮学习力的调查对比分析

根据图6-5所呈现出的结果,我们发现与第一轮调查结果相比,第二轮调查的结果得分显示"张兆芹学习共同体工作室"的成员教师在学习动力、学习能力、学习实践力和学习创新力四个方面都得到了提高,也就是说,工作室的教师学习力得到了全面提高。其中,在第一轮以及第二轮都排名最末的学习创新力得到了最大幅度的提升。其次是学习动力的提升幅度较大;学习能力的提升幅度大于学习实践力的提升幅度,这与前面两者的得分排名发生变化的情况一致,即虽然在第一轮调查中学习实践力是高于学习能力的,但经过一年半的培养,学习能力的提升幅度比学习实践力的提升幅度大,具体而言是大于第一轮时两者之间的均值差与学习实践力的增加量之和,因此学习能力在第二轮调查时排名超过了学习实践力。

(二)学校教师创新微团队阶梯培育两轮领导力的调查对比分析

首先我们发现与第一轮调查结果相比,"张兆芹学习共同体工作室"的成员教师在领导力的四个维度上都获得了明显的提高。教师们改善教育教学活动能力和问题意识与教研能力得到了很大的提升,培育团队合作文化能力以及专业倡导力也得到了较大的提升。其中,改善教育教学活动这一维度格外突出,说明经过工作室一年半的培养,教师将教育技术运用于教学的能力及对同事产生的影响力格外突出,而且领导力获得了全面提高。(如图6-6所示)

实际上,学习力和领导力的提升不是孤立的。领导力是可以通过学习而提到提升的,沃伦·本尼斯说,领导力在我们人生中的任何阶段都可以学习,任何人都具备潜在的领导力。学习力的提高能够促进领导力的学习和进步。

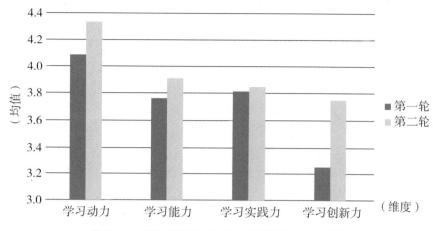

图6-5 教师学习力各维度得分均值比较直方图

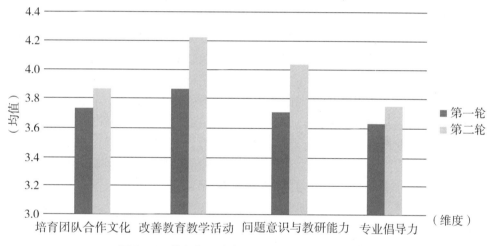

图6-6 教师领导力各维度得分均值比较直方图

四、原因分析和影响因素

根据上述量表测量的数据以及访谈资料的分析,我们证明了教师创新微团队的培育是有效的,而且在工作室成立的这三年里,成员们各方面的能力都获得了很大的提升,除了前面分析的原因以外,经总结将其原因归纳为以下主要三个方面。

1. 成员学习动力被激发,求知欲强

需要是人类行为动力的源泉,也是个性的基础。人类为了满足自身的各种需要,便会做出各种各样的努力。学生之所以进行学习活动,也是由于各种需要的推动。可以说,没有需要,就不可能有积极的学习行为。有一个生动的比喻是,你只能把马牵到河边,却不能强迫它喝水。工作室的成员是一群志同道合、积极向上、热爱教育的人。学员们进入工作室的初心是出于学习、成长的需要,因此他们是带有强烈的学习欲望而来的。当然,我们的方案也没让他们失望。实际上,工作室不仅仅是一个平台，更是一个咨询室、激励室，为成员们指导方向，点燃热情；共同体是同伴互相促进、共同成长的理想国，学员们彼此扶持、相互探讨的方法论。三年来，对自身成长和提高的渴望成为一种源源不竭的动力助推着他们持续向既定目标迈进，我们的工作室像滚雪球一样不断壮大着，如今，"元老"们都已"独立门户"，创建了新的共同体，但只要一个"召集令"，大家会迅速聚拢在一起，为共同体的发展群策群力。正如考取深大在职硕士研究生的工作室成员之一黄瑛说："得益于导师搭建平台，我与伙伴们在认真而快乐的工作和生活中逐渐成熟和成长，在丰富而充实的思考和体验中不断反思和提升。工作室对各位成员的最重要意义在于，为有主动成长需求的伙伴搭建了共同发展的学习共同体框架，为优秀教师持续优质发展提供了资源和平台。"

2. 对工作室主持人领导的认同

主持人作为工作室的决策者与领导者，承担着工作室的重要责任，履行工作室职责，要具备良好职业道德、仁爱之心、责任心、组织领导能力等；履行工作室职责，要具备先进的专业知识、专业技能，并将其汇集形成丰富的学习资源，引领成员教师全面提高学习力、领导力和综合素养；要善于沟通交流，能指导成员形成实践成果，开展线上线下主题研修；要懂得组织领导，能制订工作室发展规划和方案，做好监管评估工作，能凝聚成员向心力，培养其积极的进取心和事业心，形成具有吸引力和内驱力的学习共同体。凝聚群体向心力的核心在于主持人的组织领导能力，主持人的有效领导行为能够提升活动效果。主持人通过激励教师、关爱教师，积极沟通并亲身示范的组织领导行为凝聚成员的向心力，发挥成员的最大潜力，从而提升研修效果。相关研究显示：专业知识作为教学的原动力、支持力，专业技能作为教学的表现力和操作力，专业理念作为教学的内驱力和精神力，引领成员的凝聚力和向心力。四个维度的能力构成了工作室主持人这一角色独特的引领能力[①]。

本学习共同体工作室能获得如此巨大的成效，与工作室主持人——张兆芹教授密不可分。她是工作室的总策划设计师，运筹帷幄，始终关注着成员们的成长，跟进激励，及时调整，因材施教。此外，工作室主持人的个人魅力也是吸引学员的一大因素。下面是我们截取的几位老师对张兆芹教授的评价。

> 对教育充满热情的张教授平易近人、专业过硬，我非常仰慕，希望能在离开深圳大学后仍然得到张教授的专业引领和人生指导。（工作室成员黄瑛）
> 主持人与成员既是师生，又是朋友。经常一起聚会聊天，聊家常，聊工作，聊一切话题。分享在工作上、生活上的成就和喜悦。在聚会中，张兆芹教授既是导师，又是朋友；像大姐，又像慈母。她关注每一位成员的学习和生活，为每一位成员的点滴成长进步而由衷地感到喜悦。（工作室成员梁传斌）
> 上课的时候，张教授对每一个问题都讲得非常细致。课上我们不明白的部分，教授都会在课后耐心地为我们解答。我们做每个单元的作业，教授都一个一

---

① 参见刘赣洪、杨敏《教师网络研修工作室主持人引领能力模型的构建——基于探索性和验证性因子分析》，载《当代教育科学》，2019年第1期。

个仔细检查，指出其中的问题，并批注好。她从来不批评我们，每次都是鼓励我们更加努力，这样的老师我们都很喜欢。（工作室成员卢晓芳）

每一次工作室活动，她都是最早来到活动地点，亲自陪同来访嘉宾一整天。（工作室成员卢晓芳）

张教授简单率真的性格、严谨认真的态度、成就他人的心胸、温和善良的品德，让我们这群班上的学生感受到了伟大的力量，我们将带着这股力量，在平时的岗位上兢兢业业地工作，勤于思考，勇于创新，发展自我，帮助他人。（工作室成员卢晓芳）

专家工作室主持人张兆芹教授是一位平易近人、乐于助人、学识渊博、著述颇丰、要求严格的人。她给我们制订的学习规划清晰、实用。她本人总是率先垂范，别人休息的时间，她经常是在学习、写作、演讲。万忙中，她还不断地指导我们读书，指导我们写作，指导我们做课题。我的区课题结题都在她的多次指导下，不断地修改，最后得以顺利结题。在我们懈怠的时候，她总是不停地给我们鼓劲。（工作室成员傅海军）

张兆芹教授，是我崇拜和欣赏的偶像。这三年来，她不仅是我学业上的导师，更是我生活和工作上的导师。（工作室成员傅海军）

作为工作室主持人，她学识丰厚又爽朗率真，带着我们工作室内研讨交流，工作室外参加培训会议。（工作室成员李娜燕）

与爱人在深圳结婚，适逢特大暴雨，当时的心情只能用害怕来形容，害怕当日宴请的来宾因天气不好而不能到场，害怕精心准备的一场婚礼付之东流。就在当时的极端天气下，张兆芹教授如约出现在了婚礼现场，当时的心情我只能用见了亲人般的激动来表达。这不仅是对我和我爱人的一种鼓励与认可，更重要的是我能感受到一种高贵的品质与良好个人素养。作为工作室的成员，我怎能不为有这样的导师而感到自豪？这虽是生活细节，但是正是有这样的生活片段，才让我体会到幸福的感觉。（工作室成员李鹏）

有一次，我发言完毕后，张老师当着同学的面，对我说："你具有领导能力，能给人参谋。"这句话像阳光一样点亮了我，很快，我便融进了班级，也喜欢上了这门课。（工作室成员师贞元）

张老师时常跟我们分享她读研与读博的经历。辗转港深两地、毕业论文的磨炼、辛苦的求学岁月，张老师娓娓道来，语气里竟没有一丝的委屈或抱怨。张老师是一个充满气场与能量的人，引领我们学习进步。（工作室成员师贞元）

每次集体活动，无论是听课、评课、听讲座，还是讨论交流，张兆芹教授作为一个热情洋溢的主持人、领航者，都能将我们教研的氛围调到积极热烈的状态。（工作室成员吴耀东）

在职研究生论文答辩没有通过，我感到迷茫。然而，张教授并没有放弃我，而是继续认真耐心地给我提出修改意见，不断地勉励我，让我重拾信心。（工作室成员张锦滔）

从上面这些教师对主持人的评价中我们可以发现，工作室主持人身上具有一些优秀的特质，如感召力、创新力、行动力、反思力，而这些特质是优秀的领导人所具备的，可以从各个方面引领着团队成员及整个团队向前进步。

3. 培育项目接地气，践行教学做合一

本学习共同体工作室践行陶行知的生活教育理论，强调"教学做合一"，并进行适应性修正，使其成为培育工作室成员教师的理论指导。传统教学的方法割裂理论和实践操作，在教师培训方面，这样的现象也屡见不鲜，不仅容易挫伤教师的学习积极性，更使教师对培训望而生畏，从而造成培训形式化。因此，本工作室十分注重理论学习和实践学习的结合，从学员到主持人，在时间上都不敢有丝毫的懈怠。黄瑛老师在工作室结题自我报告中这样写道："纸上得来终觉浅，绝知此事要躬行。"主持人张兆芹教授常常挂在嘴边的一句话就是"做中学，在体验中学习，在学习中感悟，在感悟中成长"。

在理论学习方面，本工作室举办了多次专题讲座和团队活动，从理论基础建构到教学理念、从课例研讨到经验分享，每一次的讲座内容都具有极强的针对性，都是根据对老师们的诊断得出的现实问题开设的，每一次都以更高的视角和更新的理念来更新成员们的知识体系。教师们的教学实践及理论学习慢慢在进步，很多老师获得各种名誉称号，辅导学生拿到各种奖项，都是明证。

在实践方面，工作室鼓励成员积极承担公开课和主题讲座、指导新到岗教师、主持课题研究、参加主题研修等，因为我们深知一个教师如果不做课题研究，不深入对其遇到的问题进行解析，就很难在教学上有大的进步。而且我们工作室教师培育的一大特色就是专家深入课堂听课、诊断和指导，真正地践行理论与实际相结合、理论指导实践的指导思想。在这个过程中，成员们的教学水平、科研水平，甚至行政经验水平都得到了提高，这也证实在实践中学习的确是卓有成效的。

值得一提的是，2016年3月18日，本工作室成员参加了河源支教活动；同年5月7日，参加了汕尾支教活动。这两次活动使工作室成员得到了很大的锻炼。以学习共同体的理念，为两地的教师带去了精彩纷呈的课堂直播。工作室成员教师在课堂与学生互动充分、张弛有度，课堂气氛活跃，引领着学生开展学习、对话、沟通与合作，充分体现了共同体理念的超强魅力。

工作室开创的基于教学实践开展的专家引领、同伴研讨式培训方式，正是实现教学相长的实验田，也是将理论学习与教学实践紧密结合、相互转化的能量场，学员们的成长与这种创新式的培育方式不无关系。

第七章 工作室基地个案学校教师学习力研究结果分析

学习力研究以工作室基地个案学校教师为调查对象进行个案研究,测量该校教师学习力水平;再深入学校进行访谈,以探究影响教师学习力发展的因素;最后,结合问卷调查与访谈的结果进行整合与分析,提出具有针对性的、有效的提升策略。访谈研究围绕的主题如下:
(1) 如何理解"教师学习力"这一概念?
(2) 教师主要通过哪些途径和方式去学习?哪种学习方式最有效?
(3) 阻碍教师学习和影响教师学习效果的因素有哪些?促进教师学习的因素有哪些?
(4) 学校组织开展的学习活动有哪些?效果如何?
(5) 学校为教师学习提供了哪些方面的保障和支持?
(6) 您期望未来参加哪些方面或哪种形式的学习活动以提高自己的学习力?

第一节 个案学校背景和研究对象简介

一、工作室基地个案学校背景介绍

工作室基地个案学校创建于 2004 年,是隶属于深圳市某区教育局的一所公立学校。其办学目标是:为学生提供优质教育服务,办让家长、社区、上级满意的学校;为学生走向现代化、走向世界、走向未来打好坚实基础;使学校成为书香校园、文明校园、爱心校园、绿色校园、智慧校园。学校三大办学理念体现了人本精神及素质教育的内涵:"仁者爱人,智者爱书"的育人理念;"师生共同发展"的"双人"理念;"教给学生一生有用的东西"的育人理念。现有 30 个教学班,1420 名学生,90 名教职工。其中,特级教师 1 名,中学高级教师 3 名,省级优秀教师 2 名,市级学科带头人 1 人。

二、问卷调查对象的主要特征分布情况

对工作室基地个案学校教师进行教师学习力问卷调查,发放问卷 90 份,回收 86 份,剔除 1 份无效问卷(整份问卷选择同一答案),得到有效问卷 85 份,问卷有效率为 99%。其样本主要特征分布情况如表 7-1 所示。

表 7-1 问卷调查对象的主要特征分布情况

个体背景变量	类别	样本数	百分比（N=85）（%）
性别	男	12	14
	女	73	86
教龄	<5年	28	33
	≥5年，<10年	9	11
	≥10年，<15年	20	24
	≥15年	28	33
学历	研究生	6	7
	本科	79	93
	大专	0	0
	中专	0	0
	中专以下	0	0
职称	高级教师	5	6
	一级教师	44	52
	二级教师	11	13
	三级教师	4	5
	暂无职称	21	25

三、访谈对象的基本情况

对工作室基地个案学校教师进行访谈，根据教师的职务、教龄、所教科目的不同，选取 10 个被访者。被访者基本情况如表 7-2 所示。

表 7-2 访谈对象基本情况

所教科目	职称	教龄（年）	性别	职务
语文	一级教师	8	女	班主任
数学	二级教师	5	男	无
英语	一级教师	9	女	班主任
科学	三级教师	3	男	无
体育	无	2	男	无
音乐	无	3	女	无
语文	高级教师	12	女	科组长
无	一级教师	15	女	主任
无	高级教师	17	女	副校长
美术	三级教师	4	女	无

第二节 问卷调查的结果分析

一、教师学习力的总体特征分析

对本次问卷调查的结果进行信度检验，结果显示 Cronbach α 信度系数为 0.961，证明本次问卷调查结果具有很高的可信度，可以进行进一步的数据处理和分析。

对教师学习力四个维度的得分进行描述性统计，其均值和标准差如表 7-3 所示。从表中可以看出，四个维度的均值得分在 3.891~4.379 之间，说明工作室基地个案学校的教师学习力水平处于较高水平；标准差在 0.542~0.754 之间，表示四个维度的得分情况差异不大，反映出一定的同质性，即均值代表性较高，能够很好地反映变量的趋势。然后对量表各个维度的条目进行描述性统计，得出每个条目的均值、标准差和方差，再进行更深入的分析。

表 7-3 教师学习力各维度得分情况

维度	N	均值	标准差
学习能力	85	4.080	0.584
学习实践力	85	4.042	0.566
学习创新力	85	3.891	0.754
学习动力	85	4.379	0.542

在教师学习能力维度上，十个条目的得分均值在 3.930~4.240 之间，较高的分值反映出工作室基地个案学校教师的学习能力处于较高水平，如表 7-4 所示，教师在沟通交流、合作学习的能力上得分最高，其次是学习反思、良好的学习习惯和方法、抗压能力、观察力以及理解力，均获得较高得分。然而，在集中注意力、运筹时间和规划学习的能力方面均值得分较低。

表 7-4 学习能力维度的均值、标准差和方差

量表条目	N	均值	标准差	方差
1. 我能够排除一切干扰，集中注意力去学习工作	85	3.960	0.879	0.773
2. 面对来自社会、学校、家长和学生等各方面的压力，我善于自我调节，把压力转化为动力	85	4.090	0.750	0.562
3. 我善于培养自己良好的学习习惯，如学会自学、善于观察、善于自我管理，这些良好的学习习惯能使我更好地学习	85	4.140	0.675	0.456
4. 我能够找到自己最喜欢、最适合的学习方法，并能够熟练地运用于学习中，从而达到最佳的学习效果	85	4.140	0.657	0.432

续表 7-4

量表条目	N	均值	标准差	方差
5. 我具有敏锐的观察力，能够在教育教学过程中发现问题	85	4.070	0.720	0.519
6. 我能够按学习规划去学习，从而达成学习目标	85	3.930	0.753	0.566
7. 我敢于质疑权威，拒绝"迷信式学习"，我对学习工作中遇到的问题有自己的理解	85	4.040	0.837	0.701
8. 我善于沟通交流，喜欢团队学习，能够在与团队成员交流的过程中取长补短，学习进步	85	4.240	0.718	0.515
9. 我在学习、工作过程中善于运筹时间，合理分配自身精力，使自己获得最佳的学习效果	85	3.960	0.778	0.606
10. 我常常对自己的学习和教学工作进行反思，能够发现自己的不足，并进行改进	85	4.220	0.697	0.485

在教师学习实践力维度上，七个条目的均值得分在 3.680～4.240 之间，如表 7-5 所示，教师能够在与同伴的交往中教学相长，能够将理论和实践相结合，能够吸收各种类型的知识，不断完善自身的知识结构。但是，在知识的输出和使用上还有待提高。

表 7-5 学习实践力维度的均值、标准差和方差

量表条目	N	均值	标准差	方差
1. 我的教学方法和手段独具一格，我喜欢发挥想象力把自己的课堂变得丰富多彩	85	3.990	0.779	0.607
2. 在学习和工作遇到问题的时候，我更倾向于用自己固有的经验和方式去解决	85	3.680	0.876	0.767
3. 我能将各种类型的知识融会贯通，并将所学的知识运用在我的教育教学过程中	85	3.980	0.740	0.547
4. 我具备良好的知识基础，不局限于自己所教授的学科，喜欢吸收各种类型的知识	85	4.140	0.710	0.504
5. 我能够将科研与实际的教育教学工作结合起来，使两者相辅相成，共同发展进步	85	4.050	0.653	0.426
6. 在学习新的知识时，能够结合自身的教育教学经验去思考理解	85	4.220	0.643	0.414
7. 我在与同行进行沟通交流的过程中，能够汲取对方的经验，加入自己的思考与改造，使其为我所用	85	4.240	0.666	0.444

在学习创新力维度上，各个条目的均值在 3.840~3.920 之间，如表 7-6 所示，说明被调查的教师在学习创新力上处于一般水平，还有待提高。

表 7-6 学习创新力维度的均值、标准差和方差

量表条目	N	均值	标准差	方差
1. 在教学中，我善于运用新型的、科技的教学设备和手段去辅助我的教学，喜欢将翻转课堂、微课等新的教学方式引入我的课堂	85	3.870	0.828	0.685
2. 我喜欢运用一些先进的学习工具帮助我学习，如思维导图、学习软件、云盘等	85	3.920	0.889	0.791
3. 我喜欢学习前沿的教育理念和知识，经常浏览学习论坛和网站，通过 MOOC 等网络课程学习	85	3.840	0.911	0.830
4. 我时常关注本学科的最新科研动态，并积极参与学校里的各种科研活动，具有一定的科研能力	85	3.940	0.822	0.675

在教师学习动力维度上，四条目的得分均值在 4.190~4.760 之间，（如表 7-7 所示）高分值显示被调查的教师学习动力均处于很好的水平，教师均认识到学习的重要性，具备较为强烈的学习愿望和学习兴趣。

表 7-7 学习动力维度的均值、标准差和方差

量表条目	N	均值	标准差	方差
1. 我能够根据学校和学生的变化来不断改变自己去学习，具备终身学习的意识	85	4.270	0.714	0.509
2. 我对学习充满好奇心，善于发现问题，思考问题	85	4.290	0.651	0.424
3. 我具备强烈的求知欲望，善于培养自己的学习兴趣	85	4.190	0.732	0.536
4. 我认为学习很重要，不学习会被社会所淘汰	85	4.760	0.479	0.230

二、个体背景变量对教师学习力的影响分析

为了考察个体背景变量（性别、教龄、学历、职称）对教师学习力的影响程度，本研究先采用多因素方差分析法，从整体上探究四个背景变量对教师学习力四个维度是否产生显著影响，然后采用独立两个独立样本 t 检验和单因素方差分析法对每个背景变量在教师学习力四个维度上的影响进行进一步检验。

（一）个体背景变量对教师学习力四个维度的多因素方差分析

多因素方差分析法在控制变量为两个或者两个以上时使用，通过主体间效应的检验，分析多个控制变量的作用及相互作用。分析结果如表 7-8 所示。

表 7-8 主体间的效应检验

变量		学习动力	学习能力	学习实践力	学习创新力	教师学习力
性别	F	1.792	0.414	2.543	1.972	1.631
	Sig.	0.185	0.522	0.116	0.165	0.206*
教龄	F	1.246	3.144	4.799	2.503	3.627
	Sig.	0.301	0.031*	0.004*	0.067	0.018*
学历	F	0.009	0.358	1.629	0.242	0.038
	Sig.	0.925	0.552	0.206	0.625	0.847
职称	F	0.742	1.574	1.209	1.037	1.206
	Sig.	0.567	0.192	0.316	0.395	0.317

注:"*"表示 p 值在 0.05 显著性水平显著。

从表中可以看出,教龄对教师学习力具有显著影响。F 统计量为 3.627,相伴概率 $Sig.$ 为 0.018,小于显著性水平 0.05,则拒绝零假设,认为教龄对教师学习力具有显著性影响。从各个维度的角度出发,教龄对学习能力 ($F = 3.144$,$Sig. = 0.031$,$p < 0.05$) 以及学习实践力 ($F = 4.799$,$Sig. = 0.004$,$p < 0.05$) 具有显著影响。其他背景变量对教师学习力以及各个维度均不具备显著性影响。接下来采用独立样本 t 检验以及单因素方差分析法做进一步检验。

(二) 个体背景变量与教师学习力四个维度的差异分析

1. 性别

表 7-9 反映了不同性别的教师在教师学习力及各个维度的得分情况,从描述统计结果来看,男教师的教师学习力以及各个维度的得分要略高于女教师,但并无较大差异。采用独立样本 t 检验做进一步分析检验,结果显示,各个维度上 $Sig.$ 的值均大于 0.05,因此,男女教师在教师学习力以及各个维度上并没有显著差异。

表 7-9 不同性别教师的学习力情况 ($M \pm SD$)

性别	学习动力	学习能力	学习实践力	学习创新力	教师学习力
男	4.521 ± 0.405	4.092 ± 0.619	4.131 ± 0.631	4 ± 0.959	4.157 ± 0.582
女	4.356 ± 0.560	4.078 ± 0.583	4.027 ± 0.558	3.873 ± 0.722	4.076 ± 0.535
t	0.975	0.074	0.585	0.537	0.481
Sig.(双侧)	0.333	0.941	0.560	0.593	0.632

2. 教龄

本研究将教龄分为四个阶段,<5 年;≥5 年,<10 年;≥10 年,<15 年;≥15 年,反映不同教龄的教师在教师学习力及各个维度的得分情况,采用单因素方差分析法做进一步差异性检验,结果如表 7-10 所示。

表 7-10　不同教龄教师的学习力情况（M±SD）

教龄	学习动力	学习能力	学习实践力	学习创新力	教师学习力
<5 年	4.232±0.561	3.829±0.493	3.760±0.495	3.830±0.635	3.874±0.462
≥5 年，<10 年	4.500±0.545	4.233±0.663	4.191±0.639	4.083±0.791	4.240±0.629
≥10 年，<15 年	4.325±0.649	4.020±0.635	4.029±0.648	3.800±0.909	4.036±0.629
≥15 年	4.527±0.404	4.325±0.517	4.286±0.429	3.955±0.758	4.287±0.444
F	1.629	4.043	4.833	0.411	3.291
显著性（Sig.）	0.189	0.010	0.004	0.745	0.025

从表中可以看出，教龄对教师总体学习力具有显著影响（$F=3.291$，$Sig.=0.025$，$p<0.05$），在各个维度上，教龄对学习能力（$F=4.043$，$Sig.=0.010$，$p<0.05$）、学习实践力（$F=4.833$，$Sig.=0.004$，$p<0.05$）具有显著影响。

进一步对教师学习力及各个维度在不同教龄上的表现做多重比较，采用 LSD 检验法，结果如表 7-11 所示。

表 7-11　LSD 多重比较（显著部分）

因变量	教龄（I）	教龄（J）	均值差（I-J）	标准误	显著性
学习动力	<5 年	≥15 年	-0.29464*	0.14333	0.043
学习能力	<5 年	≥15 年	-0.49643*	0.14831	0.001
学习实践力	<5 年	≥5 年，<10 年	-0.43027*	0.20349	0.038
		≥15 年	-0.52551*	0.14193	0.000
教师学习力	<5 年	≥15 年	-0.41286*	0.13850	0.004

注："*"表示 p 值在 0.05 显著性水平显著。

结合均值情况进行分析，教龄低于 5 年的教师处于刚入职阶段，虽然具有较高的学习热情，但是其学习力的发展还不够成熟。随着教龄的增长，其学习力的水平会逐步增长。当教龄达到 10～15 年的阶段，由于职业倦怠等情况的出现，会有小幅度的下降。然后当教龄达到 15 年以上，步入熟手教师的行列，其学习力的水平会逐步回升并稳定在一定水平上。从教师学习力的总体水平上看，教龄低于 5 年的教师要显著低于教龄高于或等于 15 年的教师；从各个维度上来看，教龄低于 5 年的教师在学习动力、学习能力上显著低于教龄高于或等于 15 年的教师；在学习实践力维度上，教龄低于 5 年的教师显著低于教龄高于或等于 5 年，低于 10 年以及教龄高于或等于 15 年的教师，其他则无显著差异。

3. 学历

分析不同学历教师的学习力及其各个维度的得分水平，采用单因素方差分析法进行进一步的差异性检验，结果如表 7-12 所示。

表 7-12 不同学历教师的学习力情况（M±SD）

学历	学习动力	学习能力	学习实践力	学习创新力	教师学习力
研究生	4.458±0.292	4.000±0.167	3.833±0.229	3.958±0.534	4.020±0.192
本科	4.373±0.557	4.086±0.604	4.058±0.582	3.886±0.771	4.092±0.557
F	0.135	0.120	0.876	0.051	0.099
显著性（Sig.）	0.714	0.730	0.352	0.823	0.754

从表中显著性结果可以看出，不同学历的教师在学习力及各个维度上没有显著差异（$p>0.05$）。这也是由于研究对象的学历水平都在本科及研究生的范围，大专以下的为零，学历水平相差不大。从描述性结果来看，研究生学历教师的学习动力和学习创新力高于本科学历教师，而本科学历教师的学习能力和学习实践力要略微高于研究生学历教师，但都不具备显著差异。

4. 职称

对不同职称教师的学习力及各个维度上的表现进行描述性统计和单因素方差分析，结果如表 7-13 所示。

表 7-13 不同职称教师的学习力情况（M±SD）

职称	学习动力	学习能力	学习实践力	学习创新力	教师学习力
高级教师	4.650±0.335	4.320±0.661	3.914±0.824	3.750±0.791	4.168±0.597
一级教师	4.403±0.526	4.141±0.573	4.153±0.527	3.869±0.810	4.143±0.530
二级教师	4.364±0.719	4.155±0.745	4.117±0.750	3.909±0.785	4.138±0.736
三级教师	4.500±0.354	4.000±0.716	4.000±0.825	4.063±0.657	4.090±0.654
暂无职称	4.250±0.548	3.871±0.463	3.810±0.373	3.929±0.685	3.924±0.416
F	0.673	1.066	1.452	0.114	0.641
显著性（Sig.）	0.613	0.379	0.225	0.977	0.635

从单因素方差分析的结果来看，不同职称的教师对学习力及各个维度没有显著影响（$p>0.05$），进一步对教师学习力及各个维度在不同职称上的表现做多重比较，采用 LSD 检验法，发现在学习实践力维度上，具备一级职称的教师要显著高于暂无职称的教师（均值差 $=0.34307^*$，$Sig.=0.024$，$p<0.05$）。

表 7-14 教龄与职称交叉计数

教龄	职称					
	高级教师	一级教师	二级教师	三级教师	暂无职称	合计
<5 年	1	0	3	4	20	28
≥5 年，<10 年	0	4	4	0	1	9
≥10 年，<15 年	1	16	3	0	0	20

续表 7-14

教 龄	职 称					
	高级教师	一级教师	二级教师	三级教师	暂无职称	合计
≥15 年	3	24	1	0	0	28
合 计	5	44	11	4	21	85

第三节 访谈结果分析

一、教师对个体学习力的认识

在访谈过程中发现，教师对学习力的认识比较模糊，基于个人的理解，将学习力等同于学习能力或者专业学习等其他概念。在工作中较少听到教师学习力的相关问题，也较少思考个体学习力的情况，而比较关注学生的学习力。

学习力，大概就是说自己专业学习的一个方面吧，我个人的理解，好像也没怎么想过自己的学习力，主要关注学生的学习能力（NXT002）。

研究发现，教师在学习的过程中更多的将自己视为"教育者"，即便认同教师是需要学习的，也较少以自己的兴趣或者需求出发去学习，而是以身为教育者的身份去思考、学习，在选择学习的内容时也是基于提高教学能力、学生的发展等。这种情况的产生与教师所具备的职业特点也是分不开的。

我觉得对老师而言，学习力是自我的一个学习能力和去现场进行学习的一个能力，以及对自己教学工作中的一些反思的这样的一个能力（NXT201）。

我觉得学习就要学到老，活到老。老师这个群体有它的一个特殊性，它本身是教学生的，你要教学生怎么学，然后你自己肯定是要有一个学习的能力在，你才能去教学生。我们往往说教学生不是去教这些课本，而是要去教学生学习的能力，这个最重要。学习的能力是你经过不断地积累沉淀下来的一些东西，你要教学生的学习能力，你自己首先得要具备。随着年龄的增长，记忆力也在不断地变差，我就能切身感受到。但这是自然规律，没有办法，我们人为能做的就是不断地重复重复再重复。现在的小孩，他们的记忆力是非常超人的，背什么东西都非常的快。我们不能自己认为我不会，学生也应该不会，你应该按照学生的层次，比方说布置作业也好，让他们去学习一个东西也好，你要照着他们的层次去安排适合他们的东西。教师教给学生的不仅仅是课本上的知识，还应该是一些学习的方式和方法（NXT202）。

可见，教师作为教育者，已经认识到学习的重要性，基于教育者的角度出发，希望通过学习来提升自己的专业素养、教学能力等,从而更好地实现教书育人的职责。但是,教师对于学习力思考更多的是教师如何"学",将教师视为学习者,重视教师内在需求和动力,使教师进行角色的转变,从"教"者转化为"学"者,在这个问题上,教师缺乏深入的理解。

二、教师自主学习的途径和方法

教师自主学习是促进其学习力提升的重要环节,在自主学习过程中,教师通过自主意识和自身学习需求,主动选择学习内容,进行自主学习、思考与追问,逐步提升自我学习能力。访谈发现,教师自主学习的方法主要有三种:教学反思、阅读书籍和网络学习。

(一)教学反思

教学反思是教师在学习工作中必不可少的一环,有反思才能改进并提升。反思力也是教师学习力的重要组成部分,不管学习还是教学,都需要反思,经验只有经过反思的过程,才能为后续的工作发力。[①] 有部分教师提出,学校都会强制性地规定教师写教学反思,但是绝大多数老师都会主动反思自己的教学工作。反思的方式也是多样的,有些反思自己的课堂并形成文字,有些通过看优秀课例视频,结合自己的课堂进行对比反思。

> 教学反思肯定是有的,因为每次听评课都会有教学反思的,课后不管字数多少,都会有一个教学反思体现在我们的教案里面。虽说一开始可能是有些强制性的,但是后来我们老师也会主动反思自己的教学,这是必需的。
> 看一些教学视频,看一些课例,也要看一下那个反思,自己不断反思改进,会不会有这种效果,或者哪些做得不到位。

(二)阅读书籍

阅读是教师常见的学习方法,能够带来知识的积累与更新,提升教师自身的综合素养。研究发现,教师在选择阅读的内容时,较多选择和自己专业相关的书籍、教科书或者如何教育学生的书籍,以提升专业技能为主要需求。也有教师反馈,平时会阅读教育类杂志,了解学科前沿动态,使思维更加开阔。学校也会订阅很多相关杂志以供教师阅读。

> 如果说学校没有安排,我自己都会去学习,比如说在个人专业方面,这几年比较流行吟诵学习、朗读啊,还有经典诵读啊,或者是课外阅读,学校如果没有

---

① 参见崔振成《超越悲剧:教师学习力的退化与提振》,载《东北师范大学学报》(哲学社会科学版)2014年第5期。

这方面的书籍，我也会自己去订阅，提升自己。

平时没事儿的时候看看教科书啊，有时去书城看书，图书馆那种，也会上网学习，但我还是喜欢看书，看书会比较多一点，比如看教科书，怎么教导孩子的书，以这些为主，其他种类的书看得少。

私下会看教育杂志，我们学校也订阅了很多杂志，多看一看，使思维更开阔。看看教学研杂志，关于教学或者管理方面的体会，历史课堂的案例等，感觉对自己还是有帮助的。

（三）网络学习

随着"互联网+"、大数据时代的来临，信息化已经融入我们生活、工作的方方面面，而教育信息化、"互联网+"教育也应运而生。研究发现，教师除了阅读书籍外，通过网络手段学习、获取知识也是较为常见的方法和途径，包括浏览教育相关网站、观看网络课程、在线研讨等。通过网络手段学习具有很多优势，如快速、高效、便利、资源丰富等，还打破了时间和空间的约束，是目前教师使用频率较高的学习途径和方法。

我接收信息的渠道可能比别人要多一些，我在英国学习的时候，上课老师给了我们很多的网站，如维基百科等。虽然有时候在中国内地是不能用的，但是有一些还是可以用的，全英文的平台。平时自己在手机上学习的也很多，每天听英语、看英文杂志，各种相关书籍。

我觉得网上个别专题还是非常棒的，就一些国外名校的网络课程，翻译过来，就可以自己学习，还可以在下面留言，和别人一起交流，挺有意思的。你也可以做笔记，比如说，他那个讲座不是有内容吗，你可以把那个框架啊，主要的框架把它记录下来，打成文档可以自己保存，要不你可能看完就忘了。

促使教师通过网络手段去学习的因素主要包括两点：一是出于个人兴趣，教师在日常学习工作中接触到感兴趣的知识，往往会通过上网搜索资料去了解；二是出于教学需要，教师在教学过程中，需要运用前沿的教学方法或者遇到问题时，会先通过网络手段自主寻找解决方法。

前几天我听到讲思维导图，觉得很有趣，就会自己上网搜索一下看对自己的学习有没有帮助。现在社会进步很快，不跟上就会被淘汰，而且很多东西也是真的很实用。

可以通过网络去自主学习，我教小学一年级，觉得自然拼读法很不错，但是由于个人原因，没有进行系统培训，只通过网络上的课程或者视频了解一下。我们在教学过程中遇到问题，或者想要学习什么新教学方法，一般看录像或看课例视频，如果实在不行了，再向有经验的老师请教。

也有教师提到以手机等移动终端设备为媒介，通过微信等新媒体进行移动学习。移动学习是指任何不在固定的、预设的地点进行的学习，或者利用移动终端设备进行学习的方式。① 移动学习能够打破时间和空间的约束，充分利用碎片化的时间，随时随地进行学习。教师工作繁忙，很难有大段的时间去进行系统的学习，移动学习的出现无疑为教师提供了便利，也是目前常用的学习方式之一。

> 我觉得可学的东西很多，除了专业方面的知识，还有很多其他的知识，学的东西是多方面的吧。我现在对家庭教育这一块比较有兴趣，就关注一些微信公众号，有新校长传媒，一些教育的东西，好像有个《教育报》吧，反正我都关注那里面，从那里面看到一些。

三、教师学习促进和阻碍的因素

（一）促进因素

对访谈结果进行分析，发现促进教师学习因素主要分为内在因素和外在因素。内在因素主要是教育热忱、教师职责、提升自我的内在需求，外在因素主要是来自外部的压力与环境氛围影响。

有教师指出，对教育的热忱和身为教师的责任感驱使其学习。这些因素可归结为成就目标的驱动，是教师希望通过教育行为满足学生成长需要，实现教师的职责，达到有价值的结果。个人成就目标包括很多，不同的成就目标所触发的认知、情感以及行为是不同的。教师既是学习者，也是教育者，所以身为教育者的职责和教育热忱是促进教师学习的重要原因之一。

> 都是想学习的，"教书是个良心活"，也希望学生通过自己有所进步。很多的教学方法要不断更新，才能够吸引学生的注意力和兴趣，自己上起课来也能如鱼得水，更有成就感。
>
> 是为了自己和学生考虑，作为一名教师，如果这堂课上得不好，下了课之后心情会很不好，会感觉很对不起学生，促使自己不断学习。为了自己，很多时候经验不足，在管理班级或者教学的时候，会遇到很多麻烦。
>
> 我觉得是自己的内在动力，现在很多教师就是动力不足，只觉得自己上完课就行了。我觉得这种想法不对，觉得教师还是应该做点事的，任何一个职业都不能说只关注本职的那一点点事，还应该考虑其他的一些有意义的事，不能只注重教学。比如说你的学生当中突然有出现心理问题的时候，你也有义务去来辅导他。现在有些教师就会把这样一个义务推到别人身上，像推给班主任这种情况。

---

① 参见魏雪峰、杨现民《移动学习：国际研究实践与展望——访英国开放大学迈克·沙普尔教授》，载《开放教育研究》2014年第2期。

提升自我也是促使教师学习的内在动力。马斯洛在需求层次理论中指出，自我实现的需求是人的需求层次中处于最高位置的。对于教师而言，提升自我，实现身为教师的价值是驱使其学习的内在驱动力。

> 我觉得我在教学这方面还需要提升。我现在主要是想着怎样把自己教学这方面做好。要想做到这点是不容易的，需要教师不断地学习，提高自己的专业能力和教学能力。
>
> 时间在流逝，把工作做好之后，也会有很多时间去研究自己的专业，自己好似一个种子，需要阳光雨露，才能茁壮成长。

也有教师认为，来自领导、同伴以及学生的压力能够转化为自身动力，促使其学习进步。人长期处于安逸舒适的环境中容易产生惰性，适度的压力能够激发动力。社会的发展与变革、学生成绩进步的需求、同伴的竞争、上级领导的要求等都会给教师带来一定的压力。善于将压力转化为动力，促使自己进步，是教师学习力的一个重要体现。

> 作为管理者，还是会给他们一些压力，我觉得这种还是很有效的，有压力，老师们才会有动力。
>
> 也有来自同伴的压力，因为工作时间越来越长，处于懈怠期，因为对于普通的工作都可以处理得很好，但身边的同事给我很大的危机感，感觉青出于蓝而胜于蓝。学生的要求也越来越高，我常常要思考如何才能把课堂组织得更有生命力，让学生更活跃，有利于学生的发展。

此外，学校的环境、氛围、文化等是促进教师学习的外部因素，一个学校具有良好的学习文化和氛围是激发、维持教师学习的支持性、保障性因素。

> 另外就是学校的氛围，很轻松。虽然说我们在培养年轻的老师，但是年轻老师也让我们学到了很多新的东西，互相学习。
>
> 每个学期都有新的东西，要激发自己不断地去学习，不进则退。

（二）阻碍因素

访谈中发现，阻碍教师学习的因素主要是时间和精力的制约，尤其体现在班主任、新入职教师和老教师群体。班主任的工作任务繁重，既要教课又要管理班级，除了参加学校组织的学习活动和完成工作任务外，很难再挤出时间自主学习。新教师指出，虽然具有强烈的学习愿望，但是作为新手教师需要适应学校，了解学生和家长，工作量大，需要学习的东西太多，有些力不从心。老教师则受年龄和精力的影响，繁重的教学任务和学习活动会降低其学习效果，自主学习的动力也不足。

我是班主任，又兼两个班的课，如果安排星期一至星期五，那要外出学习的话就不方便，总之就是时间比较少，除了必须参加的学习或者培训外，自己很难挤出时间学习。

我们新教师要适应学校，要熟悉学生以及家长等，还要带很多课，其实没有那么多时间私下自己学习，但是不学习又怕不进步，很矛盾，有些压力。有一定教龄的教师可能有更多的时间去自主学习吧，因为很多事他们可以游刃有余地处理。处理完后，他们还有时间去学习。我觉得我的时间有点少，虽然我很想学习，但有时候真的感觉力不从心。

人的精力有限，年纪也大了，平时教学任务已经比较繁重了，各种学习培训活动太多的话会吃不消，学习效果就不太好了，可能和年轻人比起来也没什么学习的动力了。

阻碍的因素在于不能很好地协调工作和生活的时间，要给我很长的一段时间去系统地学习，可能效果更好。很羡慕一些同事入职之后在北京进行一周的培训，什么事情都不用考虑，可以很专注地去听教授讲课。一边工作一边学习，或者在学校在课间学习看书的时候，很难保证静下心来学习，很难协调时间。如果有那种出去一个星期的封闭式的培训，会学得比较好。

总之，教师学习的愿望还是强烈的，绝大多数教师都具有强烈的学习愿望，希望提升自身的专业素养和学习能力，但是往往受到工作压力和时间的制约，导致学习效果不理想、动力减退等情况。

四、学校开展教师学习活动的形式以及相关支持

面对教师专业发展的不同方面、不同层次的需求，学校开展教师学习活动的形式呈现多样化特点。总的来说，包括校本教研，团队学习，听课、评课，继续教育，名师、专家讲座。

（一）学校组织学习活动的形式

1. 校本教研

访谈中发现，校本教研已经成为促进教师学习、研究，提升专业发展的较为常见的学习形式，教师普遍认为根据本校情况进行教研更具有针对性和有效性。

比如说像现在学校搞的那种校本教研还是很有针对性的，根据自己校内的一些老师苦恼的、急需改革的，根据自身情况进行教研，感觉我们还是学到挺多东西的，就是对自己课堂能马上见效的感觉。

2. 团队学习

团队学习在学校组织层面主要以科组、年级组等形式组成的微团队，是以学科或者年级为依据建立学习共同体，从而进行教学、研究、管理等一系列活动。这种学习

形式在学校非常普遍，也是提升教师专业发展、促进教师学习力的重要方式。

> 像我们的科组教研，每次教研之前首先有个环节就是教师分享。要分享，肯定要去学习，就要去查资料。我们有个阅览室，阅览室里有个教师读书登记本，就是定期让老师去那里看书，订了很多杂志，你可以上网查资料，总之分享就是把你学到的新东西在科组教研会上先分享给大家，然后再进行其他方面的内容，我们每次都是这样，我觉得大家在一起交流学习挺好的，也有收获。

教师普遍反映，以学科或者年级组为单位组建、学习共同体进行教研活动，对促进教师学习具有重要的推进作用，在学习共同体中可以实现同伴互助、对话交流、经验分享等，能够提升学习动力和效果，促进教师专业发展。

> 我们科组每周会固定时间进行教研学习，这是很重要的。对于我们新老师来说，通过科组交流，可以向有经验的老师学到很多东西，也能在交流中反思自己的教学，我觉得是很重要的。

3. 听课、评课，课堂观摩

教师之间听课、评课是一种对话、反思与探究的学习模式，也是教师之间互帮互助、协同成长的专业行为。此外，教师听、评课也锻炼了教师的现场学习力，使教师在教学现场中能够发掘与思考，反思与追问，在听的过程中促进教师思考，在评的过程中引导教师追问。不管是同伴之间互相听、评课，还是引进名师专家听、评课，都对促进教师学习力的提升具有重要意义。

> 个人感觉听、评课，观摩名师上课，对专业成长影响很大，可以学到很多，实践能力增强，还有一些新课标解读之类的培训，也是挺好的。新的理念、新的教学方法的培训比较有效，再加上现场的一些展示会更有效。比如我们深圳市小学低段的教材解读，每一年开学初都会开展，这很好，充完电回来整个学期都有了教学的方向，有目标引领着我们。
>
> 我觉得日常学校里的学习活动，最有效的应该是课堂指导方面，观摩名师的课、名师来指导、校内老师互评等吧。就我个人来说，我觉得校内老师互相听课、评课挺好的，可以互相吸取经验，你有哪些优点，有哪些不足，都可以互相交流，闭门造车不是好方法。也请过名师来给我们讲他是如何上课的。关于课堂教学方面的效果也不错，能够与名师交流这种效果好，老师比较喜欢、比较接受这种方式。

4. 继续教育

教师继续教育是针对在职教师所进行的知识更新、补充、扩展以提升教师专业素养和技能的培训活动，也是终身教育体系重要的组成部分。目前，教师继续教育的途径也更加多样化，将 MOOC 等网络授课的形式引入继续教育当中，采取面授和网络授课相结合的教育模式。访谈中发现，绝大多数教师都提出继续教育在课程内容以及形式上都有需要改进的地方。

教师继续教育都是参加的，要修够固定的学分。我们会在网上选一些课，有要到深圳大学去上的，也有通过网络课程就可以上的，面授和网络相结合吧。我觉得继续教育是必需的，但是从课程内容到授课方式等，都有需要改进的地方。

就比如说网络课程吧，通过网络的方式倒是挺好的，但是缺少监督，课程内容可能也不太吸引人。说实话，我可以看，也可以不看。但是说实话，如果能够静下心来去学习，肯定能够学到东西的，因为我记得有需要进行讨论、跟帖，你必须要去了解，才能跟上去。

5. 名师、专家讲座

名师、专家的引领是提升教师专业素养的重要方法，能够促进教师学习和教学能力的发展，学校重视引入前沿教育理念和方法，多次请名师、专家进行经验的交流和分享。

专家讲座是有的，会请一些名师、专家教授来给我们讲课，然后互相交流沟通。我觉得挺好的，毕竟一些前沿的教育理念和方法，作为教师还是有必要了解一下的，需要专家来指点，进行一些专业方面的引领。

教师普遍提到在教学工作过程中，难免会遇到各种各样的困惑，只是一个人反思不能解决所有的问题，这时有专家或者名师来点拨一下会更好。但是他们也意识到，专家指导仅局限于理论知识讲座是不够的，希望名师和专家能够走进课堂进行示范课展示、课堂诊断等更加实际和直观的指导。

我们也有专家讲座，请专家到学校来举办讲座，也到外面听过一些讲座，对我们理论上是有一些帮助的。但对自己的专业发展、对自己的教学方面提升，其实作用不是特别大，很多人只是会觉得那是高大上的东西，跟实际是有些脱节的。它是把普遍性的东西概括起来，实际到了我们一线教学的时候，很多理论我们不一定能用得上，因为学生不同，教学环境不一样，针对性就相对差了一些。有时候专家讲的一些前沿的理念和知识、新的教学方法，对我们来说还是有用的，但是听完自己也没有更多的途径去深入学习，顶多查查资料，但是如何用，还是一知半解，最后也就放弃了。要是他们能真正深入课堂，进行现场指导，会更好。

我们之前也请过专家来学校进行课堂诊断，但是感觉没有达到预期的效果，可能是不太好意思指出我们老师的问题在哪儿，只是说不错啊什么的。我也一起去听了那位老师的课，我都注意到那位老师有改进的地方，专家最后在诊断时也没有指出,我在想这样是不是有些形式,没有达到好的效果。

(二) 为教师学习提供的支持

学校为教师学习提供的支持包括方方面面。一是学习机会,包括参与各种科研项目的机会、外出学习的机会等,对新教师会给予很多帮助;二是学习资源,学校提供各类与教育相关杂志及书籍等;三是激励制度,学校注重对教师学习的鼓励,既注重精神上的激励,也重视物质上的嘉奖。

> 我们科组有一个课题,马上就要结题了。就像现在一个课题结束了,马上就有新的课题研究。兴趣提供机会,学校也会提供机会,学校能在教研上给予我们很多支持,不管是机会上的,还是资源上的。
> 我们课组的话,会给我们订《小学语文研究》杂志,每人人手一份。如果是班主任,有《少先队》《辅导员》之类的书籍,都可以供我们去学习。如果说还有什么学习的话,就是外出了,上个星期我们才出去听课,一个是国学,一个是绘本教育,都是跟我们息息相关的,也属于再学习吧。我觉得我们学校不管是对孩子的教育,还是对老师的专业成长,都是安排得比较好的。
> 评优评先,绩效方面的鼓励,公开课,比赛课,提倡、鼓励我们去参加比赛。这些激励的政策也是对我们的一种支持。
> 对于我们年轻老师这一群体,我觉得学校已经在帮助我们,促进我们。我们自身必须向这方面发展,就是自身想懒惰,躺下来也是不行的。比如学习方面,有学习工作室,必须促进自己去学习,还有很多教学方法,如果不跟上,你就会落后。我们的目标和方向可能还不是很具体,但我们都是自然往前走的那种。

五、对教师学习活动的建议

(一) 学习内容

1. 学校组织教师学习活动的内容

教学技能是教师在教学过程中所必须具备的基本技能,是课堂教学的基础,包括教学语言的表达、板书的书写。通过访谈发现,教师尤其是新教师对教学技能的培训需求度很高,他们处于初入职阶段,教师的各项专业技能都需要学习,尤其是教学技能方面。

> 我觉得新老师的培训很重要,包括他们的基本教学技能、教学理念、上课的礼仪状态等都需要去进行学习,学校可以组织相关培训。

班主任教师提出在班级管理过程中往往会遇到很多问题而苦于无人解惑,希望学校能够很对班主任开展培训学习活动。

> 我现在遇到的最大问题还是在班级管理上。如果可以的话,可以建一个班主任的交流群,在上面可以探讨班级管理,或者专门开展班主任的相关培训。我觉得学校要注意这个问题,特别是一些年轻的教师,让他们当班主任,其实对他们而言压力是挺大的。班主任的工作需要关注很多东西,没有经验的老师会比较吃力。所以,我觉得学校可以组织班主任进行班级管理相关内容的学习。

在专家、名师讲座的内容上,教师普遍反映希望能够听到一些有针对性的、有实践意义的知识,能对他们的工作有帮助,或者能够解决日常教学工作遇到的问题。

> 一般请教授过来开讲座,我们会提前跟教授沟通,以专题的形式进行。跟请过来的教授进行交流,提前给教授定一个主题,就其自己的感受来谈谈。主题是就我们学校的教师存在哪些问题、困惑这些方面。
>
> 如果是我的话,我会觉得听专家的课程比平常当场上课给我的印象更深刻些,就是让我受益更多一些。比如说,我在上面会观察老师是怎么上的,可以观察他们学生是怎么反应的,我觉得这个会比较有用。实际的操作方面的培训,跟教学相关的,不是那些讲大道理的,要实践性强的内容。
>
> 我觉得理论和实践相结合很重要,因为理论课只是学习一些知识的话,没办法运用,就是希望能有机会外出学习,听一些优秀教师的课,看他们是如何管理学生,控制课堂。理论方面,我们在大学期间也学习了很多,有一个框架在那儿了,但是在如何去上课,如何去管理学生,这种职业技能很缺乏。

2. 继续教育的课程内容

在访谈过程中,教师普遍反映继续教育的课程存在问题,认为继续教育流于形式,没有关注教师的兴趣和个体学习需求。

> 继续教育的功能没有发挥出来,个人觉得流于形式,作用不大。兴趣没有踩在点子上。培养课堂,就要到现场观摩课堂,同课异构,或者培养专业,但是在视频上趣味性和兴趣点都不够,也没有因材施教,有一些强制性,有一点为了完成任务而完成任务。
>
> 希望更多地关注不同学科的专业知识,就好比我们历史专业的相关课程只有两门可以选择。今年学完,明年可能就没有什么要选的了,只能选一些其他无关的课程进行学习。

教师普遍反映继续教育的课程理论性较强,虽然理论知识是必须具备的,但是希望能够增加一些实践性强的课程,或者使理论与实践相结合。

关于继续教育，我觉得还是要上一些实用的课，可能上一些关于课堂问题的课程、有关学生紧急事故问题的应对等，我觉得有针对性的一些课程可能会更好，要是太笼统的讲课标这些，我们自己看书也能知道，所以我们更倾向于上一些实操性的课程。

（二）学习形式

在访谈过程中，教师对开展学习活动的形式提出了很多有价值的建议。如组织教师分层培训学习、构建学习共同体、名师专家引领、建立教师学习资源库以及外出培训等。

1. 组织教师分层培训学习

学校在组织教师学习活动时，要考虑到不同层次教师的需求，教师普遍提出要有分层培训学习。不同层次的教师有不同的发展需求，如新入职教师需要教学技能方面的培训，骨干教师需要科研方面的培训等。为不同层次的教师提供具有针对性的培训，才能更好地发挥培训学习的作用。

对教师要进行分层教育，年轻教师和老教师的需求是不一样的。还有针对校长、针对骨干教师、针对名师的培训，我们要想怎样单独去强化。希望以项目式来开展培训，每一个群体的老师的培训内容是不一样的。年轻老师无非是希望有一种生动活泼式的内容，多让他们出去看一看，一个是增强自己的教育自信，第二个是让他们看一看别人有什么不同的做法。

除了对教师进行分层培训，还有教师建议分学科进行培训以及将培训体系化，学校能够制定科学、符合教师需求的教师培训学习规划，并按照规划组织开展教师学习活动。这样既有针对性，层次性，又有系统性，教师学习的效果更好。

我希望多开展一些有针对性的培训，就是专业方面的培训，比如美术老师，就开展美术方面的培训，教学、专业方面都可以。

各个层级和各个群体都照顾到，除了分层级这种培训之外，还可以细化一些，更系统性一些。如果我们今年做了这样的培训，明年还做同样的培训，就不好了。

2. 构建学习共同体

构建教师学习共同体，以项目式学习为主开展教师微团队的教研学习活动，是目前教师培训学习的一大趋势。在同伴合作和交流的过程中，可以实现教学相长，互相激励，共同发展。

我们希望的是有一个小团队性质的学习环境，可以是项目式的，真正有互动、有交流的，我可以切实地看到你这样上课，你也可以手把手地指点我上课的这种模式。人参与进去了，才能有真正的收获。就是开展项目式的，然后几个老师组成一个学习共同体，要那种老师真的可以参与进去，可以学到一些实用的东西的培训形式。

3. 名师专家引领

教师普遍指出，在教学工作过程中，难免会遇到各种困惑和问题。只是一个人的反思不能解决所有问题。虽然可以和同校工作的教师进行沟通交流，但由于同处一个学校，很多问题是他们共有的，由专家或者其他学校的名师来点拨一下会更好，可以带来不同的角度和视野。同时，他们也指出，专家指导仅局限于理论知识讲座也是不够的，他们希望名师和专家能够走进课堂进行示范课展示、课堂诊断等更加实际和直观的指导。

> 比如说名师走进我们的课堂，比如说送一些公开课，或者更主要的是我们平时课堂教学进行指导，这样更有利于我们平时的教学。
>
> 生活或者教学有积累之后肯定会有困惑，那么肯定希望前辈或专家来点拨一下，解决你的困惑。这样培养会更好。一学期或两年、五年办一次老师专业的培训，有时候数学老师去研究一下题目，教论文怎么样去写，也不需要很长时间，两三天也可以。
>
> 我比较倾向于专家过来。因为比如像我，现在就十来分钟的时间，等一下就要去上课。如果是我们出去，我兼班主任又要带两个班的课，一天下来都有四五节课，去外地学习不是很方便。

4. 依托教育信息化环境，建立教师学习资源库

目前网络课程已经融入教师继续教育，逐步解决时间、空间和资源共享的诸多问题。但是除了教师继续教育以外，还有很多地方都可以充分利用信息化手段。有教师提出可以将惠及少数骨干教师的培训以及一些比赛中的优秀课例录制成视频，分享给更多的教师，建立教师学习资源库。

> 比如一些研讨活动，也有一些比较好的讲座，能不能把它录下来以后传到每个学校，然后让那些没有机会亲身到现场的老师也能学习。特别是现场的那些课例，像我们会经常有比赛，那些课例都是很好的。比如一个新老师，他要参加一个什么比赛，怎么准备这个比赛，他可能没有什么概念，但是如果他能够看一些以前的课例，就可以大概知道是怎么样的一个流程，需要注意什么问题。不然好像真的是自己在摸索。

5. 外出培训

在访谈过程中，有教师提出希望能有更多的机会外出交流学习。他们认为，教师

外出学习一是进行了培训,开阔了视野,增长了知识;二是开展了团队活动,利于团队建设,能够增进教师之间的感情,方便以后工作上更好地交流。

多带老师出去走走,多听、多看、多学习,开阔眼界,我也很想出去,一直在学校肯定不行。就是我们多出去交流,最好能有名师给我们示范如何上课,这样对我们可能帮助更大。

第四节　对问卷调查与访谈结果的思考

一、对问卷调查结果的思考

通过问卷调查发现,工作室基地个案学校教师学习力总体处于较高水平。在学习力各个维度上,学习能力均值得分 4.080、学习实践力 4.042、学习创新力 3.891、学习动力 4.379,均处于较高水平,表明工作室基地个案学校的教师具备较高的学习动力,学习的愿望强烈,吸收知识的学习能力也较强,同时具备较好的知识转化力,能够将所学的知识运用于实践。而学习创新力稍逊一筹,均值得分 3.891,表明工作室基地个案学校的教师这方面能力还有待提高。

通过对个体背景变量——性别、教龄、学习、职称对教师学习力的影响进行差异分析,发现不同教龄的教师对教师学习力具有显著影响,具备一级职称的教师在学习实践力上要显著高于暂无职称的教师。其他则不具备显著影响。

(一) 不同教龄的教师对教师学习力具有显著影响

调查结果显示,不同教龄的教师在总体学习力水平上具有显著差异,在各个维度上,不同教龄的教师在学习能力和学习实践力上具有显著差异。进一步分析发现,教龄低于 5 年的教师在总体的学习力水平上显著低于教龄高于或等于 15 年的教师。

按照教师生涯发展阶段理论,以教龄为划分标准,将教师职业生涯划分为三个阶段,教龄低于 5 年的阶段为初始教学期,教师在教学工作中会遇到各种问题,学习力的发展还不够成熟。但随着教龄的增长,会迅速地发展。教龄 5~10 年的阶段为构建安全期。这一阶段的教师逐渐在教学工作中找到自己的方向,不断提升自己的专业素养和加强知识储备,学习力水平稳步发展。但是当逐步迈向教龄 10~15 年的阶段时,教师会受到生活(婚姻、家庭等)和工作(工作负担、角色冲突、付出与回报不成正比等)中种种因素的影响,从而出现学习动机减退的现象。余力理论指出,"生活余力是生活能力和生活负担之差,生活余力是影响个体参加学习的动机水平与强度的决定性因素"[1]。由于教师在该阶段受到多重负担的影响而生活余力减少,故

---

[1] 裴淼、李肖艳:《成人学习理论视角下的"教师学习"解读:回归教师的成人身份》,载《教师教育研究》2014 年第 11 期。

会出现学习力下降的趋势。当教师在教龄达到15年以上时，家庭趋于稳定、工作能力提高，教师职业生涯步入成熟期，专业发展呈现相当的深度，教师学习力会出现逐步的回升。

因此，在考察教师学习力以及组织开展教师学习活动时，应充分考虑到不同教龄阶段的教师的特点以其需求。

（二）具备一级职称的教师在学习实践力上要显著高于暂无职称的教师

对教师学习力及各个维度在不同职称上的表现做多重比较，发现在学习实践力维度上，具备一级职称的教师要显著高于暂无职称的教师。教龄与职称也是具有一定关系的。暂无职称的教师教龄一般在五年以下，而具备一级职称的教师教龄一般在15年以上。上文指出，教龄高于或等于15年的教师在总体的学习力水平以及学习能力、学习实践力维度上显著高于与教龄低于5年的教师，尤其是在学习实践力维度上，显著性更明显。因此，具备一级职称的教师在学习实践力上显著高于暂无职称的教师也是有理可循的。

二、对访谈结果的思考

首先，通过访谈发现，工作室基地个案学校的教师具有较强烈的学习愿望，其动力主要来源于提升自身专业知识和技能，能够结合自身的情况对教师学习力的概念进行理解。虽然教师已经认识到学习的重要性，但是，以"学习者为中心"更多思考的是教师如何"学"，将教师视为学习者，重视教师内在需求和动力，使教师从"教"者转变为"学"者。

在自主学习的途径和方法上，工作室基地个案学校的教师以阅读书籍、教学反思和网络学习为主。阅读书籍是传统的学习方式，教师表示，通过阅读能够进行知识的积累和更新，同时也能给学生起到榜样作用，在选择阅读内容时也是以提升专业技能和教育类相关书籍为主。教学反思在教师的工作中是非常重要的一环，教师养成教学反思的习惯，通过反思发现问题并进行改进。访谈发现，教师往往针对自身的教学进行反思，而较少针对自己的学习进行反思。此外，还有教师通过网络手段进行学习，主要的学习内容也与自己的教学工作有关。总之，不管是在对学习力的认知还是在自主学习的相关问题上，教师都更多地从身为"教育者"的角色去思考。

其次，研究发现促进工作室基地个案学校教师学习力提升的因素包括内在因素和外部因素。内在因素主要是教育热忱、教师职责、提升自我的内在需求，外在因素主要是来自适度的竞争压力与良好的学习环境、氛围、文化的影响。阻碍学习力提升的因素也包括内在因素和外在因素，外在因素主要是工作任务繁重以及来自外界的压力过大，内部因素主要是受到年龄和精力上的制约的情况。

最后，教师根据自身的需求，提出对教师学习活动的几点建议：第一，根据不同层次教师的需求开展学习活动；第二，在设置继续教育课程以及开展名师专家讲座的活动时，希望能够将理论与实践相结合，让教师学习到有针对性的、有实践意义的知识，对他们的工作有帮助，或者能够解决日常教学工作遇到的问题；第三，希望学校能够提供更多的学习资源,包括学习机会、学习内容、学习形式等方面。

第五节 研 究 结 论

本个案研究认为,教师学习力是指教师在任何形式的学习过程中,通过认知、体验、反思等途径将知识进行内化与吸收,并整合提炼,产生新的思维和能力,创造性运用于教育教学当中,推动教师知识、认知、行为的提高和专业发展,从而使教师能够快速应对现实学习和工作中所遇到的问题。

首先,通过梳理国内外教师学习力的研究现状与理论基础,结合已有的相关量表,发展出本研究的教师个体学习力自我评价量表,通过预试后的信度和效度分析,科学而严谨地完成正式量表。并结合实地访谈,以工作室基地个案学校教师为个案研究对象,测量、考察其个体学习力水平。其次,通过问卷调查的数据分析与访谈结果的类属分析,发现工作室基地个案学校教师学习力水平与存在的问题。最后,根据数据分析结果,从不同层次教师的实际需求出发,提出"以学习者为中心"的教师学习力提升策略。

通过研究得出如下结论。

第一,工作室基地个案学校教师学习力总体处于较高水平,在学习力各个维度上,学习动力>学习能力>学习实践力>学习创新力,表明工作室基地个案学校的教师具备较高的学习动力,学习的愿望强烈,吸收知识的学习能力也较强,同时具备较好的实践力,而学习创新力稍逊一筹,表明在这个方面工作室基地个案学校的教师还有待提高。

第二,通过对个体背景变量——性别、教龄、学习、职称对教师学习力的影响进行差异分析,发现教师的教龄对学习力具有显著影响,而具备一级职称的教师在学习实践力上要显著高于暂无职称的教师。

第三,发现促进教师学习力提升的因素包括内在因素和外在因素。内在因素主要是教育热忱、教师职责、提升自我的内在需求,外在因素主要是适度的竞争与良好的学习环境、氛围、文化的影响。而阻碍其学习力提升的因素主要来自外部,如工作任务繁重,以及来自外界多方的压力。也有部分教师由于年龄和精力的制约,出现学习动力减退的情况。

第八章 工作室基地个案学校教师领导力研究结果分析

通过量化阶段的教师领导力变量量表的因子分析结果显示，教师领导力过程有四个因子维度，其各个维度的均值得分不同。本节将主要了解这些维度得分不同的原因所在。关于领导力的访谈提纲如下：

（1）您如何看待教师领导力的问题？
（2）您觉得教师领导力与教师专业发展有关系吗？可否具体谈谈？
（3）您认为目前教师的领导力发展面临的困境有哪些？
（4）影响该校教师领导力水平的因素有哪些？
（5）您觉得学校可以采取哪些措施帮助提升教师的领导力？
（6）您认为在学校中教师本人应该如何提升自己的领导力？
（7）总的来说，您对所在学校为教师的发展提供的各项支持满意吗？如果不满意，您可否谈谈自己的建议？

第一节 个案学校背景和研究对象简介

一、工作室基地个案学校背景介绍

工作室基地个案学校创办于2004年8月，是隶属于深圳市某区教育局的一所公立学校。其教育理念是：秉持"仁爱教育"理念，学校教育应尊重学生生命成长，尊重个体发展基本规律，给儿童适合个性的发展环境，为每个孩子提供独特发展的教育。教师应做仁爱之师，有远大志向。教育过程中应充分体现对孩子生命成长的尊重，立足当前，着眼未来，不急功近利，不"一刀切"，培养学生适应未来社会发展的关键能力和核心素养，提升师生成长幸福感。其办学指导思想是：坚持"创新、协调、绿色、开放、共享"的发展理念，贯彻党的教育方针，实施以"仁爱教育"为核心的办学理念，推动实现"学校优质、教师精彩、学生幸福"的教育理想和追求，把学校建设成为特色鲜明、在区内外有一定影响力的创新型新优质学校。校园占地面积13535平方米，总建筑面积7618平方米。现有30个教学班，1420名学生，90名教职工，其中，特级教师1名，省级优秀教师2名，市级学科带头人1人。

二、研究对象简介

被访者的简介如表8-1所示。

表8-1 被访者简介

学　科	性　别	教龄（年）
图书馆教师	女	27
安全主任兼数学教师	男	7
班主任兼语文教师	女	7
数学教师	男	2
班主任兼语文教师	女	11
数学教师	男	31
英语教师	女	14
美术教师	女	4
数学教师	男	3
主任兼信息技术教师	女	11
英语教师	女	24

第二节 问卷调查的结果分析

一、工作室基地个案学校教师领导力总体水平分析

本研究是针对深圳市某区工作室基地个案学校的全体教师进行的问卷调查，该小学总共有90名教职工，共收回有效问卷83份，问卷有效率为92.2%。

对正式问卷下发目标学校收集得到的数据处理后并进行描述性分析发现，工作室基地个案学校教师领导力各维度得分的平均数为4.053，表明水平良好。各维度的得分分别为培育团队合作文化3.880；改善教育教学活动4.292；问题意识与教研能力4.163；专业倡导力3.875。从四个维度的均值来看，教师对"改善教育教学活动"和"问题意识与教研能力"这两个维度的评分明显高于"培育团队合作文化"和"专业倡导力"维度。（见表8-2）由四个维度均值可见，教师对改善教学方式及运用教育技术开展研究的意识较强、重视度较高，但对团队合作意识、专业身份意识不强，其对自身在教育行业的主动性和责任感不太重视。

表8-2 小学教师领导力各维度总体统计状况

维　度	均值	标准差
培育团队合作文化	3.880	0.831
改善教育教学活动	4.292	0.704
问题意识与教研能力	4.163	0.800
专业倡导力	3.875	0.847
总　体	4.053	0.796

二、个体背景变量对教师领导力的影响分析

为了分析教师的背景变量，如性别、教龄、学历和职称对教师领导力的影响程度，本研究采用独立样本 t 检验和单因素方差分析法进行各个背景变量对教师领导力四个维度的影响分析。

（一）性别

表8-3反映了不同性别在教师领导力各个维度上的得分状况。总的来说，在领导力各个维度上男女教师的得分都比较接近，领导力的均值都较高，表明工作室基地个案学校男女教师领导力水平比较良好。采用独立样本 t 检验进一步验证后，从表8-4中可以看到，各个维度的 t 值依次对应的概率 p 值 $Sig.$ 都远远大于0.05，即 $p>0.05$，与原假设一致，由此可以认为工作室基地个案学校不同性别的教师在教师领导力各维度上无显著差异。

表8-3 不同性别教师的领导力（M±SD）

	培育团队合作文化	改善教育教学活动	问题意识与教研能力	专业倡导力	教师领导力
男	3.944±0.668	4.287±0.435	4.111±0.888	3.944±0.539	4.072±0.577
女	3.862±0.579	4.292±0.523	4.177±0.586	3.858±0.667	4.047±0.539
t	0.520	-0.039	-0.374	0.507	0.169
$Sig.$	0.605	0.969	0.709	0.614	0.866

表8-4 不同教龄教师的领导力（M±SD）

教　龄	培育团队合作文化	改善教育教学活动	问题意识与教研能力	专业倡导力	教师领导力
<5年	3.639±0.518	4.028±0.447	3.979±0.594	3.469±0.582	3.779±0.486
≥5年，<10年	3.942±0.475	4.400±0.498	4.200±0.524	3.700±0.575	4.060±0.475
≥10年，<15年	3.958±0.639	4.439±0.456	4.318±0.557	4.091±0.590	4.208±0.501
≥15年	3.985±0.633	4.364±0.523	4.185±0.807	4.129±0.569	4.166±0.584

(二) 教龄

1. 基本描述统计结果

对不同教龄教师的领导能力进行分析在一定程度上可以看出工作室基地个案学校教师领导力的特点和变化趋势,采用单因素方差分析法对教龄不同的教师在领导力各维度上的表现进行检验,结果如上表8-4所示。总的来说,教师领导力随教师教龄增长而加强,特别是教龄大于10年以上的教师在领导力各维度得分都比较高。其中在"培育团队合作文化"维度上,工作室基地个案学校教师的得分明显比在其他三个维度上的得分低。15年以上教龄的教师除了在"专业倡导力"维度得分较高外,在其他三个维度上的得分都比教龄在10~15年的教师低。分析产生上表现象的原因有:在访谈中也提到工作室基地个案学校教师在团队文化建设及教师沟通交流方面比较薄弱,上表数据统计结果正好验证了这一说法;教龄在10年以上的教师大多评上职称,如表8-5所示,其在行业内的专业性及影响力显然高于教龄稍短的教师,因此不难理解这些教师的整体领导能力得分会相对年轻教师高一些;教师行业同其他行业一样也有职业发展周期,15年以上教龄的教师有自己固定的上课模式,并且对新技术的接受和运用较年轻一些的教师会困难一些,因此在教师领导力的"改善教育教学活动"和"问题意识与教研能力"上得分会低一些。

表8-5 教龄与职称交叉计数

教龄	职称					合计
	高级教师(原中学高级教师,以及含在小学中聘任的中学高级教师)	一级教师(原中学一级教师和小学高级教师)	二级教师(原中学二级教师和小学一级教师)	三级教师(原中学三级教师和小学二级、三级教师)	暂无职称	
<5年	1	1	2	4	16	24
≥5年,<10年	0	5	4	0	1	10
≥10年,<15年	0	20	2	0	0	22
≥15年	6	21	0	0	0	27
合计	7	47	8	4	17	83

2. 差异分析结果

假设教龄在教师领导力各个维度上没有差异,如表8-6所示,F统计量在领导力各维度的观测值分别为1.909、3.469、1.057、6.998,对应的概率p值$Sig.$分别为0.135、0.020、0.372、0.000,而显著性概率=0.05,通过与p值比较,发现教龄对教师领导力"改善教育教学活动"($p=0.020<0.05$)和"专业倡导力"($p=0.000<0.05$)两个维度产生了显著影响。

表8-6　差异分析结果（教龄）

	ANOVA	
	F	Sig.
培育团队合作文化	1.909	0.135
改善教育教学活动	3.469	0.020
问题意识与教研能力	1.057	0.372
专业倡导力	6.998	0.000
教师领导力	3.268	0.026

（三）学历

1. 基本描述统计结果

从工作室基地个案学校不同学历教师在领导力各维度上的均值和标准差来看，学历越高，教师领导力各维度得分越高，研究生高于本科生，本科生高于大专生。但在参与调查的工作室基地个案学校83位教师中，研究生学历6人、本科学历75人、大专学历2人，由此可知工作室基地个案学校教师的学历背景差异不大，学校教师学历层次主要是本科，因此该校教师领导力各维度得分都在4分左右。（见表8-7）

表8-7　不同学历教师的领导力（M±SD）

学历	培育团队合作文化	改善教育教学活动	问题意识与教研能力	专业倡导力	教师领导力
研究生	4.000±0.570	4.333±0.380	4.333±0.465	4.083±0.438	4.168±0.443
本科	3.886±0.599	4.307±0.502	4.173±0.658	3.870±0.657	4.059±0.549
大专	3.292±0.412	3.583±0.589	3.250±0.707	3.500±0.354	3.406±0.309

2. 差异分析结果

假设学历在教师领导力各个维度上没有差异，如表8-8所示，F统计量在领导力各维度的观测值分别为1.101、2.095、2.203、0.659，对应的概率p值$Sig.$分别为0.337、0.130、0.117、0.520，而显著性概率=0.05，通过与p值比较，发现学历对教师领导力四个维度都没有产生显著影响。

表8-8　差异分析结果（学历）

	ANOVA	
培育团队合作文化	1.101	0.337
改善教育教学活动	2.095	0.130
问题意识与教研能力	2.203	0.117
专业倡导力	0.659	0.520
教师领导力	1.624	0.204

(四) 职称

1. 基本描述统计结果

由表 8-9 可见，职称不同的教师在领导力各维度上的表现总的来说呈现职称越高，教师领导力水平越高的现象。工作室基地个案学校不同职称的教师在领导力"培育团队合作文化"和"改善教育教学活动"这两个维度上的评分差异不大，但在"问题意识与教研能力"维度，二级教师评分最低，"专业倡导力"维度基本呈现职称越高，专业倡导力越强的情况。分析产生上述现象的原因有：研究对象工作室基地个案学校不同职称的教师数量分布不太均匀，会使调查结果出现一定偏差，调查的 83 位教师中，高级教师 7 人、一级教师 47 人、二级教师 8 人、三级教师 4 人、暂无职称的教师 17 人，其中三级教师人数最少，其次是高级和二级教师；从上文职称和教龄的交叉表可知，工作室基地个案学校二级教师的教龄集中在 5～10 年，这一阶段的教师大部分进入结婚生子、养育孩子的时期，其时间和精力都比较匮乏，因此也可推断出这一教龄教师在科研和专业倡导能力方面投入的时间和精力不足，评分也会稍微低一些。

表 8-9 不同职称教师的领导力（M±SD）

职　称	培育团队合作文化	改善教育教学活动	问题意识与教研能力	专业倡导力	教师领导力
高级教师	4.274±0.629	4.458±0.448	4.536±0.529	4.321±0.572	4.419±0.506
一级教师	3.942±0.617	4.372±0.501	4.213±0.703	4.059±0.572	4.146±0.542
二级教师	3.729±0.477	4.021±0.523	3.781±0.589	3.438±0.496	3.742±0.503
三级教师	3.625±0.725	4.208±0.599	4.125±0.661	3.500±0.661	3.865±0.583
暂无职称	3.677±0.479	4.108±0.433	4.059±0.549	3.485±0.549	3.832±0.457

2. 差异分析结果

假设职称在教师领导力各个维度上没有差异，如表 8-10 所示，F 统计量在领导力各维度的观测值分别为 1.758，2.031，1.445，5.764，对应的概率 p 值 $Sig.$ 分别为 0.146，0.098，0.227，0.000，而显著性概率 $=0.05$，通过与 p 值比较，发现职称对"专业倡导力"（$p=0.000<0.05$）维度产生显著影响。

表 8-10 差异分析结果（职称）

ANOVA		
	F	$Sig.$
培育团队合作文化	1.758	0.146
改善教育教学活动	2.031	0.098
问题意识与教研能力	1.445	0.227
专业倡导力	5.764	0.000
教师领导力	2.846	0.029

三、工作室基地个案学校教师领导力各维度状况

(一) 培育团队合作文化维度低于总体水平

"培育团队合作文化"维度考察了工作室基地个案学校的教师是否具有团队合作意识、与同事、领导的沟通效果及在本校团队合作中所起的重要性和发挥的影响力。通过这一维度也能看出学校整体的团队文化氛围及教师之间的有效沟通情况。该维度下的各条目分数显示（见表8-11），学校教师基本能公开交流、公平对话，发挥相对较好的是"能和同事一起促进学生公平发展"和"愿意在家庭、社区中为学生争取更多的权益"。但学校的学习氛围不是很浓厚，教师责任感不强，对同伴关注度不够，在同事中没能起到很好的带头作用。

表8-11 教师领导力"培育团队合作文化"维度得分统计

项目	样本数	均值	标准差
1. 我努力让同事之间对家庭、社区的多种教育需求达成共识	83	3.95	0.810
5. 我与同事、学生家庭、社区共同商讨策略，努力满足家庭和社区多样的教育需求	83	3.94	0.756
9. 我采用恰当的技术手段，帮助同事个性化的专业学习	83	3.86	0.843
13. 我与各方沟通，努力在家长和社区中为学生争取更多资源，与同事一起在适当的时机呼吁保护学生权益	83	4.00	0.812
17. 我在学校之外的社会情景中，代表教育行业而奔走呼吁	83	3.19	0.969
19. 我以身作则，与同事分享自己和学生家庭或其他相关人员沟通、合作的技巧，努力让不同背景、环境中的学生都能得到公平的发展	83	4.33	0.646
21. 为使同事间能有效地互动，我愿意学习与运用不同背景、民族、文化的语言和知识	83	4.08	0.752
22. 我与地区内外的教师共享信息，讨论国家地区的政策趋势对学校教育活动和学生发展的影响	83	3.84	0.904
23. 我会不定期约见学生家长，开展家校交流会	83	3.99	0.930
24. 在解决特定教育问题时，我促进同事开展基于学生发展数据的挑战性对话，营造信任的、反思性的氛围	83	3.87	0.808
25. 我与同事一起收集、分析、传播同事专业学习效果的数据资料，关注教师的专业发展对学生发展产生的实际效果	83	3.76	0.650
26. 我观察教师的教育教学活动和学生的学习，分析评估数据，与同事开展反思性对话，帮助同事把调查研究和实践联系起来	83	3.75	0.867
维度总计	—	3.88	0.831

(二) 改善教育教学活动维度明显高于总体水平

"改善教育教学活动"维度考察了工作室基地个案学校的教师在"互联网+"教育背景下能否积极主动通过运用现代化的多媒体技术改善教学手段,从而提高教师的课堂引领能力和增强学生的学习注意力,同时考察教师对同事的教育教学活动是否具有的领导力或影响力。观察表8-12发现,此维度下的各个条目均值都比较高,表明该校教师具有一定的学习热情和较丰富的专业知识,并且希望通过创新教学方式和不断改善教学手段,进一步促进自身教育教学水平提高。值得关注的是,工作室基地个案学校的教师大多愿意将自己的经验同本学科教师分享、交流,也十分乐意帮助新入职教师更快地适应学校新环境。

表8-12 教师领导力"改善教育教学活动"维度得分统计

项　目	样本数	均值	标准差
2. 我能与同事进行互相尊重和彼此信任的专业对话	83	4.420	0.701
6. 如果积累了很好的教学经验,我愿意拿出来与同事们一起分享	83	4.450	0.610
10. 我乐于帮助新就职教师提升专业能力	83	4.310	0.697
14. 在教学中,我不断地更新和丰富自己的课程知识	83	4.310	0.697
18. 我有能力对教学内容的处置进行合理的选择	83	4.160	0.707
20. 我能从教学实践中发现问题并深入思考出现问题的原因	83	4.170	0.659
维度总计	—	4.292	0.704

(三) 问题意识与教研能力维度高于总体水平

"问题意识与教研能力"维度考察了工作室基地个案学校教师的问题意识和反思研究能力及对学校和同伴提高科研能力发挥的作用。从该维度四个条目的得分来看,"愿意与同事了解、学习并运用标准和评估工具"和"支持普通教师与高校合作进行教育课题研究"两项得分较高,说明工作室基地个案学校教师大多愿意以一定的标准和采用评估工具更科学地开展教育教学工作,同时他们也希望通过和高校合作,从高校处获得科研方面的指导。"运用理论指导专业学习"和"呼吁同事以科研促进教学"两项得分较低,表明工作室基地个案学校的教师理论知识储备不足,缺乏相应的理论来指导教师专业发面的发展,行业责任意识比较薄弱,大多不愿意带头呼吁同伴积极开展科研活动从而促进教学能力的提升。(具体见表8-13)

表 8-13 教师领导力"问题意识与教研能力"维度得分统计

项　目	样本数	均值	标准差
3. 我愿意与同事一起去了解、学习和运用多种符合国家、地方标准的评估工具	83	4.270	0.750
7. 我运用成人学习理论来促进多样化的专业学习,满足自己不同的学习需求	83	4.020	0.841
11. 我以科学研究为基础,呼吁开展能更好满足学生发展需要的教育教学方式	83	4.020	0.841
15. 我支持普通教师与高等教育机构或其他组织开展合作研究教育课题	83	4.340	0.769
维度总计			4.163	0.800

（四）专业倡导力维度明显低于总体水平

"专业倡导力"维度考察了工作室基地个案学校的教师在促进社会各界对教师行业的社会地位、社会认知方面所起的作用,同时也体现教师的职业认知、专业能力和专业素养。从表 8-14 中各个条目的均值看,工作室基地个案学校教师愿意为行业的发展做出自己的一分努力,与同事共同推动有意义的教育改革。在自身是否有能力指导和影响同事的专业成长问题上得分较低。由此可知,工作室基地个案学校教师的个人专业能力及专业自信还有待提高。在统计教师关于教学和教研的时间分配问题上得分也不高,可见工作室基地个案学校教师在开展科研活动方面所留有的时间较少,不能很好地发挥以科研促进教学能力提升的作用。

表 8-14 教师领导力"专业倡导力"维度得分统计

项　目	样本数	均值	标准差
4. 我在同事个人或专业成长过程中发挥指导者作用,传播教育知识与技能	83	3.710	1.030
8. 我努力促进团队合作,与同事一起决策、管理、解决问题和冲突,共同推动有意义的改革	83	4.130	0.694
12. 我愿意为同事能够进行专业学习而呼吁,争取更多财政、人力或其他物质资源,以学校发展为目标,努力建设专业的学习型社区	83	4.050	0.810
16. 我平时除了教学以外,还会留出时间进行学术研究	83	3.610	0.853
维度总计	—	3.875	0.847

第三节 个案学校教师领导力的影响因素分析

本节主要研究工作室基地个案学校教师领导力总体水平中等的原因。

一、工作室基地个案学校教师领导力的研究结果和讨论

从前文量化研究结果来看,工作室基地个案学校教师在领导力"改善教育教学活动"和"问题意识与教研能力"两个维度上的得分比较高,而在"培育团队合作文化"和"专业倡导力"两个维度上的得分偏低。本节通过观察和整理分析工作室基地个案学校的相关材料和访谈稿,在"互联网+"教育背景下整理本研究的思路如下:了解基础教育新背景"互联网+"教育对教师角色转变的影响、教师对个体能力的看法及提升对策,强调团队协作文化对学校及教师能力提升具有重要作用,让教师明白提升行业主人翁意识也是其领导能力的一种体现。下面分别从教师对领导力概念的理解及认识,教师平时在教学工作中的压力和困惑,教师对教研的态度、学校环境及自身专业能力的认可程度,教师与学校、同伴等的沟通情况即从培育团队合作文化、改善教育教学活动、问题意识与教研能力和专业倡导力四方面来讨论工作室基地个案学校教师领导力状况。

(一) 教师对领导力的理解与认识

这部分研究是为了解工作室基地个案学校教师对领导力这一概念的认识情况,在访谈的过程中发现工作室基地个案学校教师对教师领导力认识存在两种现象:一部分中青年教师听过这一概念,并能简单就自己的理解进行阐述;还有一部分教龄长的老教师对这一概念比较模糊,甚至没有听说过,完全意识不到普通教师身上所具有的领导力。

工作室基地个案学校教师对领导力认识存在的一种现象是,部分教师听过或者了解过教师的领导力,并且意识到领导力不仅仅是学校的中高层或者校长应该具备的能力,而且学校的普通教师也应该具备这一能力。例如,一个老师的课教得好,就算他只在普通的教师岗,还是会得到其他教师的尊重和欣赏,并乐于向其讨教教学经验,这是教师领导力在发挥潜移默化的影响。

> 我理解的教师的领导力不是按教师的职位来定义的,我觉得它是教师的威信所在,它一定是有一个凝聚力的,它跟你的职位没有关系,它跟你所从事的这个职业是否有吸引力有关。比方说,我推出一个东西来,大家都觉得这个事挺好的,然后我就召集这些人,让大家成为一个集体、一个团体,共同去完成这样一个东西。
>
> 教师领导力是在组织学生这方面,就是如何来带领学生适应社会、形成健全的人格。我觉得同伴之间,作为教师,不管是行政教师还是学校校长,这方面大家的一个共同基础就是同事,他们之间存在一个交流与沟通的问题。不能单单将

其作为一个领导者的能力，也不能单一化领导力的概念，我认为更多的是交流沟通方面的。

我觉得老师也好，学校也好，领导力的问题首先是理念先行，理念都不行，执行力就不行。其次是在执行力方面，其核心思想就是落实，但如何去落实，就有很多方式方法了。除了每天的常规事情必须做好以外，更重要的是探寻新的东西，教师的创新就很关键。它也是教师领导力的一个体现。

我感觉是靠提升自己的威信。就是说你上了一堂课，别人对你的评价，还有你给别人评课，你评得是不是到位，你说的东西别人是不是接受，你的言行举止等，这种教师虽不是真正的领导者，但时间久了，这种威信自然就有，你就是一个领导者的角色。

研究发现，工作室基地个案学校教师能意识到领导力跟同伴的交流沟通具有重要的关系，觉得教师的领导力不是一个单一的概念，它和学生、同伴及个体思维方式的转变，如要具备创新的能力都是有密切关系的。

工作室基地个案学校还存在另外一种现象，就是一部分教师完全没有听说过这个概念，访谈者在追问后，部分教师也就自己的理解谈了看法。大多觉得教师的领导力集中在自己对课堂的把控及如何管理好自己的班级，还有就是对学生的影响作用。这种意识多是基于一个教师在教育教学这方面的影响和作用。

领导力没有听过，听到这个概念我可能会想到说调控课堂吧，就是你对课堂的掌控还有就是你怎么样使知识系统化，如何将知识更好地教给学生。可能一说领导就会让人想到管理、分配各方面。比如说，分配一个小组合作，你该怎么分配，如何分工等，我自己感觉是这样的。如果说你要从一个班主任的角度来说，那就可能更多了，如培养一个班干部、一个组长让他去领导班级或他的小组成员。在教学这一块，对班级的把控，老师也起到一个领导的作用。

我之前没有接触过这个概念。我觉得领导力体现在教师的展现力、引导、调控，是教师的综合素养、综合能力及如何带领学生进行一个互动。

之前没有听说过这个概念。我感觉就是，比如说科组长怎么带好一个科组，需要个人魅力和领导力，班主任在管理班级时也会需要领导力。再者，普通老师的领导力可能也需要培养，但是学校一时半会也没有办法让你组织个活动什么的。我感觉自己还没有什么领导力，就是不知道怎么去发展、去影响，目前也没有这个意识。

教师在课堂管理和教学过程中所起的领导力、引领能力是毋庸置疑的，但是部分老师认为的领导力只体现在教学领导、专业学习和专业发展，在个体综合能力发展意识这一方面相对薄弱。他们可能觉得，作为老师，教好书、带好班、做好班主任，或者说在教书育人的角度努力了就可以了，因而会忽视新背景下教师角色正在渐渐转变，教师要不断地提升个人的综合素养。因此，教师领导能力的提升就显得格外重要,也理应受到普通教师的重视和关注。

(二) 教师在平时的教育教学中的压力、困惑和阻碍

在"互联网+"教育背景下,社会、学校、家庭对教师的要求渐渐提高,要求教师提高综合素质、转变角色,不仅要完成自己的本职教育教学工作,还要不断提升各项能力。如学校越来越提倡教师要在教学后多进行反思,同时将教学实践中发现的问题及时归纳总结,形成课题进行研究。家长希望教师能有更多的精力关心孩子的个体生命健康成长,发现问题及时引导。这些无疑会给教师带来各种各样的压力,本部分试图听一听教师的心声,了解他们的诉求,以便找到影响教师领导能力提升的因素。

> 我们这边老师的调动,一般较多情况的是家庭上的原因,夫妻俩条件差的一方往条件好的一方调动。还有部分是个别老师自身比较优秀,自然会往更好的地方去发展,像那种单单是想调动去别的地方的情况比较少。

在访谈过程中,当问到教师对流动性怎么看时,就有教师表示婚姻、家庭占主要地位,一般是为了要跟配偶在一个区域才考虑调动,还有就是一些年轻的教师为了自己以后有更大的发展空间,可能会考虑去更好的学校。根据这两点我们就可以从侧面看出提高教师待遇、给教师发展机会其实很关键,老师待遇提高了,生活满意了,又有发展机会和平台,他们自然会更愿意留在现有的学校和工作岗位,更愿意关注学校、关注学生、关注同伴。

> 来学校后就是总感觉自己太累、太辛苦,但又不知道如何减轻自己的负担。我觉得自己的压力太大,不仅有教学方面的压力,还有一些事务性的,如学校安排的杂事太多,尤其是班主任。

访谈中在问到教师的压力来源时,有相当一部分教师就提出现在学校对教师的要求越来越多了,不仅在教学上有压力,还会给教师一些行政上的事务,使他们不能更好地关注课堂、关注学生、关注自身能力的发展。学校的繁杂的事务致使许多新入职教师感到很迷茫,不知道自己的工作重心在哪,是教育教学还是学校的一些行政事务,根本无心关注自己与同伴的相处及自己对周边的积极的影响力。还有就是部分教龄长的教师出现了职业倦怠及内在发展动力不足的问题。这一现象提醒学校要对教师的职业规划给予一定的指导,多创设一些机会和安排一些活动让老师们进行专业、情感等的交流。尤其是一些刚入职年轻的教师,他们更需要来自同伴和学校的引导和帮助。

> 我觉得现在的社会还是强调个体的个性化,同时我也一直这样认为。其实对小学来讲,应该是从重研究转向重应用,现在很大的问题就是强调小学老师要做

这个研究做那个研究。我们确实有很多学校教师能做，但做出来的东西本身的深度不够，还有研究上的严谨性也是不够的，往往就是自说自话得出一个结论。如果这样做研究，那就没意思了。我觉得高校应该重研究，小学则应该重实践，如果将这个研究的效果通过小学去实践检测，高校去监控、监督、指导，我认为这样会更有效一些。我认为，学校现在给老师太多的限制，一定要老师怎么样。

研究发现，工作室基地个案学校教师的一个困惑在于义务教育阶段的教师在平衡教育教学与做研究搞科研的时间和精力上没有一个很好的把握。访谈中，该校领导层的一位教师就说出了自己的一些内心感受，认为高校和小学要配合，小学教师在实践中发现问题，反馈给高校教师，高校专家通过自身的理论知识将问题规律化，形成一个解决的措施和办法，并将措施与对策再回归到小学进行检测。这样就实现了一个良性的学习圈和问题解决圈，使理论能更好地指导实践，既减轻了小学教师做科研的负担，又使高校专家的研究成果得以实践佐证，达到双赢共生。

（三）对培育团队合作文化的认识

工作室基地个案学校教师在专业发展上能够意识到团队合作的重要性，比如像老教师会主动帮助新教师尽快熟悉教育教学活动，给予年轻教师一些专业方面的指导。科组间也会互相听课，进行自评和互评，以提升教师的个人能力。老师普遍反映他们愿意交流，也意识到团队建设、团队文化的重要性和必要性，但苦于学校缺少这样一些机会，没有提供很好的平台来建立教师之间的关系网，导致学校教师之前关系比较疏离，教师们的向心力不强，进而也导致教师们的幸福感和积极性不高。

> 新教师过来我会叫他们先去听课，听备课组长的课，听同一备课组其他老师的课，或者听我的课都可以，先听两三个星期的课，然后我再去听新教师的课。我们教师之间的学习都是以团队的形式开展的。

教龄较长的、各方面综合素质较高的教师所具有的引领和领导的魅力要能辐射到周边的一些教师，就是所谓的骨干先行，这类骨干教师以点带面，一圈一圈地扩大影响。但这影响也是有一个过程的，这些教师从旁观到慢慢介入，到最后愿意参与学校事务及关注自身能力发展。教师的引领、领导力也需要有一个缓慢变化的过程。这个阶段在于要下大功夫去培养这些老师，给他们一个平台，让他们再去辐射其他的教师，发挥他们对同伴的引领能力。

> 这几年除了工作餐在一个餐厅吃，平时全校的教师没有聚餐。以前我们学校在教师节这天有一个集体的聚餐，交流下感情。然后就是像元旦这样比较大的节日可能也会聚餐，在外面吃一顿工作餐。但是这几年没有了，我觉得这个对于我们交流感情、对于团队合力的提升是有影响的。新老教师之间肯定存在一些天然的隔阂，新来的老师不能一下子就融入原来的老师团队里面，这个很正常。

> 我们就是跟本年龄段的会多交流一些，跨年龄段的，就像现在的"90后"，跟他们不太熟，有好多人我都不知道他们叫什么。学校也不会刻意给我们安排老师多接触的活动，组织教师集体出去。他们总是说津贴受限，上面查得严，不能组织这种活动。其他教师也提了经费的问题，前段时间说工会有一笔钱，但是太少了，就不开展了。还有出去学习报销的制度也不畅，学校应该给予方便。新校长只是分派任务，我们现在基本都不沟通了。因为年级组长提出的意见领导层都不接受，就是命令式的。这就明显看出是沟通不畅。之前也忙也累，但是之前的校长会沟通，能够理解我们，能够体会一线教师的苦与累，这样，老师心情也好一些。其实这个领导团队已经影响了教师的发展。

我们通过研究发现，工作室基地个案学校教师沟通不畅，如新老教师关系存在隔阂、学校领导和普通教师交流困难等。原因有以下几方面：一是学校本身没有经常安排和组织一些活动来增进老师之间的感情及提供一些沟通交流平台；二是学校一些中层领导或行政部门会以学校财政支持这一问题来限制教师之间开展活动；三是新校长与学校教师缺少沟通交流和平等对话。深入工作室基地个案学校进行调查后，发现工作室基地个案学校的整体环境还可以，各种设施设备还算比较齐全，教师、学生的学习氛围也比较浓厚，但在和教师聊天的过程中发现，教师的积极性不是很高。通过访谈也了解到，该校历经两届校长，学校教师分为新校长招聘进来的和老校长招聘进来的两批教师，因此在聊天中也能感觉到两批老师在平时的工作和生活中沟通不是很频繁和顺畅，如年轻教师和老教师沟通不畅，行政部门与普通教师沟通不畅。还有就是部分老教师觉得被忽视，加上新校长将原来的领导班子都换成了新的一批中层领导等措施使老教师产生了一些不满的情绪。

（四）教师对自身领导能力的提升建议

教师能力的发展是教师在工作岗位上实现自我价值和社会价值的过程和结果的统一。由于职业环境和教师角色转变这一现实，教师自身定位和发展要求是每个教师所必须关注的问题。

> 刚入职时，我做班主任，希望把班上的小孩带好，然后就休产假了，后来做科任老师。在做班主任时，我就希望做好学生的德育工作，同时兼顾好自己的本职教学工作，教好英语，一节课前面的十几分钟上思想品德，后面的半个小时上自己的英语课。在这几年的工作中我也发现在不同的岗位要有不同的侧重点：做班主任要做好学生的德育工作；做科任老师要上好自己的专业课；现在做科组长，我就会边教学边做科研。

研究发现，工作室基地个案学校中部分教师已经在关注教师个体领导力的发展了，其中有老师建议教师要提高领导力可以从各个方面入手，如一是学校需要给教师一定的支持和帮助；二是作为教师个体也要注意不断提升自我，加强学习和锻炼。访谈中还有教师认为，学校可以将教学与行政有所分开，一部分教学能力突出的教师可以发挥其教育教学和专业方面的引领能力；而另一部分具有行政方面领导才能的教师可以多从事行政方面的工作，负责学校的日常工作及做好校长与普通教师之间的沟通桥梁。再者，公立学校也难免会有一些不在编制内的教师，这些教师本身就存在一个不稳定性，就如访谈中一位教师提及的不要因为契约方式不同就限制了教师个体领导力的发展，学校可以考虑让这类临聘教师就地生根，发挥他们的才能和价值。

> 为了让学校更好地发展，建议学校在考虑中层领导时能跳出教而优则导的视野，毕竟教学能力与领导力不同。此外，非在编教职工虽然数量不多，但在目前难以清零的情况下是否可以考虑让大家就地生根？毕竟，不是每个人都在意编制身份的。不要因为契约方式的不同而限制了个体领导力的发展。

> 学校方面，一是要进行强调，二是要鼓励和支持。教师领导力对年轻教师可能不是一个陌生的概念，但对于老教师来说，可能就比较陌生了，学校也不太会要求老教师做科研。就我自身而言，如何提高自己的领导力，首先，完善和发展自己，自己要有别人没有的优点，这样才能让别人信服。其次，要开展或研究一个东西，这个东西一定是要对老师和对学生都有益的，大家才会去关注。最后，科组之间的人际关系也是很重要的。提升领导力是要关注各个方面的，因为做好一个东西是有很多支点的，要去到达一个位置，你要想好如何组合好这些支点。

1. 教师领导力提升需要同伴协助

一个人的力量是有限的，只有同伴互助，才能生发出更多的东西。教师的领导力首先是表现在其教育教学专业方面的引领能力，学校的教育资源有限，如何使有限的资源发挥最大的作用就需要同事之间进行资源共享。新教师入职后有一个适应过程，其教育教学能力的提升需要老教师的教导、经验分享及引领。

> 在同伴之间的领导力我觉得是老教师带领新教师学习教学技能和教学方法。部分教师去学习，然后分享给大家，从身边办公室开始带动，这种影响力我觉得特别大。乐于分享，带动其他老师，平时共同交流，一起了解，一起学习，会让人感觉科组的凝聚力越来越强，周末也可以一起学习，然后进行探讨交流。平时在带实习生时，当他们提出困惑后，作为老教师，也应责无旁贷地给予帮助。

2. 教师领导力提升需要教师不断学习

无论是教师在课堂上的调控能力，还是在专业上的影响力，归根结底还是教师个人素质提升的表现。个人综合能力高的老师，其表现出的人格魅力会潜移默化地影响到他人。在现如今的知识社会，终身教育和学习的理念已经深入人心，加之科学技术不断发展，在"互联网+"教育环境下，学生知识面在不断扩宽，教师更应该持续不断地学习，才不会与时代脱轨，才不会拿几年前的备课笔记继续教着现在的学生。新环境下教师更需要严格要求自己学习新知识，要转换心智模式，改变思维方法，学会创新,才能更好地教导学生、引领同伴、发展个人能力。

> 我对教师领导力的提升有几点思考:第一,专业知识要提升;第二,课堂的调控能力要加强,就是学生要喜欢你的课堂,不是生硬地教,听了就行,还要学生参与到课堂中;第三,要从教师的个人素养上提升,一个没有文化素养、创新理念的老师,教出来的学生也不会很优秀。

3. 教师领导力提升需要学校给予支持和鼓励

教师能力的提升单单靠个人及同伴的作用是不够的,教师身处学校这样一个场所中,其发展和能力的提升是需要学校给予支持的。教师个人有意愿、有积极性,学校提供发展平台,才会事半功倍。在访谈中、工作室基地个案学校就有老师提出希望学校能多给老师的发展提供帮助和鼓励,建立一定的评价制度,让老师的发展有一定的衡量指标,保持好的部分,改掉或完善不足。教师还建议学校可以实行奖惩措施,这样可以鼓励先进,让更多的教师参与进来,发展学校、发展自身能力。

> 一是培训,终身学习;二是自身学习;三是要有奖励措施,评价制度。评价制度可以知道老师欠缺什么,针对欠缺的部分进行培训,对老师的全面发展更有利。我觉得对老师应该激励为主,惩罚为辅。

(五) 教师对学校环境支持及行业的认可程度

教师领导力的实现首先需要教师对自身行业、职业有一个认可,然后才有可能再来谈个人能力的问题及影响他人的问题。其次是身处的环境是不是他们满意的,环境中人文的和物质的设施设备能否给教师的发展提供支持是一个重要的影响因素。在研究工作室基地个案学校时,笔者就发现,由于学校领导经过换届,致使目前该小学教师对学校的现状并不十分满意,有觉得学校硬件设施需要改善的,有觉得学校制度和价值理念需要统一的,还普遍反映了沟通交流的问题。在访谈老师对职业认可情况时,大多老师还是表示挺喜欢这份工作,也希望自己能把个人能力提高。但在教师们的回答中,笔者也意识到一个问题,就是教师们大多只局限在个人的发展方面,鲜少有提及自己愿意提高教育事业的社会认可度、影响力的。

1. 学校硬件设施不齐全,周遭环境有待改善

教师的能力提升应该建立在一个快乐的教学基础上,环境的好坏直接影响教师的心情及做事的积极性和热情。学校是教师日常身处的主要场域,因此建立一个设施完善、文化氛围好的校园至关重要。

> 你看周边是异军突起,这个学校是最早市政府建立起来的一个打工子弟学校,所以它的建设规格和基本配置是明显低于其他兄弟学校的。应急式地建立这么个学校,以解决突出的外来工子弟的就读问题。但随着时间的推移,学校风生

水起，发展得还不错，而且社会影响力也与日俱增。后来市政府就专门又搞了一份文件，划了一块地，就是扩校项目。周边的楼盘扩建，包括有一些小学也在扩建，它们的项目比我们的还晚一点，但是它们的启动比我们早。什么原因我后来也没工作，最后我们学校这个项目就慢慢地石沉大海了。

教师领导力的发挥也要依赖学生的成长。我们学校硬件方面还是有所欠缺，学校学生的活动场地严重不足，希望我们学校的扩建早日完成，有更多的活动空间，比方说体育活动场所和艺术活动场所。体育馆、科学室、音乐室、美术室、图书角这些要丰富起来，让我们学生有更多的活动场地。

2. 学校要健全制度，统一价值理念

工作室基地个案学校在文化引领方面没有给教师一个明确的方向，教师们觉得学校目前没有一个统一的目标理念。价值理念是否统一关系到教师在追求自我发展的同时有没有兼顾到学校的发展。理念的统一又需要制度做保障，一个健全的学校发展制度不仅能让教师们在教育教学和做事上有一个标准，还能让教师产生信任感，同时，教师之间的公平感、信赖感也会增强。

学校要有一个统一的指导思想，带领教师一起去努力。然后，我还希望学校能健全制度，学校以后使用制度去管人，而不是用人去管人。不管有什么事情，都能够找到对应的制度，翻到制度就知道怎么做，而不是我们个人决策，或者说几个人出来讨论和决策这件事情。简单来说，就是依法治校。这个"法"不单单是指法律，还包括我们学校内部的一些章程、制度。

举个例子，教师有年度总结，就是年度考核，但是考核结果，公不公平我就不好说了。咱们上个学年度考核，以前朱校长在任的时候，都是考试结束完之后，大家用一天多时间看试卷，看完试卷后，马上做这个考核。考核结果肯定是在老师放暑期前公布出来，这样能给大家一个交代。但现任校长的习惯是，考核放在我们散学典礼的头天下午，结果根本出不来，暑期大家一走，该出去玩的出去玩，该回家的回家，谁还去关注这个考核结果啊，到最后结果怎么样，没人知道。他说会公布在我们教师群里，也没看到。好多老师一开学回来，年度考核怎么样，没人知道，也没有公布在我们的群里，所以这公平不公平我不敢说了。

工作室基地个案学校对教师有一定的激励制度，如对"奖教奖学"方案，也会考虑给愿意发展的、积极性较高的教师提供平台和帮助。

我们学校是有一些激励的，比方说，我们有"奖教奖学"方案，班级教得好，在片区成绩领先，或者说进步比较大，或者你带的学生获了奖，你发表了论文，写了一些新闻报道。只要是正规的，我们学校都认可，在奖励讲学这方面有体现，这是一种激励。另外就是在教师培训发展这块，学校会为愿意发展的教师提供更多的机会，就像学校注重培养年轻人，这也是激励教师的一种方式。

3. 学校团队合作文化氛围不浓

工作室基地个案学校教师团队合作文化氛围不浓，教师的满意度不高。好的学校文化包括教师和学校有共同的目标、较为完善的学校制度、良好的人际关系网，进而同伴相互引领，形成团队合作文化，让普通科任教师和学校领导共同管理学校。在访谈中发现工作室基地个案学校有部分教师已经对学校产生了信任危机。

> 我们学校老师之间交流不是很多。相反，我听到的埋怨声比较多。我觉得教师的幸福感不强主要有几点原因：一是成长受限；二是财务受限；三是感觉到没有被尊重，比如说校长之前在全校教师大会上的讲话就没有给老教师足够的尊重。还有财务方面，我们的工资经常算错，绩效的问题经常不了了之。我认为，对工资和福利的重视是对绩效最大的尊重。会计也解释不清楚，校长解释说，绩效都是上面的财务中心发的。之前还会解释，现在根本都不解释了，只是搪塞。我也是最近才留意这个事情的，就直接找了副校长，我说哪怕你只算错了一分钱，那么你就有算错一万块钱的可能。所以我认为，同事之间的信任在这种氛围中可能会受到影响。

4. 校长和学校中层的领导艺术欠缺

领导的榜样带头作用对一个学校的文化氛围有很大的影响。如学校领导主持专家工作室，自然其工作室成员在校领导的带领下会有更快的发展，相应地，也会使教师在各方面得到成长和能力的提升。校长是学校发展的核心，也是教师领导力发展的重要影响因素。一位优秀的校长的领导力表现在各个方面，如教育理念新颖、尊重各级教师、管理团队教师人性化、注重沟通会分享。访谈中得到工作室基地个案学校教师的一个反馈是，由于学校历经换校长，新校长和学校的老师之间存在沟通不畅的现象，教师们对校长的一些做法不太支持和赞成。还有就是学校中层领导也没有足够重视教师个体领导的重要性，未能充分发挥普通科任教师的领导力，欠缺给予普通教师关于学校管理一定的说话权利。

> 我觉得要真正把学校管好，是要对多方面进行改革的。这个东西不是说，我高兴就听你一点，然后过两天又回到自己的思想意识当中，那样反复打捶，捶不出好钢来，文化立校是做不到的。学校的发展必须以文化立校，而文化立校需要有一个好校长、一个好的行政班子、一个好的团队去带领，现在这三方面都有一些问题。真的是没办法，我身体也不好，也没那么大的能力，我也没有话语权。
>
> 因为经历了校长换届，有的教师就说是"一朝天子一朝臣"。我觉得这样说也不合适，但是说实话还是有这样一种意味。有的教师对以前的校长有比较深的感情，换了新校长难以接受，对新校长的一些理念也不是很赞同。还有就是学校的制度需要更新，学校中层干部没有做好沟通衔接，我们学校整个教师队伍不够团结。总的来说，可能就是学校教师的思想无法统一起来，步伐无法统一起来。确实向心力、凝聚力这块觉得还是有所欠缺。

新校长的做法是另起炉灶，把过去很多东西基本上屏蔽掉了。但从教育的历史和传承来说，要有历史源头或者说是传承和继承性的发展。我个人认为，学校过去有些比较好的东西可以继承，比如学生的养成教育和学生的自主教育这方面的传统和项目。教师发展设计起码有老中青不同的专业发展计划，至少要有一个教师梯队建设。新的领导过多强调的是年轻教师的功能或者说是使命发挥而把老同志基本丢在一边了。

在访谈中问到教师对教育行业的认可度时，工作室基地个案学校大多数教师对行业的认可度还是挺高的，教师这个职业本身比较稳定，工作压力相对其他职业还算比较小。但是也有教师在安逸的环境中存在一定的危机感，觉得活到老学到老，还是要不断提升自己的专业能力，不然会被新人赶超和替代。

　　我对自己的职业还算满意，我比较喜欢教育这个行业。我工作的这两年来，同事之间的氛围感觉还行，大家互相关怀，有什么事情互相帮忙。我们数学科组的氛围感觉上还是挺好的，学校的人情味不会感觉太冷漠。到目前为止，学生和学生家长对我还算可以，没有说这个教师怎么样怎么样，所以也算是对我工作的认可。跟同事了解到，这两年学生的生源素质有些下降，另外就是学校要扩班，工作量会大一点。

（六）教师对科研与教学的态度

教师的领导力还体现在教师的教学力和科研力上，其实是一种问题意识和反思研究能力。通过了解学校教师对科研及教学的看法和认识，能大概知道该校教师的反思能力状况。工作室基地个案学校教师总体对科研抱有积极的态度，愿意去尝试做课题开展研究，以科研促进教学能力的提升，但同时也希望学校能给予一定的支持并提供相应的平台作为保障。

　　我之前还是普通老师（指未做学科组长）的时候，我自己会将教学的杂想，比如反思写下来，从中得到一个大概的科研概念。我觉得普通老师会有这样一个疑问：如果自己去牵头或开展一个东西，会有人跟自己一起去做吗？因为牵头做一件事需要各方面的支持，如果缺乏支持是做不了的，普通老师在考虑到这样一些问题的时候可能就会退却了。

访谈中发现工作室基地个案学校有教师认为教师做科研其实相当于在教学中的反思，在课堂上发现问题了，课后进行反思，这样对下一步的工作或今后的工作都是有一个指导作用的。该校教师有意愿做研究，也觉得在教学和研究上可以两不误，但在具体如何开展课题研究等问题上还不是特别清晰，缺乏了解相应知识的渠道，需要有专业人士的指导和帮助。

学校教科室会发布一些论文，会告知以什么主题写论文。之前学校会请一些教授和一些有经验的老师开培训会，教大家怎么开小课题。据我所知，其他科组也会去报课题。数学组本来近年也想报课题的，但好像错过时间了，就打算下个学期再开展。一般大概11月中论文就可以评奖了，我们学校今年大概有17位老师获奖了，去年我不清楚。科研活动对老师研究学生是挺好的，这对老师的教育教学也有事半功倍的效果。其实做研究也没有那么大的负担，但我觉得学校老师大多就是不知道怎么做研究，怎么申报课题，缺乏渠道或者专业的指导，没有一个团队一起开展。

研究发现工作室基地个案学校还有一小部分教师对小学老师做科研抱有反对意见，认为小学教师只要搞好本职教育教学工作就好，学校提倡老师做科研其实是增加老师的压力。他们不支持的主要原因是无法同时兼顾教学和科研，还有就是时间和精力无法均衡分配的问题。

科研的话，校长也会说。但是我讲真的，我们教小学的老师的精力并不一定要放在科研上，因为这样会影响对学生的培养。就我个人的了解，大部分深圳的小学老师都是比较反对做课题的，跟做课题相比，我觉得教好学生更重要。是不是一个老师就一定要做课题，我觉得不是的。有些老师可以，但是大部分一线教师应该关注培养学生。一个课题做下来要写八九十页的文字，很浪费老师的精力，但是你写一下教学反思、教育故事，这样也会有收获的，可以提倡。

学校都会要求教师做科研有。其实对我们小学来讲，特别是低年段，学生的行为习惯培养很重要，你要讲科研的话还是比较遥远的。我们老师的时间和精力毕竟是有限的，如果安排得太满，教师的注意力就不会集中在教学上了。

二、工作室基地个案学校教师领导力的特征小结

总体来说，工作室基地个案学校的教师对教师的领导力有一定的认识，大部分老师抱有积极心态，能认识到个体能力提升的重要性，也愿意通过自身努力及学校支持来不断发展自己的领导能力和提高综合素养。由于工作室基地个案学校近几年历经校长换届及学校整个领导班子的重新任命，致使学校的一些理念、措施等有所变动。通过对工作室基地个案学校的访谈，发现学校整体的文化氛围不是特别团结积极，教师们对学校的政策和制度等方面都提出了自己的看法，教师们也谈了影响自身领导力的一些发展因素。

首先，教师们对学校的支持系统不是特别满意。学校原计划的扩建项目没有积极推进，最后不了了之。学校各方面的设施设备也应逐步齐全，为老师及学生提供更好的教育教学和学习的环境。工作室基地个案学校的学校制度没有统一、完善，如单身教师公寓问题，年轻老师建议学校住宿要立章程；绩效考核评价制度问题，部分老师对学校绩效不了解，觉得绩效公平公正有待提高。绩效问题对老师的积极性是有一定

影响的，教师需要公平、公开的环境和学校制度，在这样一种环境和制度下，他们才会有安全感和信任感，才会更积极、更努力地工作，不断完善和提高自己。

其次，工作室基地个案学校的教师对校长和中层领导的工作方式不太赞同。学校新校长来校后采取"一刀切"的方式，将之前的中层领导班子都换成了一批新的年轻教师。这一举措引起了学校老教师的不满。学校老教师觉得自己没有受到尊重，加之新的年轻的中层领导在各方面经验还不足，在校长和普通老师之间所承担的沟通桥梁作用也没有很好地发挥，致使工作效率和效果不尽如人意。学校缺乏统一的理念凝聚全校教师们的人心，学校教师整体不够团结。校长和中层领导没有给予普通教师足够的尊重和充分的话语权来参与到学校的发展和建设中。

最后，工作室基地个案学校的教师普遍认为，学校教师在交流和沟通上存在问题，缺少团队意识和合作文化。如年轻教师和老教师沟通不畅，行政部门与普通科任教师沟通不畅，教师们希望学校能够组织一些活动，提供一些支持和平台让他们课下能够轻松交流。新校长没有充分调动老教师的积极性，让老教师觉得自己被忽视，加之学校换了新的领导班子，老教师对此也有些情绪。同时，一些年轻教师对科研虽有热情，但苦于对做课题不熟悉，不知道怎么做研究、申报课题，没有途径了解到这方面的信息。

同时，在访谈过程中，工作室基地个案学校的教师对发展教师领导力也提出了自己的一些建议，大体有以下几点：一是尊重理解老教师，加强老教师引领新教师，进行阶梯培育，做好继承和发展；二是重视教师的诉求，改变教师心智模式和认知、思考问题的方式；三是注重团队文化建设，增强教师凝聚力与合作力；四是坚持文化立校，改变校园文化氛围；五是关注学校普通教师个体能力的发展及学校行政部门管理能力的提高，如对学校中层领导的艺术培养。

第九章 研究效果与反思

第一节 行动研究效果

本课题通过微团队进行"提升学习力和领导力,促进学校特色发展"主题研修,以"微团队建设、微教学改革和微课题研究"为切入点,探索基于院校合作的教师微团队培育机制,促进教师专业成长,提升教师的综合素养、学习力和领导力,提高教师培育实效性和学习效能,不断促进学生的发展,并提升学校发展的竞争力和影响力。近三年来,经过工作室全体成员的共同努力,本课题实验研究取得了预期的效果。

一、工作室建设成效显著

张兆芹学习共同体工作室自2015年正式成立以来,积极推广学习共同体理念,工作室研究成果在各地开花结果。确定了深圳市南山区沙河小学、学府小学、南山小学前海港湾小学等12所学校为工作室的基地学校,全面践行学习共同体的工作理念,努力打造师生共同成长的学习共同体。同时,工作室积极为全体成员搭建成长平台,促进每一位成员实现专业化成长。三年来,工作室成员共取得科研成果近30项,论文获各级各类奖项15项,两人被提拔到更高级别的行政岗位,20人次获区级以上嘉奖,三位成员参加区工作室选拔后成立了自己的工作室;刘洋工作室于2014年立项中央电教馆的国家级课题"电子书包背景下的小学英语学习共同体的实践研究",在主持人的精心指导和工作室成员共同努力,经过三年的教学实践和研究,该课题于2017年顺利结题。2017年2月,张兆芹学习共同体工作室被光明日报社《教育家》杂志收录到全国名师工作室发展联盟。

二、区级名师工作室纷纷成立

2018年1月,南山区首批名师工作室"黄瑛名教师工作室""叶小滨名教师工作室"挂牌成立。"黄瑛名教师工作室"以其任教的小学英语学科为聚焦点,研究非母语第二语言的学习路径和特点,立足岗位、放眼未来,对标国际国内对未来人才综合素养与关键能力的要求,研究学生的学习,探索学习的途径,提高学习的效能。"叶小滨名教师工作室"致力于实施"五个一"工程,组建一支队伍,这支队伍中既有研究型,也有实践型教师;既有精于文本,也有精于技术,更有精于授课的教师;既有年富力强,厚积薄发的学科名师,也有热衷教育,锐意进取的青年骨干。研究一项课题,以"信息技术与初中物理实验教学整合实践研究"为主题,开展两轮行动研究，以课题为载体，整合信息技术与传统教学优势，以课堂为核心，探索信息技术辅助初中物理实验教学的有效策略。汇集一些成果，梳理初中物理实验多媒体素材，制作初中物理实验系列微课，编印信息技术辅助初中物理实验教学案例，撰写信息技术辅助初中物理实验教学的有效策略报告。成就一批教师，在反复备课、研课、磨课中提升教师的实践能力，在课题研究、撰写案例报告中提升教师的理论水平。惠及一方孩子，分享实验成果，辐射带动周边教师，整体提升南山北部片区教育教学水平。"刘洋学习共同体"龙岗区特色项目工作室2017年继续开展了第二批工作室成员的培养工作。刘洋工作室以"专业引领、同伴互助、交流研讨、共同发展"为宗旨，以促进教师专业发展为核心，通过一线教师直接对接学生，以家庭、社区为辐射载体，促进人与人之间的和谐发展，提升人与人交往的幸福指数。

三、促进了教师专业成长，成就了一批优秀教师

2015年，本工作室共吸收了18名一线教师作为工作室的成员，通过三年的教师创新微团队阶梯培育，全体工作室成员在综合素养、学习力与领导力等方面取得了显著的提高。据统计，截至2018年5月，工作室成员中共有10位成员获评区级以上名教师，包括王英华、肖红球、刘洋、黄瑛、梁传斌、叶小滨、吴耀东、张锦滔、肖安庆、单琼。其中，刘洋老师成立了龙岗区名师工作室，黄瑛、叶小滨老师成立了南山区中小学首批名师工作室，其他教师也相继成立了校级骨干名师工作室。这些教师不仅个人在教育教学、教育研究方面实现了跨越式的发展，也在自己的岗位上，依托个人的工作室，影响带动本校或者区域内的教师，引领各阶梯教师专业成长。有10名教师在学校行政管理岗位有了新的发展，包括肖红球、黄瑛、梁传斌、李雪亮、叶小滨、李娜燕、单琼、张静、赖学清、傅海军。其中，肖红球老师担任光明新区诚铭学校副校长，王英华老师担任南山区学府小学海珠部部长，叶小滨老师入选深圳市教育局首期优秀中学校长培养工程，梁传斌老师入选宝安区教育系统校级领导后备干部班。本工作室全体成员积极参与或申报区级以上课题研究，有九位教师申报并立项开展区级以上的课题研究，包括刘洋、黄瑛、单琼、肖红球、王英华、冯柯、蒋璐娜、张立超、孙飞虹。其中，刘洋老师成功申报并立项全国教育信息技术"十二五"规划课题"电子书包背景下小学英语学习共同体的实践研究"。工作室所有成员都在不同层次的报纸杂志上发了文章，其中刘洋撰写的《平板电脑辅助小学英语学习共同体的探索》发表在国家级刊物《中国现代教育装备》上，《WebQuest教育技术在英语教学中的应用》发表在国家级刊物《教学仪器与实验》上；单琼撰写的《向名班主任学什么》发表于省级刊物《班主任》上；张锦滔撰写的《学生自主选题和制订研究计划的调查分析》发表于省级刊物《湖北教育·科学课》上；蒋璐娜撰写的《小学生演说能力培养校本课程的实践策略》发表于《生活教育》上；等等。有15位教师在各级各类教学比赛脱颖而出，喜获大奖。其中，李娜燕老师在工作室的大力支持下，参加深圳市第二届心理教师专业能力大赛，获得中职组一等奖第一名，而后代表深圳中职组参加广东省第二节心理教师专业能力大赛，凭借过硬的专业能力和出色的现场发挥获得了一等奖的好成绩。现附上优秀老师感言。

2015年9月，金秋时节，我非常荣幸能成为张兆芹学习共同体工作室的一名学员。时间匆匆流逝，转眼间，进入这个温馨、积极向上的工作室团队已近三年。回顾在工作室的学习，工作室主持人张兆芹教授的真情率直、亲和温暖，伙伴们好学上进、乐于创新、真诚勤奋的精神给予我很大的动力和感触，让我感受到这个集体给我带来的感动与收获。每次集体活动，无论是听课、评课、听讲座，还是讨论交流，张兆芹教授作为一个热情洋溢的主持人、领航者，都能将我们教研的氛围调到积极热烈的状态。每次教研看到张兆芹教授全心投入讨论的情形，都可以感受到她对教研的热爱和执着，而她这份热情会不知不觉感染我们每一个人，让我们也心潮涌动，激动万分，有一种想马上将她提出的建议实施到自己课堂上的冲动。大家围坐在一起讨论，时不时会有一些点子能激发自己的灵感，碰撞出思维的火花。这种和谐热烈的教研氛围赐予了我们一种积极向上的力量，让我们感受到了开发集体智慧的幸福！（工作室成员张立超）

　　三年来，我们的共同体工作室像滚雪球一样壮大着，如今，创办共同体的"元老"都已"独立门户"，创建了新的共同体，但只要一个"召集令"，大家会迅速聚拢在一起，为共同体的发展群策群力。如今的共同体成员也不仅仅是一线教师，还包括教育科研人员、学校管理人员、教育专家等，激情与智慧同在，理论与实践互补，共同探索"个人反思、同伴互助、专家引领"的教师自主专业发展规律。展望未来，我还需继续在教育之路上不断探索，多做课题研究，总结经验，反思改进。在已经到来的"互联网+"教育中，积极学习和运用先进的教育教学技术丰富课堂教学，发挥共同体的辐射带动作用。"赠人玫瑰，手有余香"，我还会在自己发展的同时帮助和鼓励身边的新教师们更快速地成长起来，形成师生共同体、教师发展共同体。一个阶段的过去，并不代表追求的脚步就会停歇，反而在这期间的点点滴滴都将成为我追梦路上的坚强后盾和不懈动力，引领和鞭策着我不断向前。在这个共同体中，张教授在生活上和学习上都给予我们无微不至的关爱、帮助，让每个人的心里都有了一种归属感，有了一个温馨的"家"，在这个"家"里，我们彼此信任、互相依赖。每一步的尝试与努力，都让我们找到了心灵回家的路。再一次衷心地感谢张老师和各位兄弟姐妹们给我的帮助。我想我将沿着前辈们的步伐，迈向自己的梦想！（工作室成员孙飞虹）

　　唐代诗人李商隐曾有脍炙人口的诗句："春蚕到死丝方尽，蜡炬成灰泪始干。"我想说："燃烧自己，未必还能照亮他人。而照亮他人，也不一定需要燃烧自己。"信息化时代，我认为，教师应该自我充电，并不断将能量传递他人。很幸运，能够在"学习共同体"这个温暖、向上的大集体中，我与张兆芹教授及一群志趣相投的教育人一起行走在充电的研究路上。一起敏锐地发现问题，专注地研究问题，智慧地解决问题，愉悦地分享成果。热爱教育、研究教育、享受教育，共同追逐教育的诗和远方，是我们共同的教育愿景。（工作室成员王英华）

　　"张兆芹学习共同体工作室"是让自然有效的学习发生和成长的土壤。加入工作室以来，和团队中的伙伴从相遇到相识，每一次相聚都有收获，每一次交谈都有成长。充满灵魂感召力的张老师用对教育的热忱、对教学的严谨、对学员的关爱引领整个团队向着阳光生长，伙伴们则用对工作的尊重、对学习的向往、对生命的热爱回馈滋养大家的土壤。如果，"美"如康德所说，是无目的的快乐。那么，与伙伴们的结识便是最美的相遇。没有早一步或晚一步，恰巧奔赴彼此的人生，陌路花开，芬芳四溢。（工作室成员黄瑛）

2015年的那一年春天，我成为深圳大学的一名在职研究生。时光匆匆，岁月悠悠，不知不觉，已是2018年，又一个百花争艳的春天。此时，自己身在未名湖畔，参加深圳市教育局首期"优培班"的培训学习。回顾过去三年在深圳大学的点滴历程，那一幕幕令人难忘的情境不时浮现于眼前。梳理过去三年自己走过的工作、学习与生活之路，由衷地感恩遇到张兆芹老师，加入张老师学习共同体工作室，与学习共同体工作室的小伙伴们相识相知，相互学习，共同进步，一起成长。还记得张老师给我们上《教育科学研究》第一节课的情境，开放的课堂，发散的思维，那时自己为张老师的博学多才、人格魅力所深深折服；还记得学习共同体第一次开题会上，张老师的胸有成竹、运筹帷幄、娓娓道来，让我近距离学习了大学教授如何开题答辩；还记得学习共同体的第一次团队活动，张老师言传身教，告诉我如何与人沟通、谈判，教会我如何主持会议活动；还记在做毕业论文那年暑假，张老师远在美国，但是，每一个问题，张老师总会给予及时的回复、专业的指导。感恩敬爱的张老师，感谢亲爱的小伙伴们，让我们在张老师的带领下，以终为始，不忘初心，继续携手前行。（工作室成员叶小滨）

在三年的教师创新微团队阶梯培育过程中，本工作室成员除了教育教学、教育管理、教育科研等方面的能力得到显著提升外，他们在生命价值、人生观、价值观、世界观等方面也有受到了熏陶与洗礼。工作室的每一位成员都来自不同的区域、学校，他们在经过工作室理论学习与实践历练之后，将这些理论与方法带回到本校，也构建了基于本校实际的教师创新微团队。在这些团队中，有基于学科组的微团队，有基于年级组的微团队，也有基于学校行政的微团队，还有跨学科、跨校域的微团队。这些微团队以本工作室的成员为教练员或培训师，通过微团队的理论学习和实践研究，使微团队的每一位教师掌握学习力和领导力提升的核心技术——六项核心技术修炼，通过微团队建设，以教学（创新思维课堂）改革为主要抓手，辅以小课题研究等措施和途径，使教师不断提升学习力和领导力，不断提高综合素养。在这里，典型的代表有南山区学府小学王英华、龙岗龙城小学刘洋、南山区港湾学校黄瑛、南山区西丽第二中学叶小滨等。他们或成立了自己的工作室，或成立了自己的微团队。王英华老师教育教学实践能力强，2018年10月应邀在深圳市民办小学语数英骨干教师培训中主讲了关于绘本英语教学的讲座；11月应邀参加宝安区"七色光"国际英语绘本教学研讨活动并讲座，同时被宝安区海旺学校聘为"名师领航"活动的培训专家，被南山区南山实验集团园丁学校聘为"智库专家"教师培训导师。工作室凝聚了一批有强大发展潜力的优秀教师，形成了强大的教育能量场。在以小学英语课堂教学实施、突破教育教学难点问题作为研究重点的同时，工作室也将以靶向提升工作室成员的专业素养、学习力和领导力为目标，通过建立教师专业学习共同体，促进教师专业成长和发展，帮助教师在专业成长中获得职业幸福感。工作室运营三年来开发较成体系的且能有效支持以学习者为中心的更为个性化的教学素材和学习模式指引。一以贯之地以"学"为着眼点，通过课堂教学的实施，点燃学生的学习热情，为学生打开认识世界、对话国际的窗户。未来社会对人才的需求呼唤新时代、新技术、新学法背景下新课堂、新教学、新研究。眼界决定思路，高度决定态度。"让每一所学校都优质，每一位教师都精彩，每一个孩子都幸福"是南山教育人的奋斗目标和工作指南，更是社会对教育工作者提出的检验标准和基本要求。工作室团队成员将在活动中，开放包容、共享资源、相互促进、实践创新，研究和解决教育教学实践中的真实问题，践行实现中华民族伟大复兴的理想，享受幸福的教育生活。

除此之外，本工作室还通过建立院校合作机制，形成四个层面的"合作共同体"：一是微团队同伴之间形成共同体，二是微团队成员与学科组同伴之间形成共同体，三是微团队成员与年级组同伴之间形成"同伴互助共同体"，四是形成院校之间深度合作的 PCM 学习共同体。依托这种方式，构建各个层面的微团队，有效促进学校教师的专业成长。其中的典型代表有光祖中学的 PCM 学习共同体项目。光祖中学是深圳市坪山新区的一所百年初中老校，由于地处偏远，近年来人才流失严重，迫切需要引领构成完整的立体的教师培养体系。PCM 分别指 Professor（理论导师）、Coach（实践名师）、Mentor（学科导师），全过程三导师制是指在校本实践基础上，给每位青年教师配备一名理论导师 + 一名学科名师 + 一名校内学科导师。"P"（理论导师）：以广东省内的高校，如深圳大学和华南师范大学等学科教学论专家为理论导师，指导学校名师成长。导师每月到学校指导项目活动，并进入学科与核心成员进行"一对一"针对性的指导，同时负责组织开展学科组专题研究指导活动。"C"（实践名师）：由广东省各重点中学有影响力的名师与教研员组成导师团队，与学校核心学员进行师徒结对，建立学习共同体微团队，进行实际课堂教学授课指导展示。"M"（校内学科导师）：学校骨干教师，发展意愿强烈的学科带头人。PCM 全过程三导师制要求导师培育前沟通、培育中陪伴、培育后跟踪指导。理论导师主要通过"专题讲座""参与式研讨"等培育形式更新青年教师教育理念，提升青年教师专业能力和素养，帮助青年教师由新手向经验型教师骨干和专家型教师转变。学科名师主要是通过课、评课、专业研讨等方式帮助青年教师认识科学规律，掌握先进的教学经验和方法，提升青年教师的教学能力和组织教学的能力。实践导师要全程跟踪指导学员学习、实践，为学员提供最真实、生动的观摩、学习和实践现场。学员也可随时深入导师所在的课堂进行跟班学习，学习真实、完整的教学实施技巧和班级管理经验。这样，学校骨干教师通过线上线下在学科学习共同体（微团队）中积极参与理论导师与实践导师指导下的专题学习与课堂教学研究活动，认真开展课题研究的实践与探索。教师在进入一个共同体后，将共享一套延伸的智能，是那种微妙的共享才构成分布的智能，因为进入这种共同体，不仅是进入一套实践的常规，而且是进入一种演练智能的实践探索之中，学习共同体中不同人之间在知识结构、智慧水平、思维方式、认知风格等方面存在差异，差异就是资源，差异就是合学习的动力和源泉。

四、提高了工作室的影响力，提升了工作室的美誉度

工作室通过成员以及微团队的自身发展来影响带动本校或本区域的青年教师，通过构建院校合作的 PCM 项目丰富微团队构形式，此外，工作室还在深圳市南山区建立 12 所基地学校，其中北斗七星学校正在建设中，但有六所"学习共同体工作室基地学校"发展较好，包括南山区前海港湾小学、南山区第二外国语学校学府小学、南山区西丽第二小学、南山区沙河小学、南山区南山小学等。工作室通过多种形式、多种途径不同程度地参与到这些基地学校的规划与发展之中。工作室先后曾为这些基地学校开展班主任团队拓展培训、青年教师团队拓展培训、骨干教师团队拓展培训，还为部分学校进行过学校"十三五"发展规划的设计、学校章程制订指导工作等，通过多种渠道，工作室将微团队建设的理念、操作模式渗透到这些基地学校，从而不同程度地促进了这些学校教师的专业成长，也促进了这些学校的快速发展。

无论是工作室成员所在学校、PCM 项目实施学校，还是学习共同体工作室基地学校，在过去的三年里，在教师创新微团队阶梯成长方面都做了大量的探索，这些学校的教师在微团队的建设过程中，个人的综合素养、学习力与领导力得到了显著的提高。教师队伍是学校发展的核心，教师的专业水平直接影响着学校的发展水平。正是由于这些学校老师的专业水平得到了长足的发展，因此这些学校短时间在区域影响力得到了显著提升。其中最典型的有"学习共同体工作室基地学校"之一的南山区前海港湾学校，该校创办于 2015 年 9 月，是前海自贸区内开办的第一所公办学校。在校长及其团队的努力下，该校创校一年已获批为"全国教师创客实践示范基地学校"、深圳市中小学创客实践室、南山区教师发展基地学校、南山少年创新院分院、青少年摄影学校、深网小记者站，并通过深圳市第三批智慧校园示范校评选，荣获深圳市办学先进单位称号和南山区第三届教育改革创新奖特等奖。学校以其独有的创客文化特色为社会各方高度肯定，更是被专家誉为"未来学校的蓝本"。2016 年，该校获得深圳教育盛典教育创新特色学校。还有 PCM 项目实施学校之一坪山新区光祖中学，在校长及其团队的共同努力下，2016 年，光祖中学被评为坪山区"十大人文风景"，历史和英语科组分别获得市、区市五一巾帼标兵岗，学校管乐队获得深圳市校际管乐节金奖。2017 年，光祖中学中考取得了历史性的突破，正如学校周边老百姓所评价的，"光祖中学首度逆袭坪山名校"。

第二节　成　果　推　广

一、以课题研究的方式推广

将成果推广的运作按课题研究的方式进行，成立课题研究部，进行方案设计、组织实施，在研究中推广，在推广中研究，开展成果推广活动。在抓好工作室课题研究的同时，工作室每一位成员都参与或申报区级以上的课题，在课题研究过程，直接或间接地开展教师微团队阶梯培育，辐射带动周边教师共同成长。

二、以主题研讨的方式推广

主题研讨式推广，顾名思义，是以推广物为主题，进行深入的系列思考与探讨活动，在活动中了解、辩证、内化，从而达到推广的目的。一年来，工作室积极推广学习共同体理念，工作室研究成果在各地开花结果。南山区沙河小学、学府小学、前海港湾小学等六所小学，全面践行学习共同体的工作理念，努力打造师生共同成长的学习共同体。工作室遴选优秀学员和教科研专家与坪山区光祖中学共同实施 PCM 项目，引领百年老校焕发生机、实现跨越式发展。

三、实施"研修式""星火式"的培训方式推广

名师工作室的成果推广，根据培训者的实际情况，采用"研修式""星火式"等三种不同的形式进行"因材施教"或"个人定制"。2017 年 10 月，工作室承担了深圳市民办中小学骨干教师培训项目的小学语文、小学数学、小学英语科目的培训工作，精心组织并圆满完成了各项培训工作任务，受到市教科院和广大学员的一致好评。工作室成员王英华、赖学清等十多位学员应邀参加了近 20 场次各级各类培训并担任讲座主讲。工作室主持人张兆芹教授承担了深圳市西丽二小"专家进课堂"、深圳丽湖实验学校班主任成长营等培训任务。

四、以参观考察基地学校的形式推广

接待了香港中小学初任校长访问团来深参观学习，将深圳教育的先进经验与香港同行分享交流，工作室基地学校前海港湾小学先后接待香港中小学初任校长 100 多人次参观考察。工作室基地学校学府小学接待了来自惠州仲恺高新区东江中学的校长及骨干教师 30 余名等。

五、以送教下乡的方式推广

组织了工作室成员赴河源、汕尾支教，为两地教师带去了精彩纷呈的课堂直播，通过学习共同体的培育来引领学生、教师和学校发展，工作室影响力进一步扩大。

六、以线上宣传的形式推广

通过微信团队群、QQ 群、公众微信平台的完善以及培训课程视频的发布来进行推广。工作室自启动以来，便加强微信公众号平台建设，已在微信公众号发布信息近百篇，内容包括工作室动态、基地学校动态、成员风采、好文共享、教育前沿等。据后台统计，工作室微信公众平台关注量已有上千人，关注的人员分别来自 20 多个省市。由此可以看出，工作室微信公众平台的影响力正在不断扩大。

第三节 反 思

一、充分依托信息手段，实现优质培训课程共享

本工作室在三年的课题研究过程中，依托工作室成员、基地学校、PCM 项目学校等形成了大量的微团队。这些微团队通过团队构建、诊断分析、实育策划、研讨反思、评价提升，层层推进。这些微团队教师的个人素养、学习力与领导力得了快速的提升，不少微团队成员成为学校的骨干，成为微团队的教练、培育师、引领者。尽管工作室的课题即将结题，我们将继续通过信息化手段，让更多的学校、教师了解与接触我们工作室的研究成果。接下来，我们将会把有关理论培训的内容录制成慕课，提供给更多的学校、更多的教师在线学习。我们也将支持工作室成员及基地学校教师积极将微团队的典型课例或培训课程录制成慕课，与其他微团队共享，通过互联网的手段，加强不同微团队的交流与碰撞，进一步促进各个微团队内教师专业成长。

二、跟踪微团队发展，丰富完善实验数据

在工作室三年的运行过程中，我们在全市各区中小学中建立了许多微团队，伴随着工作室课题的结题，这些微团队不会就此结束，这些学校的教师将继续依托这个微团队，培养更多的教练员、培训师与引领者，由他们继续建立新的微团队，借鉴课题研究的成熟经验与相关成果，高效地开展微团队的建设工作，让更多的教师在微团队中提升个人素养、学习力与领导力，最终让每一位学生成为受益者。微团队在运行过程中，将特别注重数据的收集，包括教师个人综合素养、学习力与领导力的前测与后测，通过数据统计分析，发现问题，改进方案，优化环节，完善机制。除了教师方面的数据收集之外，我们还可以从学校、学生的角度来收集数据，从学校、学生前后测数据的对比分析来观察微团队建设的效果，进一步丰富课题研究的实践成果。

三、二次行动研究，理论与实践相结合

在对微团队的培养过程中，我们采取"提出问题—策划方案—实施行动—观察调查—反思改进"的五段螺旋式操作程序，如此反复进行二轮行动研究。首先，构建学校教师微团队，然后进行 SWOT 分析诊断，在问卷、访谈和课堂观察的基础上，发现学校教师当前成长中的共性问题和个性问题，梳理出未来两年内微团队成员在课堂教学和课题研究方面的主要研修主题，形成"微团队""微课堂"和"微课题"体系，并拟订行动计划，实施第一轮行动方案。在实施方案的过程中和过程后，系统地收集资料，并对所获得的资料进行研究分析。根据分析结果对第一阶段的行动研究进行反思改进。然后调整改进原有计划，设计第二轮行动方案，再次实施第二轮行动方案并收集相关资料。如此类推，最后，对所有研究资料进行分析和解释，得出研究结论。

四、星火燎原，传播学习共同体的观点

1. 教授与教师之间，理论与实践相结合，互生共长

一线教师每天都忙碌于教学的一线，每天都是教学的实践，教师写教学案例容易，但是缺乏理论指引。而通过学习共同体这个桥梁，教师可以第一时间把自己在教学过程中遇到的困难反馈给教授，教授则根据自己的学识与阅历，指引一线教师，一线教师实践后反思，二次反馈给教授。教授的研究最需要一线鲜活的教学案例。

2. 教师与教师之间，互助帮扶、欣赏，进行思想碰撞

在学习共同体微团队的大家庭里，大家如兄弟姐妹一般，抱着共同的目标，相互帮扶，有困难时有人倾听与给予援助，取得成绩后，彼此相互欣赏，形成良性的信息能量环。

3. 教师与学生之间，教学方法和学法的转变

学习共同体的秘密是：你讲给他听，他不会；你不讲，让他们之间相互讲。奇怪，他会了！他懂了！传统的教师讲授方式中教师的假设是我不讲，他不会。而实际上，教师讲了，他们也未必会，这或许就是"鱼不知水"的道理。为什么教师讲了，学生未必会？因为学生理解的概念和教师理解的概念不同，年龄不同、阅历不同，认知水平也不同。学生之间存在共同的生活背景，他们处于相近的认知水平。很多时候，教师讲解他们不懂，同伴互助帮扶，一说就明白。因为学生的语言，话中有话。因此，教师要关注学生不懂的地方到底在哪里，从而设计支架式的帮扶。每个学生的脑海中都有他们的原有经验，有些内容是与他们的认知相违背的，因此我们在教学中不是要灌输，而是要把他脑中正确的、错误的观点都引导出来。学生们只有在学习共同体中自由的交流碰撞中才能把这些问题都暴露出来。其实，知识包含默会知识与显性知识，老师讲给学生的显性知识，只是冰山上的一角。大量的默会知识是深深隐藏在学生们的潜意识和过往经验的。当优等生把他们理解的观点讲授给潜力生时，他是需要调动自己的过往经验的。而且学生处于近乎相近的认知程度，有些话教师讲了，潜力生未必会；而学生用自己的语言去组织，他一讲，同伴就明白、理解了，会用了。

4. 教师与家长之间，因为共同体而结成友谊，并向校外辐射

学习共同体的成员都是一线教师和班主任，每学期开展 1~2 次周末亲子游戏，通过学生把家庭带入其中。例如班级开展"守护天使"活动，学生认为好玩，带给家长。刚好一个家长在龙岗宝能沃尔玛做人力资源工作，于是带动整个宝能沃尔玛开展"守护天使"的活动，实现爱心传递，让每个人感受到惊喜与幸福，社会也就和谐了，融洽了。

5. 教师与社区之间，家长为桥梁，实现爱的传递

采取合适主题向社区辐射。我们的团队来到龙岗区中心城的社区为他们进行家庭教育体验式的培育。印象最深的是来自荷坳社区的阿姨们，本来是为了赠品来的，可是后来 12 点后还不肯走。下课后，三四岁的小宝宝也过来拥抱我们。传递爱的时候，教师得到更多的爱与能量。

五、个案学校研究反思

（一）学校层面的支持

教师的发展离不开学校的发展及学校所提供给教师的各种平台，同时，教师的能力提升也会反过来影响整个学校的教育教学质量及学生的发展。因此，教师和学校是一体的，是共赢的双方，发展教师领导力需要学校给予一定的支持和帮助。本研究认为工作室基地个案学校可以从如下四个方面来鼓励和支持学校教师领导力的发展。

1. 建立支持系统，保障教师领导

在"互联网+"教育背景下，更新和完善工作室基地个案学校校园信息化基础设施设备显得十分必要，通过建立学校和国家、市、区互联互通的教育资源公共服务平台，推动学校教学科研，实现管理的数字化、网络化和智能化。经统计分析，发现关于"改善教育教学活动"维度上工作室基地个案学校教师的得分较高，说明教师能充分认识利用现代化教学手段来促进自身业务素质的提高。目前，信息技术发生深刻变革并在教育领域进一步深化，与教育资源进行深度融合，新课程改革也给教师角色转变带来新挑战，工作室基地个案学校在面临机遇与挑战时更应提供相应保障，同时激发教师内在发展潜力，使教师自身能力进一步提高。因此，学校应该建立一定的信息支持系统，如建设校级教育数据服务中心，促进教育理念、教学方法、人才培养方式变革，为学校教师教学变革提供更加广阔的平台。

在访谈中教师反映学校的治理制度不完善，导致中层领导在制订措施时已经不太考虑普通教师的意愿了，这是造成学校各层级关系紧张的重要原因。由此可见，需要不断完善学校内部治理结构，提高学校的管理效能，才能全面提升学校管理水平，推动学校多元发展、内涵发展和特色发展。因此，建议工作室基地个案学校可从如下方面开展工作：确保教师能尊严地工作，尤其是发挥学校老教师的专业倡导力；构建多元化评价体系，实现评价方式、方法和手段的多元化；推进学校民主化建设，逐步建立和完善学校制度，定期开展各项活动，为学校教师平等对话、交流沟通提供平台制度保障。

2. 重视校长引领，发挥中层领导力量

学校教师领导力提升需要重视校长和学校中层的领导艺术，以引领科任教师领导力发展。学校校长是一个学校发展的主心骨，校长及其团队的领导力是整个学校教师领导力发展的重要影响因素。因此，校长要充分认识到自身领导的重要作用及团队、文化的引领者身份。凝聚人心并同学校教师开展公开、平等的对话交流，切实了解学校教师的实际需求和考虑教师的诉求。根据学校教师年龄结构特征，发挥不同年龄段教师的作用，整体提高教师们的积极性和主动性。让学校每一位老师都能参与到学校的管理和建设中来，发挥集体的智慧和力量。在因对工作室基地个案学校的研究发现，教龄越大的教师，其整体教师领导能力也越强，因此进行教师阶梯培育很有必要，应激发老教师的积极性，发挥老教师的专业倡导能力，同时鼓励年轻教师多学习，提高自身专业素质。做到既保有对老教师的充分理解和尊重，又积极引领新教师

的职业发展。

加强学习及培训提高学校管理人员的领导力，进而带动普通科任教师参与到学校的日常管理，增强教师们的积极主动性。如制订领导班子学习培训专项计划，通过不断学习提升管理队伍的素质和水平，努力建设一支思想先进、业务优良、敬业奉献、作风务实、具有较高感召力和示范性的学习型领导队伍。坚持实施中层领导竞聘上岗制度和年度民主评议考核制度，让学校更多普通科任教师有机会参与到学校的管理中。

3. 坚持文化立校，强化校园文化建设

建立共同的愿景和合作的文化氛围，提升学校教师的凝聚力和向心力。注重学校文化引领，营造积极的学校文化氛围，让教师们感受到教育教学环境的美好，提升职业幸福感。在调查数据统计中，"培育团队合作文化"维度得分最低，同时，访谈中工作室基地个案学校教师也普遍认为在学校找不到归属感，学校欠缺人性化管理及共同的价值目标和学习愿景。在这一点上，学校可以通过召开教师大会，基于平等的身份开展交流和对话，统一学校的文化理念，让教师认可共同的文化目标。

关注青年教师成长，发挥老教师专业倡导力、名师骨干示范引领作用，培育教师合作文化，为教师公平、公正、平等对话提供平台支持。工作室基地个案学校应该为教师的职业发展规划提供一定的指导，尤其是年轻教师，他们大多初入职，对自身的职业定位并不是十分明确，这就需要学校进一步引导和帮助。因此，发挥老教师帮扶年轻教师的作用就体现出来了。帮扶的过程也是一个交流的过程，无形中也可增进老教师与年轻教师之间的感情。

4. 完善制度，创新管理机制

在工作室基地个案学校的访谈中，教师提出学校在统一给予任务时，也限制了教师的发展。部分教师也就此提出了建议，学校应创新管理机制，对不同教龄的教师进行不同的管理，对愿意及有激情开展科研的教师减轻部分教学压力，为该部分教师开展研究提供充足的时间和精力；对刚入职的年轻教师多提供一些培训机会，提升他们的业务能力，增强他们的专业发展自信。

同时，面对区域环境改善及校园扩容的问题，工作室基地个案学校应坚持协同创新，挖掘本校自身资源优势，整合校内外、跨地域、多层次的教育资源，保持与政府、企业、家庭和社区的密切关系，深度融合教育各项资源，创造学习发展共同体，实现价值提升和引领教育特色创新。

（二） 教师层面的发展

本研究认为，工作室基地个案学校教师可以从以下几方面提升个人的学习力和领导力。

1. 增进同伴互动，学会交流分享

个体的成长往往是离不开同伴的影响和帮助的。在工作中，双方只有在平等的基础上进行对话和讨论，才能营造和谐的人际交往环境。教师作为社会中的一个独立个体，需要健康的教育人际交往环境，这样才能更好地发挥和提升主体的能力。教师关

系网是学校关系网的一个重要组成部分，教师人际交往和谐了，也必然会影响学校的整体文化氛围。

在研究中发现，工作室基地个案学校教师在领导力问卷中的"培育团队合作文化"维度得分较低，同时在访谈工作室基地个案学校教师时也明显感受到教师间缺乏一个良好的沟通平台及公平对话的机会。因此，本研究建议教师应多参加学校举办的各项活动，通过参与活动来跟学校其他教师进行交流；教师须改变心智模式，打破学科界限，不仅要跟本学科组教师交流，还应进行跨学科交流；再者，教师间应本着坦诚相待的原则，经常分享、讨论自己在学习及教学工作等各方面的知识和经验。

2. 关注个体学习，加强团队学习

当今社会终身教育理念深入人心，教师作为教育行业的从业者需要终身学习，不断更新已有知识体系，与时俱进，提高学习能力，进而强化专业能力以提升自身在行业中的领导能力。注重个人能力素质和品德修养的提高，并通过团队建设活动培养自己的领导力。工作室基地个案学校教师的专业发展就是一个断层的现象，自己学自己的，缺乏一个团队的统一指导，而且教师之间也缺乏交流，这样势必不能形成一股合力，整体提升学校的教师队伍素质。

个体的能力、知识结构、思维方式、认知水平是不同的，存在各种各样的差异，这些差异恰好可以作为教学中的不同资源。如果这些资源可以形成教育的合力，那么，不管对工作室基地个案学校还是对教师个人来说，都是有极大的帮助的。而且人们也越来越意识到单单依靠个人力量是很难解决一些重大问题的，教育行业也是如此。在开展科研活动上需要团队的帮扶，在平时的教学工作中也需要教师一同交流教育困惑，分享教育经验。因此，工作室基地个案学校教师有必要重视个体学习和团队学习对个人能力提升的意义。就教师个人而言，可培养自身学习热情、改进学习方式方法，以提高自己的学习能力；积极参与学校组织的有关教师发展的各项培育活动；多与同事交流学习，多向老教师、有经验的教师请教，同时也不忘将自己学习的知识分享给团队和同伴。

3. 提高问题意识，注重反思研究

任何一个行业的从业者在进行一定的工作后都需要反思，从事教育工作的教师们更需要不断地反思自己在教育教学中发现的新问题和面临的困惑。教师的反思不仅能使教师不断地总结自己和教育教学中的经验教训，还能让教师更清晰地思考自己的职业发展方向及如何提升个人的综合素质，以提升自己在专业方面的领导力和倡导力。工作室基地个案学校教师可以在平时的教学中进行如下反思：课后进行课堂总结，一天工作后进行自我提问，一周结束后进行教育教学小故事的记录。同时，这期间应不断地和同事、教科研组长等进行沟通和分享，以养成反思、记录、分享、交流的良好习惯，不断地以正能量影响自身和他人。

对教师来说，教学是实践，科研是理论，教师应学会在教学实践中总结、反思，将教学中的各种问题及困惑用教育理论加以解释，再来指导自己的教学实践。作为个体教师来说，自身的研究热情是可以影响和带动身边的教师的。调查发现，工作室基地个案学校年轻教师还是比较有活力和激情的。年轻教师应保持这种积极的状态，多

跟老教师沟通，多向他们请教，也在学校同伴中传播这种热情，主动牵头开展学校教研活动，营造学校良好学术、学习氛围。教师可以从以下几点来进行以科研促教学：加强跨学科研究、问题合作研究；培养教师对教研的关注度和热情，提高教育科研与创新能力；主动参加各级各类课题研究及学校举办的读书会和班主任论坛等；多与高校、科研机构和先进地区学校的教师进行学术联系和交流；积极有效地运用先进教育理论，为学校整合教研力量，建设核心教研团队努力。

4. 增强能力认识，提升职业技能

教师的专业倡导力应该包括两个方面，一个是意识问题，另一个是能力问题。发展领导力的首要前提是教师要有个体能力意识和强烈的职业责任感和幸福感。教师只有意识到领导能力的必要性及重要性，才会采取行动和努力来提升自己的领导能力。同时，一个行业的从业人员也只有对自身行业具有高度的认同感，才会具有一种归属感，进而才会为自己的行业奔走呼吁。教师身处教育领域，只有具有对教育事业强烈的热情和热爱，才会形成教育幸福感。研究发现工作室基地个案学校教师有转变教育观念、改变教育手段、调整教学方式，推进信息技术与学科教学的深度融合，提升教学整体质量的意识，但在为教育事业、同伴的发展争取教育资源和奔走呼吁上还是不足，鲜少有这样一种观念和责任感，导致这种现象的原因多种多样，如教师自身精力有限、教师职业责任感不强等。

在进行个体变量对教师领导力影响分析时发现，职称越高的教师，其专业倡导力越强。由此可见，提升教师的专业倡导力要重视专业发展和职业技能提升。本研究建议教师多和同行及其他行业的群体进行交往，增强社交能力，为争取教育资源奠定人际交往基础；应加强专业能力提升，提高专业身份认同感，增强自身的职业责任感；同时还要扎根专业，丰富自身专业背景知识。

第十章 研究结论、建议与展望

第一节 研 究 结 论

一、构建创新微团队培育行动方案

（一）对教师进行分层、分类和阶梯培育

从纵向看，教师专业发展一般分入职新岗教师、骨干教师、教学名师和专家型教师四个阶段。教龄在5年之内为入职教师或初任教师；教龄满5年之后到取得高级教师职称之间的阶段为骨干教师阶段；在教师岗位上工作10年以上，获得高级教师职称的可称为专家型教师。我们认为，教师继续教育必须与教师发展生涯相结合，创新教师分层阶梯培育模式和分层课程教学设计，针对教师发展的不同阶段设置课程。从横向来看，可以通过创新阶梯培养机制，建立模块化的教师教育课程体系，突出实践导向，建立对话式学习模式（如主题沙龙，即时诊断式培育，课例、课案的微格研讨），设计有针对性的阶梯分层培育课程体系，积极探索既能提升教师团队核心能力又能促进教师专业发展，还能在学校起到引领示范作用的有效教师教育策略。阶梯培育有两维层面：一是教师的纵向生命成长和教师专业发展阶段：入职新岗教师—骨干教师—教学名师—专家型名师；二是教师专业发展的横向阶段：制订自己专业发展规划—理论与实践讲座学习—私人订制临校实践学做合一—反思感悟提升总结，即"理论学习培育—跟岗学习实践—问题解决体验—成果展示反思"的"四模块"系统阶梯培育过程。阶梯培育使新岗教师逐步向骨干教师和专家型教师成长，并形成一个完整的名师学习共同体培育体系，力图打造一支优秀的青年骨干教师队伍，从而带动学校教师队伍整体素质的提高，提升学校核心竞争力。

（二）私人定制，指向教师需求的培育

工作室成员培育过程中，每位成员必须撰写三年成长发展计划，对照他们自己的专业成长计划进行有针对性的指导。我们先要对教师教学进行课堂诊断，进行观课，课堂诊断反思。然后和教师一对一座谈，根据教师的困惑、教师的需求设计我们的培育方案。一是我们的培育重视受育教师的实践经验和真实感受，需要教师把所学到的知识和技能迁移到日常教学中，内容具有针对性，有效关照教师专业发展阶段的特点。二是培育形式重视受育者的内在需求和主体参与。唯有亲身体验与情感参与的培育，才能给学员深刻印象，我们的培育重视参与性，实践于体验，并要求受育教师把体验到的方式带到日常的教学工作中，在工作中反思。我们认为，只有指向需求的培育，才是高效的培育，才是对受育教师更有帮助的培育。

（三）教师培育方式的效率

1. 观课和课堂诊断

通过对微团队成员及其课堂教学进行全面的调查和诊断，对其教学思想、教学风格、课堂教学效果、课堂文化、学生的学习动机、学习效果等各个方面进行全面的诊断。在专家团队的协助下完成微团队的课堂诊断，形成分析报告，建立相应的数据库。检验指标：补充微团队的个人档案，建立课堂教学诊断分析报告，建立数据库。

2. 理论学习

定期组织工作室成员进行理论学习，通过开展主题报告和阅读会、体验工作坊和户外体验拓展式培育等形式进行思想引领、理论提升和实践体悟。通过一系列活动统一思想认识，掌握五项修炼技巧，不断改善心智模式，实现自我超越，形成系统思考，建立共同愿景，进行团队学习。

3. 跟岗学习展示

基于教师个体成长和学校整体发展需要，由专家协作指导，教师主动参与，以问题为导向，以反思为中介，把培育与教育教学实践紧密结合起来，倡导基于学校实际问题的解决方案，直接推动教师专业的自主发展。然后，教师要上汇报课，一课二上三反思。

4. 研讨与反思

通过自主学习、校本培育、外出考察、研讨交流、课题驱动等各种形式，引领微团队教师自主进行教学改革和创新，形成兼具本校和个人特色的教学模式，在所执教班级中进行两至三轮的实践、反思和调整。检验指标：确立微团队研究课题，完善微团队学习研究行动计划（个人的），开展相应的示范课或研讨课等系列活动，形成微团队互相观课评课的有效研修模式。

5. 评价与提升

对微团队各个方面的工作进行全面评价，尤其是对教师的教学、学生的学习、课堂教学环境等方面进行评价，形成相应数据库，并撰写研究报告。同时，基于前期的学习、研究与实践，在专家的协助下，帮助教师提升个人的经验，形成相应的论文等理论成果。检验指标：补充微团队的个人档案，建立微团队课堂教学成长分析报告，建立相应班级的数据库，完成课题结题，形成相应报告，升华理论成果。

6. 拓展活动与社会交流

三年间，除了深入课堂教育场域，工作室还多次组织成员参加公益活动和支教活动，境内外教育交流活动，如去河源支教，与社区组织学习共同体活动，与深圳大学徐明创客教育工作室携手开展拓展活动，与香港中文大学学术团队交流 STEM 教学等。此类活动的开展增进了交流双方对彼此的了解，也增进了教育同仁相互间的友情，为日后更加深入和广泛的讨论和学习打下了良好的沟通基础，也为日后的协同合作提供了素材和保障。佐藤学认为学习就是相遇和对话。有幸身处学习共同体工作室这个教育工作专业发展平台，借由它，美好的相遇和对话在不断展开、深化，成员在持续的学习中对自己未来的职业发展有了更清晰的定位，对发展的路径有了更明确的认识。"路漫漫其修远兮，吾将上下而求索"，未来的日子里，我们仍将砥砺前行。

二、构建院校合作机制以及学校微团队的运作方式和管理机制

（一）院校合作机制

通过建立院校合作机制，形成四个层面的"合作共同体"：一是工作室微团队同伴之间形成共同体；二是微团队学校成员与学科组同伴之间形成共同体；三是微团队学校成员与年级组同伴之间形成"同伴互助共同体"；四是形成院校之间深度合作的共同体，将建立专家库，与基地学校对接。

（二）学校微团队的运作方式

建立微团队运作的规章制度，通过与信息技术整合提供微团队运作平台，建立微团队QQ群、微信群、微团队论坛等；通过与学科工作整合提供运作平台，如以微团队的形式开展微教研、微讨论、微课程等；通过与其他微团队协同提供运作平台，如开展微调研、微交流、微经验等。对于微团队可采取"1+X"的运作模式，"1"代表一个微团队，"X"代表微团队根据自己实际选择的一个载体（可以是一个微刊物、一个微课题、一个微论坛、一个微沙龙、一个微主题、一个微成果等），如学府小学的教师学习共同体，港湾小学班级学生共同体，还有家长与学生共同体，等等。

通过"构建微团队—诊断分析—教研实育—研讨反思—评价提升"的路径，进行二次循环的教师行动研究培养。在对微团队的培养过程中，我们采取"提出问题—策划方案—实施行动—观察调查—反思改进"的五段螺旋式操作程序，如此反复进行二轮行动研究。

（三）学校微团队的管理机制

学校要制定微团管理制度，引领学校微团队的发展。因此，这个制度要体现"既规范又自由，既独立又协同"的原则，确保微团队的自然而又自由的活力，使之成为学校最具活力的微组织。

学校创新微团队培育研究，以培育和提升教师的综合素养和学习力为目标，按照教师专业发展的阶段性分层分阶段组成不同的微团队，通过微团队的理论和实践的学习，使教师掌握学习力和领导力提升的核心技术——五项核心技术修炼。微团队培育主要是以团队建设、课堂教学变革和教研小课题研究等途径为主要抓手，探索一种阶梯团队培育机制，并进行效果测评。行动研究为期两年，不断反思提升进行二次循环，最终形成有针对性、实效性强的教师培育机制。如一位教师课堂教学的指导后的教学反思："本节课我力图按'生活实例引入—提出游戏规则—游戏体验、辨析—数学概括—深化认识—拓展提高'这样的探究式的教学模式展开。在教学的过程中既注意游戏的过程，又注重学生的理性思辨，充分体现了以游戏促进学生自主发展的活动教学思想，学生在

活动中发现问题没在活动中积极探索，在活动中自主建构。整节课学生学得积极、主动、开心。在玩中学，学中玩的过程中很好地掌握了本节课的重难点。"

三、构建培育课程内容体系

（一）理论学习，树立共同的价值追求，建立共同愿景

1. 统一思想，建立共同体的价值引领、文化引领

通过理论学习、价值引领，集思广益，拟订工作室成员的誓言，建立共同愿景。"共同愿景"意即一种共同的愿望、理想、远景和目标，是大家内心中的一股共同的力量，一股具有感染力的力量。对共同愿景的真正关注根植于个人愿景，因为关注是每个人的行为，而这种行为根植于个人的价值、期望和向往。共同愿景推动冒险和实验，学习型组织的共同愿景包括共同的目标、价值观和使命感等要素，学习型组织所强调的共同愿景是从个人愿景汇聚而成，而不是领导者强加于组织成员的。为此，组织必须持续不断地鼓励成员发展个体的愿景和共同愿景的融合，愿景为学习提供了焦点和能量，在缺乏共同愿景的前提下，学习只是适应性学习，只有个人愿景和组织共同愿景互相融合，才会有创造性的学习。所以要激发他们对生命崇高意义的追求，只有共同愿景与组织内个体愿景融为一体，才有可能成为组织真正共同愿景。建立共同愿景的关键在于我们如何与别人交流，以及我们如何反映出我们共同想要的具有挑战性又并非遥不可及的东西，尽可能用通俗易懂的语言表达，所表达的共同愿景要有感染力、简洁易记。具体可以这样做：首先，建立学习共同体，说明我们的使命，用SWOT分析我们的现状，我们应该达成的目标、未来的前景和梦想。其次，确定我们的核心价值观，由主持人解释核心价值观的内容和作用。最后，确定工作室愿景宣言（工作室誓言）：

> 我们是心怀教育梦想的追梦人，
> 我们是身处教育变革的践行者。
> 为了中华之崛起，我们上下求索、协同创新。
> 因缘相聚、因梦同行，抓铁有痕、踏石留印，
> 在一路前行中，我们锐意进取。
> 专家引领、同伴互助，专注教研、共享资源，
> 捧着真诚和爱心，成就彼此、感动大家，
> 在学习共同体中享受幸福的教育生活！

2. 掌握彼得·圣吉的五项修炼技巧系列知识

学习型教师微团队结合了教师团队以及教师学习共同体两者的特点，通过自我超越、改变心智模式、建立共同愿景、团队学习、系统思考这五个维度，从教师个人到教师微团队再到学校组织三个层面来构建学习型教师微团队，旨在通过团队合作学习促进教师成长和教师专业发展。学习型教师微团队在构建形式上更倾向于团队的特

征,但是在学习活动和团队发展上则倾向于学习共同体的特征。第一,团队成员要善于自我超越。学习型教师微团队中的每个成员既是团队的一分子,也是属于个体的存在。个体和团体不是冲突的概念,在团队活动中,每个成员要认清自己的现状,确定理想目标,充分认识到现状和理想之间的差距,从而增强自身的学习动机。第二,改变心智模式。这实际上就是一个不断学习以改善不足的过程。当团队成员中有任何人心智模式出现问题时,无论对团队还是个人来说都有损害,所以在团队合作学习过程中,要改变固有的思维习惯,要善于换位思考,学会沟通交流,反思探询。第三,建立共同愿景。即是说,团队成员要有每个人的愿景,并将个人愿景与团队共同愿景相结合,使两者能够齐头并进。在确定团队共同愿景时,要充分参考每一个团队成员的意见,在沟通中形成一个能被所有团队成员认同和分享的团队愿景。第四,团队学习。分享合作式的团队学习是微团队开展活动的基本形式,高效的教师团队学习需要每个成员的高度参与和开放的沟通交流,开展教师团队学习的方式也是多种多样的,例如深度会谈、讨论、课题研讨、教学反思等。第五,系统思考。系统思考是学习型组织的基本特征,它要求我们在整体中、系统中把握问题,它既是个体的一套完整的思考框架,也是团队在组织管理中所要运用的法则,这就要求在学习型教师微团队创建以及开展活动中,领导以及成员都要善于利用系统思考的法则去完善团队以及自身。

(二)教育研究方法的指导

系统学习质化研究方法和量化研究方法,以及教学法等学科专业知识的教学和教研方法,特别是行动研究方法的掌握。

(三)合作分享,抱团取暖

在工作室创新微团队的运作过程中,团队学习是发展团体成员整体搭配与实现共同目标能力的过程。只有组织拥有众多会学习的团体,才可能发展成为善于学习的组织。团体学习的修炼要求必须善于进行深度会谈与讨论。深度会谈是自由和有创造性地探究复杂而重要的议题,通过深度会谈,人们可以互相帮助,彼此用心聆听,觉察彼此思维中不一致的地方,如此,集体思维才能越来越有默契。反思和探询是深度会谈的基础,并要善用冲突,坦诚相互间的冲突,增强集体思维的敏感度,让想法自由交流是很重要的。讨论则是提出不同的看法,并加以辩护。有效团队学习的基本规则:一是悬挂假设,二是视彼此为工作伙伴,三是探询精神。团队学习要求团体从片段看到整体,从迷失错综复杂的细节到掌握动态的均衡搭配。系统思考是五项修炼中的核心技能,它可以融合其他各项修炼成一体。

四、整合优质教育资源,搭建平台

充分整合高校专家及在职名师等优质教育资源,为教师(培育对象)提供理论与实践指导,促进培养对象由骨干教师迈向卓越教师,加速培养一批师德高尚、具有先进教育理念及卓越教育教学技能的名教师。通过"双导师"培养方式建立协同机制,与培育对象形成合作学习共同体。专家(理论导师)为"教授式"指导重在对培育对象进行教育理念、课题研究等方面的指导;名师(实践名师)为"教练式"指导,重在对培育对象实践能力的提升和优化。学校实践导师重在师带徒制。搭建交流学习平台。建立深圳大学与光祖中学"PCM"骨干教师培育项目,为教师搭建与专家、名师交流平台,以教师日常教学为依据进行理论指导与实践指导,从而提高教师教学水平,促进教师专业发展。"PCM"骨干教师项目是学科名师相互学习的高效平台。理论导师和实践名师都是我省学科专家,有利于促进核心成员及培育对象的理论学习,同时双导师深入学科组,有利于理论与教育教学实践相结合,指导培育对象在学校课题"自助互助"课堂教学文化的理论与实践探索的大课题框架下,结合教育教学实践中的具体问题为研究子课题,通过微课题研究活动,使骨干教师的理论水平及教育教学水平不断得到提升,使一批骨干教师逐步成长为研究型和专家型名师。"PCM"骨干教师培育项目是教师共同开展教学实践研究的平台。培养对象要在成长导师的引导下,立足课堂,结合学校"自主互助"的课题研究工作,通过导师听课评课,进行教学诊断。参与骨干教师项目的成员要在导师的指导下,主持校级微课题,牵头成立"自主互助"课堂研究共同体,并在导师的指导下,开展规范、高效的研究活动,全面促进每个成员形成适合个性特点的课堂教学模式,提升学科教学质量。"PCM"骨干教师项目是市区名师的孵化器。学科专家的丰富资源、高端研修活动、学科教学模式的打磨、个性化教学风格的展示、与优秀学校的优秀科组建立学术联盟、同行教师之间的深度交流,能有效促进工作室成员独特的教学风格的形成,使入室成员成长为市、区名师,进而促进特色科组的建设。

案例六

自评报告

李雪亮

1. 扎根校园,培育善义之心

参照张兆芹共同体的学习和分享生态系统,我在学校牵头组织成立了学生志愿服务社团,社团以课程的形式组织开展各类志愿服务,社团成员同时也是学生义工,校团委以社团指导教师为切入口,带领青年教师用实际行动潜移默化地将公益的理念和价值传递给全校师生,教师们也长期开展"大手拉小手"等系列帮扶活动,善义之心在校园内孕育滋长。

2. 服务社区,共建和谐生态

通过学生志愿服务共同体的活动,进一步与家长义工队形成深度融合。双方协力,深入校园和周边社区,为学生活动及午休的服务、学生离校途中的安全管理、校园及周边的环境卫生等做出重要贡献。团员青年教师带领团员学生,定期与环卫工人一起清扫大街,共建爱心文明大道,获得市民及城管部门的一致好评。"广东省志愿者银奖"获得者、"深圳首届百优义工"刁洪涛先生,经常参与并指导校团委的公益活动,帮助扩大校团委的志愿服务范围,增强社区公益影响力。

3. 公益接力，献爱革命老区

在学生及家长公益志愿服务共同体的组织引领下，全校师生已养成"知公益、做公益、爱公益"的习惯，学校历年的爱心捐赠和义卖活动已形成接力，所募集的善款已经帮助井冈山黄坳中学改建多间厕所，也先后多次将所募集的图书捐赠给革命老区的同学。今年共筹集了5000元农村厕所改造工程基金、3000元奖学金和约8000元文具和图书，关爱革命老区学生。学生干部和志愿者们把文具和图书装箱打包成30多个箱子，经过长途搬运顺利到达井冈山，确保了物资安全。每个班级、每个同学都在参与微公益，都在支持微公益，都在为微公益贡献着自己的力量。全校已然成为一个团结的爱心共同体。

4. 八方支教，彰显特区义举

2016年3月18日，工作室成员在张兆芹教授的带领下参加了河源支教活动，同年5月7日，工作室成员参加了汕尾支教活动，以学习共同体的理念，为两地的教师带去了精彩纷呈的课堂直播，李雪亮、肖红球、张锦滔等老师的课堂与学生互动充分，张弛有度，课堂气氛活跃，引领着学生开展学习、对话、沟通与合作。"真正做到了以学生为中心"，"教学方法创新与传承兼顾"，河源、汕尾的老师对工作室成员的公开课给予了高度评价。工作室主持人张兆芹教授则以"学习共同体的培育和引领"为题，从现阶段最新的教学理念出发，阐述学习共同体的概念，介绍如何通过学习共同体的培育来引领学生、教师和学校的发展，为河源的教师队伍送去了一场思想的盛宴。回到学校，我通过共青团组织工作的渠道，把"张兆芹学习共同体"的这种师德高、觉悟高、姿态高的支教理念，传递给校内的优秀青年，星星之火，可以燎原，把教育理念与爱传递，造福一方。

五、开展丰富体验式拓展活动

我们定期会带领教师进行外出拓展项目培育。按组分配任务，共同参与，相互帮扶，完成任务。每次项目做完之后，每组把作品展示在大家面前，进行评比，并给予适当的奖励。然后讨论：①你的小组工作过程中，是否每个人都有参与？当别人参与程度不够的时候你有什么感觉？②你的创意是怎样得来的？③你对小组的合作有什么看法？脑动则手动，手动则脑动。只有学员亲身的体验，才能给他带来深刻的印象，使更容易他把活动带给学生，学生体验后，告诉家长，实现联动传递。

首先，拓展培育，让教师在拓展活动中领悟到学习共同体精神的精髓，从而能够更好地融入学校的教师学习共同体中，同时能够更好地建构团结友爱的班集体。其次，希望教师们能在拓展活动中领会到计划、协调、合作、交流、决策的重要性，这些管理上的能力无论对自己，还是对于学习共同体，都是至关重要的。教师们都渴望提高自身的教学实践能力，而拓展活动是重视规则并遵守规则的，所以拓展培育具有真实性、公正性、真诚性，这样就可能达到话语共识，从而增进学习共同体的凝聚力和向心力，使教师在认识、合作互助的体验式活动中更好地成长。最后，在学生的培养目标中，很重要的一个能力就是创新能力，但是我们很难想象没有创新能力的老师,能培养出具有创新能力的学生,所以,希望教师们在拓展活动中,能够突破思维的框框,在意识上增进他们对于创新、创造的认识,鼓励他们勇于探索,积极地在解决问题中大胆地用新的想法、新的观点去创造性地解决问题,让他们在真实的拓展体验中,感受创新、创造的乐趣,提高他们的创新意识和能力。

拓展培育看重活动的过程参与体验,在体验中学习,在学习中感悟。拓展培育的特点主要是个体体验学习。每个人在生活中既是被管理者,也是领导者,但是在工作中往往就忽略了自己的领导才能,而拓展培育中,每一个成员都是拓展活动中不可或缺的一部分,能够充分地发挥自身的主体性,这样能够分享领导角色,使每个人都成为学习的领导者。一般的培育活动中,教师往往是被动地参与到培育中,所以有种说法,"听听感动,想想激动,回去一动不动",教师培育理论与实践脱离,而拓展培育可以很好地避免这样的局面,因为教师从"听的旁观者"转变为"参与者",能够在拓展过程中产生心灵与思维方式的碰撞,另外,教师们之间的这种最直接的互动交流也会给参与的教师们带来不小的影响。拓展培育正是理念与实践相结合,能够真正促进教师做到学以致用和知行合一。

六、提升教师关键能力和综合素养

(一)提升教师学习力

学习力是教师能力体系中的一个重要元素,强调的是"学、用、思、行、效"的系统过程。彼得·圣吉(1998)将学习力定义为学习过后产生新的行为的过程,它超越了传统学习意义上获得知识、运用知识的层面,是通过学习获得新思维、新行为,从而不断超越自我,创造自我的过程。在工作室的三年培育中,我们定期开展读书沙龙,"好书共读",看书—反思—交流—升华,提升了教师的学习力。教师自觉吸收知识、转化知识、创新知识、生产知识、践行知识的能力,是促进教师专业发展的核心内驱力。与此同时,教师自我反思、自我追问、自我否定、自我接纳、自我驱动、自我构建的力的总和,是一种内发的有效调控与原始内驱力。

(二)提升教师领导力

本研究认为,教师领导力是指作为特殊群体的教师个人在集体活动及个体生活中所具有的创新力、感召力、教导力、行动力、反思力的一种合力。这种合力表现在教师的培育团队合作文化、教育信息化及改善教育教学活动、获取并开展研究和专业倡导等方面的能力。教师通过在学校建立的多个微团队,提升了教师的组织领导能力、职业认同感和沟通能力,各方面素质得到加强。

(三)提升教师综合素养

未来教师综合素养的发展应该立足于学生素养的培养,教师应该具有面向信息化学习型社会的教育力,包括热爱教育事业的教育情怀,关爱学生,有深厚的学科知识和教育专业知识,具有较好的教育创生和研究力,自尊、自信的健康心理以及熟练地运用信息技术的能力等素养。本研究认为，中国教师综合素养包括教师能力系统、情感系统和人格系统的素养，即教师综合素养"三五"模型。能力系统包括信息处理能力、专业教学能力、跨学科整合力、领导与学习力、研究创新能力；情感系统包括仁爱之心、教育情怀、体验幸福、心理健康、人际关怀；人格系统包括教育观念、教育自觉、道德领导、家国情怀、责任担当。

第二节　建议与展望

教师微团队是一个以终身学习为理念、为共同目标，不断努力、追求超越自我的愿望、不断改善心智模式，具有自我导向性、互动协作性，集学习、工作、生活于一体的共同体。在团队精神的引领下，教师们共同学习、共同进步、共同成长、共享合作学习成果，付出了汗水，收获了快乐，取得了可喜的成绩。纵观我国教师培训现状，发现教师培训方面还存在一定的改进空间，比如说理论脱离实际，有些教师在听完专家讲座后，存在"听听感动、想想激动、回去一动不动"的现象；在培训过程中，有些专家重视对完整理论体系框架的构建，缺少对参训老师实际工作的指导，教学形式单一，过多地依赖培训者驾驭语言运用的能力，导致参训老师身心疲惫，缺少幸福感；培训内容迁移性较差，难以具体用到实际教学之中等。在三年的工作室团队发展过程中，我们通过"大学—政府—中小学"培育模式的探索，利用"1+N"模式，私人订制，因材施教，专家教授走进课堂诊断教学过程，发现教学问题，由问题转变成课题，带领团队老师走在教学与教研探索的路上，较好地解决了这些问题，提高了培育效果。通过反思，我们发现工作室教师在时间协调问题、自我领导智慧问题以及工作室管理制度执行力问题的解决上还存在一定的发展空间。为了更好地总结经验教训，更好地培育新时代优秀的未来教师，全面提高教师综合素养，要从以下几个方面继续深入探讨，共同努力促进教师专业化进程，培养高质量教师队伍。

一、加强教师道德价值引领，强化师德规范与操守

习近平新时代中国特色社会主义思想强调师德师风建设是教师队伍建设第一要务，教师只有在自身道德健康成长的前提下，才能更好地承担教书育人的责任。教师要追寻更高的人生境界和人生幸福，要有目的、有动力地去追寻生命的意义，就应该不断地超越自我，不断地反思自我。要引导教师树立教育信念，推动教师的道德成长，帮助教师养成崇教厚德、淡泊名利、自尊自律、廉洁从教等品质，培育出有理想信念、有道德情操、有扎实学识、有仁爱之心的"四有"好教师。

二、构建"教学做合一"育人模式，促进教师专业发展

教师专业发展的关键在于教师的自我成长与自我发展。首先，帮助教师自我认识，自我规划，形成自我领导智慧，营造一种积极的环境，鼓励教师进行自主实践，定期开展讲座，激励教师主动开展研究；其次，做到"因师施教"，按照教师的需求，有针对性地开展培训，帮助教师思考。对于职前教师来说，专家需要选择实操性

的培育方式，走进课堂，帮助教师讲课、评课；对于在职教师来说，要帮助教师发现教学问题，并将具体问题转化为小课题研究，在教师工作懈怠的时候"拉一把"，维持其积极上进的教师发展状态。

三、遵循教师成长规律，激发教师发展动能

万物皆有时节，凡事皆有它的节奏，要尊重每一个生命，尊重每一个生命的"花期"，让生命按照自己的节奏成才，让生命顺势而为，唤醒生命的活力。遵循教师成长规律就是要尊重教师的生命"花期"，鼓励每一个教师的个性发展，激发教师发展的潜力与动能，让他们做最好的自己，根据教师的不同发展情况选择理想的发展模式，顺应教师成长的周期，从知识准备期、素养形成期、优势发展期以及成熟完善期四个阶段出发，帮助教师不断成长。

四、强化教师梯级培养

遵循"岗前教师—新手教师—教坛新秀—骨干教师—名教师—特级教师—教育名家（教育家型教师）"的成长路径，开展教师"梯级培养"。明确每一层级的培养目标、课程大纲、培训方式和评价与管理办法，提高培养实效。建立岗前教师"封闭集训"与"跟岗入职"制度，开展"青年教师基本功大赛"，完善"一名师一工作室""一工作室即一培训中心"模式，努力实现"依托一位名师，组建一个工作室，编制一套规划，聚焦一个项目，凝聚一批骨干，开展一些活动，带出一支队伍，建设一批资源，实现一些突破，推动一个学科发展"的目的。建立名师著作出版资助专项基金，鼓励和支持名师做研究、出成果。

五、关注不同层次教师的需求

根据教师职业生涯发展理论，处于不同发展阶段的教师，其主要特征、成长需求、激励措施以及需要的支持是不同的。本研究发现，初入职的新手教师和熟手教师的发展需求差别最大，因此要给予充分关注。学校可以针对不同层次教师的特征与需求做调查，然后根据调查结果制订有针对性的、科学的教师培训方案。对于新手教师，可以实行导师制，为其配备导师，引导其制定个人成长发展规划，并开展教师教学技能的培训。而对于熟手教师，他们处于职业生涯的成熟期，已经具备相当的实力，学校要注意两个方面的问题：一是转型的需求，有些熟手教师可能会进入学校管理层，他们需要更多关于管理知识和能力的引导，有些则向专家型教师发展，科研和教学两手抓，他们需要学校提供资源上的支持；二是职业倦怠的出现，由于受到年龄、精力或者其他外部因素的影响，部分熟手教师会产生职业倦怠，不再对工作充满热情和活力，需要采取措施激发其工作和学习的动机，可以定期组织团队进行拓展活动、合作学习等。

除了要关注不同发展阶段教师的需求，还要关注不同职务教师的需求。在访谈中发现，担任班主任的教师与其他任课教师相比，有着双重身份和任务，既要"教"好学生，又要"管"好学生，掌握班级管理的能力。不少班主任反映，在班级管理

中遇到诸如学生行为、家长沟通等很多问题，希望学校能够请专家和名师对班主任工作中遇到的问题进行引导和解答，或者组织相关的培训。

此外，还要关注不同学科教师的学习需求。研究发现，美术、音乐、体育等教师提出关于专业技能的培训较少。在教师继续教育的课程中也出现这一问题，针对这些科目教师的相关课程比较少，不能满足他们专业方面的学习需求。

因此，学校以及教育主管部门要经常针对教师群体的学习情况和发展需求做调查，充分了解教师群体的发展变化，在开展教师培训、组织教师学习时，能从教师的角度出发，满足不同层次教师的学习需求，从而使其达到好的学习效果。

六、合理统筹学习工作，运用有效策略提升学习效率

在调查中发现，教师在统筹学习、工作两者的时间上存在问题。不少教师表示，工作压力大的时候会无心学习，或者学习效率较低。本研究认为，从教师的职业特征来看，教师既是教育者，也是学习者，不应该将教和学割裂开来，而应该在教学中学习，在学习中反思教学，树立工作学习化的观念。教师在学习中，可以联系在工作过程中遇到的实际问题，带着问题去学习，给自己创设学习情境，从而达到更好的学习效果，提高工作和学习的效率。

此外，采用有效的学习策略能够提升学习效率，达到好的学习效果，从而促进教师学习力的提升。本研究认为，合作和反思对教师学习具有重要作用。社会互动、交互学习能够促进个体知识建构的多元化，教师之间互相听课评课，结伴学习，通过沟通、对话、合作来促进学习，是有效的学习策略。反思则是教师对"教"与"学"的追问与思考。反思可以针对自己的课堂教学，主要包括对教材的解读、教学方法的选择、课堂上出现的问题以及自己应对的方式等。反思也可以针对其他教师的课堂或者专家讲座，这时候的反思主要是汲取对方的优势所在，结合自身的情况进行思考和追问。教学反思是教师必备的技能，教师可以制订自己的反思记录表，养成写反思记录的习惯。通过反思，教师可以提升自己发现问题、思考问题的能力，既提升了教学能力，也促进了学习力的发展。

七、进一步提升将知识运用于实践的创新能力

在调查中发现，教师将所学的知识运用于实际教学过程的能力还有待提高。不少教师指出，通过教师继续教育课程或者参与教师培训所学习的知识存在脱离实际的问题，无法对教学工作产生有价值的引导。但是，理论知识的学习是必需的，缺少理论知识的积淀不利于教师的反思及科研。因此，在学习理论知识的时候，要注意结合自身的教学经验进行思考，基于教学情境进行知识的意义构建，这样，才能达到理论指导实践的目的。

此外，教师在进行科研的过程中，往往能够基于教学工作中遇到的问题来选定研究题目。但是，在进行问题研究和分析时，由于理论知识和科研能力的局限性导致研究不够深入，没有达到解决问题的目的。这就要求教师要具备一定的理论知识积累和科研能力，以使教师科研、教师学习与具体的教育问题相结合，实现科研创新，提升

教师学习力。

八、提升对新技术的学习和使用能力

近年来，随着现代信息技术的不断发展，网络信息技术的影响力已经从学生学习推进到教师学习，利用网络来辅助与支持教师学习已经成为新的趋势。基于先进技术与网络手段的教师学习模式具有开放性、高效性、灵活性等特点，可以解决部分教师学习面临的问题，如学习与工作时间上的冲突、学习积极性不高、参与学习成本较高等。

调查发现，教师对新技术的接受度、兴趣度较高，但是，对这些新技术的学习仅以了解为主，较少运用到自己的学习过程中。教师普遍反映，新技术的学习和使用需要一定的时间和精力，用传统的学习方式就可以解决的问题，因此不太愿意去改变。其实，虽然一些新的知识管理工具和学习方式（如思维导图等）在前期可能会花费一定的时间，但是对以后的学习会有很大的帮助，能够提高学习效率和效果。所以，对这些能够帮助学习的新技术，教师应该尽量去掌握。此外，教师在日常教学工作中要高效使用多媒体设备和技术呈现教学内容，在学生管理和家校沟通等方面也会用到很多信息化手段。因此，一定的教育信息技术能力是必备的技能，提升对新技术的学习和应用能力是必须的。

九、培养教育家型校长

建立校长年度工作计划、工作总结交流制度，落实校长听课、校领导上课规定。加强校长队伍廉政、勤政建设，开展校长廉政指数、勤政指数测评，通过"校长—教师"的培育方式来帮助教师健康成长，一位有理想、有情怀、有水平、有担当、有能力的校长才能带动一支有动力、干实事的教师队伍。

十、营造良好学习氛围，提供学习环境支持

建构主义学习理论指出，社会互动可以促进个体学习，情境对知识的建构非常重要，因此，学校要营造良好的学习氛围和文化，提供各种学习资源，将教师学习制度化，从而促进教师的学习活动。首先，学校要鼓励教师学习，开展各种形式的学习活动，比如定期开展读书分享会、教学心得分享会、评课议课等，营造沟通交流、合作共享的学习氛围和文化。其次，学校要给予教师学习以资源上的支持，如丰富图书馆藏书，提供各类教育杂志以及网络资源；引进专家和名师进校园，扩展教师学习的途径和方式；多提供教师外出学习的机会，开阔教师的眼界，激发他们的学习热情和动机。最后，将教师学习制度化，根据不同层次教师的需求，合理规划和制定教师学习制度。

目前，构建学习共同体已经成为各个学校开展教师培训和学习的重要途径，根据群体动力理论和情境学习理论，构建教师学习共同体，能够增强教师学习动力，在合作、交流、对话的过程中促进学习行为的产生和发展，提升教师学习力。学校可以开展小课题研究，使教师基于研究兴趣自发组合，进行小组科研；组织开展教师团队拓

展活动，增强教师之间的凝聚力；利用 QQ 群、微信群、论坛等方式，成立线上学习共同体。此外，打造名师工作室也是很好的方式，在名师和专家的引领下，联合学校进行教师学习共同体的构建与探索。这种基于名师引领的教师学习共同体具有深厚的理论根基，能将理论与实践结合在一起，从而有利于教师学习及其教科研能力的培养，可使教师学习共同体更好地发展。除了名师工作室，还有很多构建教师共同体的新途径，并且随着社会的飞速发展和不断变迁，教师学习共同体还会被赋予新的内涵。只是不管构建途径如何改变，技术手段如何推陈出新，都离不开教师这个主体，仍以教师的需求、特点为中心，为教师更好地学习和专业发展服务。

十一、搭建教师网络学习平台，丰富学习资源库

随着"互联网+"理念的不断发展，信息化手段已经广泛应用于教育领域的方方面面，教师继续教育已经发展出面授和网络课程相结合的培训模式。这种模式革新了教师学习的方式，给教师带来了便利。同样，教师在自主学习的过程中，也会利用网络手段去寻找学习资源。可见，网络确实给教师学习带来了便利和更加丰富的资源。

因此，学校和教育主管部门可以将网络融入教师的日常工作学习中，搭建教师学习和沟通的平台，建立网络学习小组，将教师按照兴趣爱好、教学科目或年级等标准分为若干学习小组，通过网络手段进行学习、沟通、会议、讨论等，调动教师学习的积极性和主动性。教师在参与网络学习小组活动的过程中，也一定程度上锻炼了应用信息技术的能力。此外，还可以搭建网络学习资源库，将一些名师的课程录制下来，或者引进一些国外的优质教学资源，放在平台上供教师学习，设置讨论区，使教师能够在线沟通交流。也可以将教师培训的课程编制成网络课程，这里的网络课程更倾向于慕课的形式，是互动的学习，而不是传统意义上的知识灌输。

主要参考文献

中文主要参考文献

［1］琳达·伊芙·戴蒙德，哈丽雅特·戴蒙德. 带出一支好团队［M］. 刘四元，叶凯，译. 北京：机械工业出版社，2009：74-76.

［2］白云涛，席酉民. 变革型领导行为在企业授权中的影响作用研究［D］. 西安：西安交通大学，2009：23-36.

［3］彼得·圣吉. 第五项修炼·实践篇（上）：思考·演练·超越［M］. 齐若兰，译. 台北：天下文化出版社，1995：400.

［4］彼得·圣吉. 第五项修炼：学习型组织的艺术与实务［M］. 郭进隆，译. 上海：上海三联书店，1998.

［5］陈国民. 提升教师学习力需把握好"三个"向度［J］. 中国教育学刊，2017（10）：111.

［6］陈金国，朱金福，陆金桂. 面向技术创新的学习力评价方法［J］. 科技进步与对策，2007（8）：127-129.

［7］陈俊彦，张海瑛. 论高校教师领导力的提升［J］. 河北大学成人教育学院学报，2013（1）：117-119.

［8］陈盼，龙君伟. 国外教师领导力研究述评［J］. 上海教育科研，2009（12）：28-31.

［9］陈维维，杨欢. 教育领域学习力研究的现状和发展趋势［J］. 开放教育研究，2010（4）.

［10］陈文晶，时勘. 变革型领导和交易型领导的回顾与展望［J］. 管理评论，2007，9（9）：22-29.

［11］陈向明. 质的研究方法与社会科学研究［M］. 北京：教育科学出版社，2010.

［12］崔允漷. 追问"核心素养"［J］. 全球教育展望，2016，45（5）：3-10.

［13］崔振成. 超越悲剧：教师学习力的退化与提振［J］. 东北师范大学学报（哲学社会科学版），2014（5）.

［14］邓友超. 论教师学习的性质与质量［J］. 教育研究与实验，2006（4）：55-59.

［15］董玉霞. 马尔科姆·诺尔斯成人自我导向学习思想研究［D］. 开封：河南大学，2008.

［16］杜芳芳. 教师领导力：学校变革的重要力量［J］. 教育发展研究，2010（18）：47-51.

［17］厄内斯特·波伊尔. 基础学校：一个学习化的社区大家庭［M］. 王晓平，等，译. 北京：人民教育出版社，1998.

[18] 樊香兰,孟旭.教师个体学习力:意蕴与诉求[J].中国教育学刊,2011(5):65-68.

[19] 菲利普·贺灵杰.学习型领导力:模型及核心维度[J].教育研究,2013(12):118-128.

[20] 高婧,胡中锋.国外校长领导行为的结构维度研究[J].外国教育研究,2010(6):33-37.

[21] 高一升,朱宗顺.浙江省幼儿园学科带头人领导力现状与思考:基于教师领导力模型标准(TLMS)的抽样调查[J].教师教育研究,2016,28(4):49-56.

[22] 高玉祥.健全人格及其塑造[M].北京:北京师范大学出版社,1997.

[23] 高志敏.人力资源开发中学习力构架的研究[J].河北师范大学学报(教育科学版),2002,4(6):24-29.

[24] 高志敏.终身教育、终身学习与学习化社会[M].上海:华东师范大学出版社,2005.

[25] 谷力.学习力:个体与环境相互作用的产物[J].上海教育科研,2009(7):66-67.

[26] 谷玉玲.中小学教师道德领导力研究[D].新乡:河南师范大学,2015.

[27] 官卫星.高职院校专业教师团队建设的意义与途径[J].中国成人教育,2009(22):78-79.

[28] 郭凯.教师领导力:理解与启示[J].课程·教材·教法,2011,31(6):107-112.

[29] 郭少英,朱成科."教师素养"与"教师专业素养"诸概念辨[J].河北师范大学学报(教育科学版),2013(10):67-71.

[30] 郭绍青,张乐,陈莹.网络环境支持的参与式教师培训策略研究[J].中国电化教育,2011(12).

[31] 韩继伟,等.西方国家教师知识研究的演变与启示[J].教育研究,2008(1):88-92.

[32] 何克抗.建构主义:革新传统教学的理论基础(上)[J].电化教育研究,1997(3):3-9.

[33] 胡继飞,古立新.我国教师领导力现状及其影响因素的调查研究:以广东省为例[J].课程·教材·教法,2012,32(5):111-116.

[34] 胡银弟.基于"教师发展自觉"的校长价值领导力[J].中小学管理,2011(1):15-16.

[35] 黄勋敬.领导力模型与领导力开发[M].北京:北京邮电大学出版社,2008:5-157.

[36] 贾永娜.基于因子分析法的《现代教育技术》实验教学质量评价研究[D].武汉:华中师范大学,2012:25-43.

[37] 江萍萍.论课堂教学文化重构中学习力的生成[J].教育与教学研究,2011

(5).

[38] 姜美玲,陈静静,吕萍. 学校内涵发展中的校长领导力:对上海浦东新区331名正职校(园)长的调查分析[J]. 全球教育展望,2010(8):78-83.

[39] 顾明远主编. 教育大辞典:第1卷[M]. 上海:上海教育出版社,1990:16.

[40] 金建生. 论教师领导[J]. 西北师范大学学报(社会科学版),2007(3):42-46.

[41] 柯比. 学习力:哈佛大学对学习能力问题的最终解决方案[M]. 金粒,编译. 海口:南方出版社,2005.

[42] 克努兹·伊列雷斯. 我们如何学习:全视角学习理论[M]. 孙玫璐,译. 北京:教育科学出版社,2014.

[43] 李欸. 论教师的领导力内涵[J]. 教育学术月刊,2009(7):12-15.

[44] 李林,童新洪. 基于项目绩效的领导力模型[J]. 现代管理科学,2005(9):65-67.

[45] 李蓉. 用校本教研建构教师学习共同体[J]. 现代教育科学·小学教师,2011(3).

[46] 李兴敏,刘紫馨,陈远滨,等. 大学生村官政策研究质量提升期的热点转化和选题方向[J]. 淮海工学院学报(人文社会科学版),2016,14(11):111-117.

[47] 李艳红,李思志. 基于MOOC的教师培训机制探讨[J]. 科教导刊,2015(11).

[48] 梁仪. 弗洛姆健全人格思想探析[D]. 南京:南京信息工程大学,2014.

[49] 刘丹. 教师积极情感对学生发展和教师发展的价值及培育[J]. 教师教育研究,2017,29(6):23-28.

[50] 刘庆昌. 核心素养教育呼唤教师的教育情怀[J]. 课程教学研究,2017(11):4-6.

[51] 刘艳艳,乔丽娟. 学习型社会中的终身教育与终身学习[J]. 继续教育研究,2007(6).

[52] 刘幼玲. 近十年国外分布式教育领导研究述评[J]. 上海教育科研,2010(8):34-37.

[53] 柳夕浪. 教师参与教育研究:理念、方式与局限[J]. 华东师范大学学报,2002(6):42-48.

[54] 柳夕浪. 建构积极的"教学自我"[J]. 教育研究与实验,2003(3):49-53.

[55] 龙宝新. 论教师学习的性质与机会质量[J]. 教育研究与实验,2006(4):55-59.

[56] 龙宝新. 论教师的专业学习力[J]. 当代教师教育,2013,6(1):41-46.

[57] 卢乃桂,陈峥. 作为教师领导的教改策略:从组织层面探讨欧美的做法与启示[J]. 教育发展研究,2006,19(17):54-57.

[58] 鲁洁. 通识教育与人格陶冶 [J]. 教育研究, 1997 (4): 16-19.
[59] 罗唱, 孙忠梅. 教育研究方法发展现状及演变趋势: 基于教育研究方法的全样本文献计量和共词分析 [J]. 高教学刊, 2016 (10): 8-10.
[60] 迈克尔·富兰. 变革的挑战: 学校改进的路径与策略 [M]. 叶颖, 等, 译. 北京: 北京大学出版社, 2003.
[61] 孟召坤, 兰国帅, 徐梅丹, 张一春. 基于QQ群的教师学习共同体运行现状研究 [J]. 开放教育研究, 2015 (5): 101-111.
[62] 内尔·诺丁斯. 学会关心: 教育的另一种模式 [M]. 于天龙, 译. 北京: 教育科学出版社, 2003: 1-5.
[63] 庞维国. 论体验式学习 [J]. 全球教育展望, 2011, 40 (6): 9-15.
[64] 庞维国. 90年代以来国外自主学习研究的若干进展 [J]. 心理学动态, 2000, 18 (4): 13-17.
[65] 裴淼, 李肖艳. 成人学习理论视角下的"教师学习"解读: 回归教师的成人身份 [J]. 教师教育研究, 2014 (11).
[66] 彭云. 教师领导力的核心要素与提升路径 [J]. 教育理论与实践, 2017, 37 (23): 27-29.
[67] 朴敏. 专业化背景下教师自主学习能力的发展 [J]. 教学与管理 (中学版), 2009 (1).
[68] 普通心理学编写组. 普通心理学 [M]. 济南: 山东教育出版社, 1987.
[69] 曾文婧, 秦玉友. 美国中小学教师流动的特征、影响及应对策略 [J]. 外国教育研究, 2017, 44 (12): 39-54.
[70] 乔雪峰, 卢乃桂, 黎万红. 从教师合作看我国校本教研及其对学习共同体发展的启示 [J]. 教师教育研究, 2013 (6): 74-78.
[71] 瞿静. 论学习力理念从管理学向教育学领域的迁移 [J]. 教育与职业, 2008 (3).
[72] 瞿静. 体育学硕士研究生学习力开发模式的构建 [D]. 开封: 河南大学, 2007.
[73] 全守杰. "学习共同体"研究理论考察与新探 [J]. 湖北经济学院学报 (人文社会科学版), 2007 (10): 34-35.
[74] 任真, 王石泉, 刘芳. 领导力开发的新途径: "教练辅导"与"导师指导" [J]. 外国经济与管理, 2006 (7): 53-58.
[75] 芮火才. 校长如何提升教师领导力 [J]. 江苏教育, 2018 (18): 10-12.
[76] 尚茹. 学习共同体: 教师成长的新途径 [J]. 继续教育研究, 2007 (1): 141-142.
[77] 沈书生, 杨欢. 构建学习力: 教育技术实践新视角 [J]. 电化教育研究, 2009 (6): 13-16.
[78] 沈书生, 李艺. 信息技术与中小学课程改革 [J]. 电化教育研究, 2012 (12): 72-75.

[79] 宋萑. 校本学校改善与教师专业发展：为了教育质量提升之教师专业发展[J]. 教育发展研究, 2006 (14)：25-30.

[80] 苏姗姗. "国培计划"项目质量评估模式：意蕴、体系及行动程序[J]. 教育理论与实践, 2012 (11).

[81] 孙福海. 关于教师学习的理论与实践研究[D]. 广州：华南师范大学, 2005.

[82] 孙锦明. 中学校长领导力研究[D]. 上海：华东师范大学, 2009：16-18.

[83] 覃小芳. 高师美术教师领导力的探讨[J]. 教育与职业, 2011 (23)：75-76.

[84] 谭敏. 浅谈高校教师领导力开发[J]. 前沿, 2013 (22)：181-182.

[85] 唐晓群. 哈贝马斯的交往行为理论[J]. 中国社会科学院研究生院学报, 1997 (6)：52-57.

[86] 陶西平. 提升校长价值领导力的几个重要环节[J]. 中小学管理, 2011 (1).

[87] 田玲. 中小学生学习力结构及其发展特点[D]. 沈阳：沈阳师范大学, 2012.

[88] 童宏保. 萨乔万尼道德领导理论与实践[J]. 比较教育研究, 2012, 34 (1)：64-67.

[89] 汪琼. MOOC用于教师培训："翻转课堂教学法"MOOC课程实践[J]. 中国教育信息化, 2015 (1)：9-11.

[90] 汪树林. 追寻生命福祉的教育关怀：兼论教育的责任伦理[EB/OL]. (2015-05-01) http://www.docin.com/p-1137931191.html.

[91] 王绯烨, 洪成文, 萨莉·扎帕达. 骨干教师领导角色的认知研究[J]. 教师教育研究, 2017, 29 (5)：58-63, 80.

[92] 王红, 陈纯槿. 美国教育领导力评价研究三十年：回顾与启示[J]. 比较教育研究, 2012 (1)：55-77.

[93] 王红, 陈纯槿. 美国校长领导力与学生成就关系三十年研究[J]. 教育学术月刊, 2010 (10)：77-79.

[94] 王胜. 如何评价校长的有效领导力：美国范德比尔特大学教育领导力评价系统简介[J]. 中小学管理, 2007 (12)：9-11.

[95] 王维利, 宋江艳, 张淼. 护理管理者领导力问卷编制及信度、效度初步检验[J]. 中国护理管理, 2011 (5)：27-30.

[96] 王瑛. 高校外语教师专业领导力研究[D]. 上海：华东师范大学, 2012：15-19.

[97] 王越英. 打造学习共同体促教师专业发展[J]. 上海教育科研, 2004 (3)：41-42.

[98] 魏雪峰, 杨现民. 移动学习：国际研究实践与展望[J]. 开放教育研究, 2014, 20 (1)：4-8.

[99] 吴丙朕. 未来教学模式三"基于TRIZ的STEAM"教学[J]. 中国信息技术教育, 2016 (20)：105-107.

[100] 吴卫东. 体验式培训：教师培训的新视角[J]. 教育发展研究, 2008 (Z4)：57-60.

[101] 吴海洋. 试论促进教师专业化发展的三大核心力 [J]. 教育导刊, 2013 (2): 42-44.

[102] 吴慧, 金慧. 促进高校青年教师专业发展团队建设机制研究 [J]. 教师发展研究, 2013, 33 (17): 81-84.

[103] 吴哲学. 教师学习力提升途径探究 [J]. 科学咨询 (科技·管理), 2011 (16): 83-84.

[104] 夏冬杰. 以知识共享的视角谈教师学习共同体的构建策略 [J]. 教育探索, 2013 (4): 95-97.

[105] 肖开勇. 学习力: 高校教师必备之素质 [J]. 中南民族大学学报 (人文社会科学版), 2007 (S1): 170-171.

[106] 肖月强, 袁永新. 高等院校教师领导力建设研究 [J]. 国家教育行政学院学报, 2011 (4): 66-70.

[107] 萧鸣政, 龙凤钊. 领导者领导力形成与发挥中的品德与法律 [J]. 北京大学学报 (哲学社会科学版), 2015 (1): 58-66.

[108] 项丽娜. 体验式学习理论及其对成人教育的启示 [J]. 中国成人教育, 2017 (3): 12-14.

[109] 徐示奥. 养成教育"四位一体"的理论前提: 基于知、情、意、行的概念区分 [J]. 大学教育, 2017 (11): 24-28.

[110] 许文静. 高职院校外语教师创新思维培养策略探究 [J]. 职业技术教育, 2016, 37 (14): 66-68.

[111] 严媛. 高校教师个体学习力的评价与提升策略研究: 组织文化的视角 [D]. 南昌: 南昌大学, 2007.

[112] 严子良. 如何建设学习型教师团队 [M]. 北京: 中国轻工业出版社, 2013.

[113] 杨思卓. 六维领导力 [M]. 北京: 北京大学出版社, 2008: 13.

[114] 杨颖秀, 胡淑波, 陈卫红. 校长的领导力在学校改进中的生命意义 [J]. 东北师范大学学报 (哲学社会科学版), 2012 (3): 142-146.

[115] 叶静. "知情意行"视阈下主体性德育与人的全面发展浅析 [J]. 中共乐山市委党校学报, 2017, 19 (3): 82-84.

[116] 叶菊艳, 朱旭东. 论教育协同变革中教师领导力的价值、内涵及其培育 [J]. 教师教育研究, 2018, 30 (2): 8-15.

[117] 叶澜. 重建课堂教学价值观 [J]. 教育研究, 2002 (5): 3-7.

[118] 易凌云, 庞丽娟. 教师教育观念: 内涵、结构与特征的思考 [J]. 教师教育研究, 2004 (3): 6-11.

[119] 于兴远, 陈保平. 教师素养新论 [M]. 兰州: 兰州大学出版社, 2001: 14-15.

[120] 余闻婧. 论教师的课堂学习力 [J]. 教育发展研究, 2015 (Z2): 104-112.

[121] 俞可, 赵帅. 基于数据的校长领导力: 以欧洲LISA项目为例 [J]. 外国中小学教育, 2011 (12): 4-8.

[122] 俞可. 对话的教育领导力：德国中小学校长研究 [J]. 全球教育展望, 2010 (4): 44-48.

[123] 袁振国. 当代教育学 [M]. 北京：教育科学出版社, 2004: 99.

[124] 袁振中. 素质、素质教育与素养、核心素养 [J]. 教育文化论坛, 2016 (5): 106-108.

[125] 张丹丹. 苏霍姆林斯基论教师必备素养及其培养途径探析 [D]. 上海：上海师范大学, 2007.

[126] 张慧敏, 王宝林. 高校青年教师队伍建设研究 [J]. 中国成人教育, 2015 (13): 124-126.

[127] 张菊荣. 提升教师的"现场学习力"：校长何为？[J]. 中小学管理, 2013 (3): 5-7.

[128] 张俊英. 大学英语多维互动教学模式行动研究 [D]. 上海：上海外国语大学, 2010.

[129] 张灵芝. 1998年以来中国高等教育研究热点及其知识可视化图谱分析：基于CSSCI高等教育类论文关键词的分析 [J]. 高教探索, 2012 (2): 41-46.

[130] 张其顺. 幼儿教师领导力提升问题探析 [J]. 长春教育学院学报, 2010, 26 (1).

[131] 张向葵, 丛晓波. 关于心理健康的哲学思考 [J]. 东北师范大学学报（哲学社会科学版）, 2004 (2): 119-126.

[132] 张小娟. 打造卓越的领导力 [J]. 领导科学, 2005 (18): 37.

[133] 张雪. 教师同伴互助, 促进专业发展 [J]. 科教文汇, 2017 (10): 22-23.

[134] 张兆芹, 彭炫. 基于学习共同体视域下"PCM 三导师制"教师培养模式的探索：以深圳光祖中学"PCM 教师培养项目"为例 [J]. 现代教育论丛, 2017 (6): 36-41.

[135] 张兆芹. 为幸福人生奠基：学习型学校创建案例剖析 [M]. 北京：教育科学出版社, 2011.

[136] 张兆芹. 学习型学校的创建：教师组织学习力新视角 [M]. 北京：教育科学出版社, 2011.

[137] 陈向明. 质的研究方法与社会科学研究 [M]. 北京：教育科学出版社, 2010.

[138] 章云珠. 基于教师视角的校本培训实效性的思考 [J]. 教育探索, 2009 (11): 103-104.

[139] 赵崇平. 高职院校教师领导力培养的三大视点 [J]. 中国成人教育, 2011 (19): 135-138.

[140] 赵冬冬. 论教师的教育自觉及其养成 [J]. 当代教育科学, 2016 (24): 25-28.

[141] 赵健. 从学习创新到教学组织创新：试论学习共同体研究的理论背景、分析框架与教学实践 [J]. 教育发展研究, 2004, 24 (7): 18-20.

［142］中国科学院"科技领导力研究"课题组. 领导力五力模型研究［J］. 领导科学，2006（9）：20-23.

［143］钟启泉. 基于核心素养的课程发展：挑战与课题［J］. 全球教育展望，2016（1）3-25.

［144］钟启泉. 我国教师教育制度创新的课题［J］. 北京大学教育评论，2008（7）：46-59.

［145］钟志贤，林安琪. 赛伯人际管理：提升远程学习者的学习力［J］. 远程教育杂志，2008（5）.

［146］周军铁，张瑶娟，戴金. 教师学习力：高校竞争力提升的新视角［J］. 教书育人，2010（24）.

［147］周钧. 阻碍小学教师专业发展的因素研究［J］. 教师教育研究，2013（7）.

［148］朱厚望. 高职学院双师队伍建设的困境与对策［J］. 教育与职业，2015（6）.

［149］朱宁波，张萍. 教师同伴互助的校本教研模式探析［J］. 教育科学，2007（6）：16-20.

［150］朱琴. 整合型校本课程的问题与改进对策［J］. 基础教育参考，2012（6）：79-80.

［151］朱小蔓. 提升教育质量：关爱教师，创造更加人文的教育环境［J］. 生活教育，2016（13）：5-7.

［152］朱旭东. 教师专业发展理论研究［M］. 北京：北京师范大学出版社，2011.

英文主要参考文献

［1］BLANKSTEIN A M. Failure Is Not an Option：Six Principles that Guide Student Achievement in High-performing Schools［M］. CA：Corwin Press，2004.

［2］BRODT C J. Teacher Self-reflection on Dispositions and Skills of Teacher Leaders in A Collaborative Learning Community［D］. Walden University，2011.

［3］CLAXTON G. Building Learning Power：Helping Young People Become Better Learners［M］. Bristol：TLO，2002.

［4］CONLON T J. A Review of Informal Learning Literature，Theory and Implications for Practice in Developing Global Professional Competence［J］. Journal of European Industrial Training，2004，28（2/3/4）：283-295.

［5］DEAKIN CRICK R. Learning Power in Practice：A Guide for Teachers［M］. London：Paul Chapman Publishing，2006.

［6］DEAKIN CRICK R. Learning How to Learn：The Dynamic Assessment of Learning Power［J］. The Curriculum Journal，2007，18（2）：135-153.

［7］CROWTHER F，FERGUSON M，HANN L. Developing Teacher Leaders：How Teacher Leadership Enhances School Success［M］. CA：Corwin Press，2009.

［8］CROWTHERF，FERGUSON M，HANN L. Developing Teacher Leaders：How Teacher Leadership Enhances School Success［M］. CA：Corwin Press，2009.

[9] FROST D, HARRIS A. Teacher Leadership: Towards A Research Agenda [J]. Cambridge Journal of Education, 2003, 33 (3): 479 - 498.

[10] LUECHAUER D L, SHULMAN G M. Creating Empowered Learners: A Decade Trying to Practice What We Teach [J]. Organization Development Journal, 2002, 20 (3): 42.

[11] HABERMAS J, McCARTHY T. The Theory of Communicative Action [M]. Boston: Beacon press, 1984.

[12] JONES I M. Can You See Me Now: Defining Teaching Presence in the Online Classroom Through Building A Learning Community [J]. J. Legal Stud. Educ., 2011, 28: 67.

[13] KATZENMEYEY M, MOLLER G. Awakening the Sleeping Giant: Helping Teachers Develop as Leaders [M]. CA: Corwin Press, 2009.

[14] LEITHWOOD K, JANTZI D. Principal and Teacher Leadership Effects: A Replication [J]. School Leadership & Management, 2000, 20 (4): 415 - 434.

[15] MULFORD B, KENDALL L, KENDALL D. Administrative Practice and High School Students´ Perceptions of Their School, Teachers and Performance [J]. Journal of Educational Administration, 2004, 42 (1): 78 - 97.

[16] SIMPLICIO J S C. Teaching Classroom Educators How to be more Effecteive and Creative. [J]. Education, 2000, 120 (4).

[17] SNELL J, SWANSON J. The Essential Knowledge and Skills of Teacher Leaders: A Search for a Conceptual Framework [J]. Paper Presented at the Annual Meeting of the American Educational Research Association, New Orleans, LA, April, 2000: 103 - 122.

[18] TALBERT J E, McLAUGHLIN M W. Teacher Professionalism in Local School Contexts [J]. American Journal of Education, 1994, 102 (2): 123 - 153.

[19] MARSICK V J. Toward A Unifying Framework to Support Informal Learning Theory, Research and Practice [J]. Journal of Workplace Learning, 2009, 21 (4): 265 - 275.

[20] YARGER S J, LEE O. The Development and Sustenance of Instructional Lleadership [J]. Teachers as Leaders: Perspectives on the Professional Development of Teachers, 1994: 223 - 237.

[21] YORK-BARR J, DUKE K. What do We Know about Teacher Leadership? Findings from Two Decades of Scholarship [J]. Review of Educational Research, 2004, 74 (3): 255 - 316.

附　　录

附录1：教师学习力调查问卷

教师学习力调查问卷

尊敬的各位教师：

　　您好！您手中的问卷旨在研究教师学习力的相关问题，了解教师学习力的现状。本次调查问卷所搜集到的资料只作学术研究之用，以无记名的形式进行，请放心作答。为了学术研究的真实性、科学性、可靠性，请您按照个人实际情况作答，您的真实想法非常宝贵。感谢您的参与。

深圳大学"张兆芹学习共同体工作室"

第一部分　教师基本情况

1. 您的性别是（　　）。
   A. 男　　　　　B. 女
2. 您的教龄是（　　）。
   A. <5年　　B. ≥5年，<10年　　C. ≥10年，<15年　　D. ≥15年
3. 您的最后学历是（　　）。
   A. 研究生　　B. 本科　　C. 大专　　D. 中专　　E. 中专以下
4. 您已具备的教师专业技术职称是（　　）。
   A. 高级教师（原中学高级教师，含在小学中聘任的中学高级教师）
   B. 一级教师（原中学一级教师和小学高级教师）
   C. 二级教师（原中学二级教师和小学一级教师）
   D. 三级教师（原中学三级教师和小学二级、三级教师）
   E. 暂无职称

第二部分　教师学习力相关问题

1. 我能够根据学校和学生的变化来不断改变自己去学习，具备终身学习的意识（　　）。
   A. 很不符合　　B. 不太符合　　C. 一般符合　　D. 比较符合　　E. 非常符合
2. 我对学习充满好奇心，善于发现问题，思考问题（　　）。
   A. 很不符合　　B. 不太符合　　C. 一般符合　　D. 比较符合　　E. 非常符合

3. 我具备强烈的求知欲望,善于培养自己的学习兴趣(   )。
   A. 很不符合   B. 不太符合   C. 一般符合   D. 比较符合   E. 非常符合
4. 我认为学习很重要,不学习会被社会淘汰(   )。
   A. 很不符合   B. 不太符合   C. 一般符合   D. 比较符合   E. 非常符合
5. 我能够排除一切干扰,集中注意力去学习和工作(   )。
   A. 很不符合   B. 不太符合   C. 一般符合   D. 比较符合   E. 非常符合
6. 面对来自社会、学校、家长和学生等各方面的压力,我善于自我调节,把压力转化为动力(   )。
   A. 很不符合   B. 不太符合   C. 一般符合   D. 比较符合   E. 非常符合
7. 我善于培养自己良好的学习习惯,如学会自学、善于观察、善于自我管理,这些良好的学习习惯能使我更好地学习(   )。
   A. 很不符合   B. 不太符合   C. 一般符合   D. 比较符合   E. 非常符合
8. 我能够找到自己最喜欢、最适合的学习方法,并能够熟练运用于学习中,从而达到最佳的学习效果(   )。
   A. 很不符合   B. 不太符合   C. 一般符合   D. 比较符合   E. 非常符合
9. 我具有敏锐的观察力,能够在教育教学过程中发现问题(   )。
   A. 很不符合   B. 不太符合   C. 一般符合   D. 比较符合   E. 非常符合
10. 我能够按学习规划去学习,从而达成学习目标(   )。
    A. 很不符合   B. 不太符合   C. 一般符合   D. 比较符合   E. 非常符合
11. 我敢于质疑权威,拒绝"迷信式学习",我对学习工作中遇到的问题有自己的理解(   )。
    A. 很不符合   B. 不太符合   C. 一般符合   D. 比较符合   E. 非常符合
12. 我善于沟通交流,喜欢团队学习,能够在与团队成员交流的过程中取长补短,学习进步(   )。
    A. 很不符合   B. 不太符合   C. 一般符合   D. 比较符合   E. 非常符合
13. 我在学习、工作过程中善于运筹时间,合理分配自身精力,使自己获得最大的学习效果(   )。
    A. 很不符合   B. 不太符合   C. 一般符合   D. 比较符合   E. 非常符合
14. 我常常对自己的学习和教学工作进行反思,能够发现自己的不足,并进行改进(   )。
    A. 很不符合   B. 不太符合   C. 一般符合   D. 比较符合   E. 非常符合
15. 我的教学方法和手段独具一格,我喜欢发挥想象力把自己的课堂变得丰富多彩(   )。
    A. 很不符合   B. 不太符合   C. 一般符合   D. 比较符合   E. 非常符合
16. 在学习和工作遇到问题的时候,我更倾向于用自己固有的经验和方式去解决(   )。
    A. 很不符合   B. 不太符合   C. 一般符合   D. 比较符合   E. 非常符合
17. 我能将各种类型的知识融会贯通,并将所学的知识运用在我的教育教学过程中(   )。

A. 很不符合　　B. 不太符合　　C. 一般符合　　D. 比较符合　　E. 非常符合

18. 我具备良好的知识基础，不局限于自己所教授的学科，喜欢吸收各种类型的知识（　　）。

    A. 很不符合　　B. 不太符合　　C. 一般符合　　D. 比较符合　　E. 非常符合

19. 我能够将科研与实际的教育教学工作结合起来，使两者相辅相成，共同发展进步（　　）。

    A. 很不符合　　B. 不太符合　　C. 一般符合　　D. 比较符合　　E. 非常符合

20. 在学习新的知识时，能够结合自身的教育教学经验去思考理解（　　）。

    A. 很不符合　　B. 不太符合　　C. 一般符合　　D. 比较符合　　E. 非常符合

21. 我在与同行进行沟通交流的过程中，能够汲取对方的经验，加入自己思考与改造，使其为我所用（　　）。

    A. 很不符合　　B. 不太符合　　C. 一般符合　　D. 比较符合　　E. 非常符合

22. 在教学中，我善于运用新型的、科技的教学设备和手段去辅助我的教学，喜欢将翻转课堂、微课等新的教学方式引入我的课堂（　　）。

    A. 很不符合　　B. 不太符合　　C. 一般符合　　D. 比较符合　　E. 非常符合

23. 我喜欢运用一些先进的学习工具帮助我学习，如思维导图、学习软件、云盘等（　　）。

    A. 很不符合　　B. 不太符合　　C. 一般符合　　D. 比较符合　　E. 非常符合

24. 我喜欢学习前沿的教育理念和知识，经常浏览学习论坛和网站，通过 MOOC 等网络课程学习（　　）。

    A. 很不符合　　B. 不太符合　　C. 一般符合　　D. 比较符合　　E. 非常符合

25. 我时常关注本学科的最新科研动态，并积极参与学校里的各种科研活动，具有一定的科研能力（　　）。

    A. 很不符合　　B. 不太符合　　C. 一般符合　　D. 比较符合　　E. 非常符合

调查结束，再次向您表示衷心的感谢！

附录2：教师领导力调查问卷

教师领导力调查问卷

尊敬的各位老师：

您好！首先感谢您在百忙之中抽空答题！这是一份关于学校教师领导力研究的调查问卷，旨在了解教师领导力的现状，希望您能够根据自己的实际状况和真实想法回答。问卷只用于学术研究，以不记名的形式进行，绝不会泄露您的信息。敬请仔细回答每一个问题，真诚感谢您的合作！

深圳大学"张兆芹学习共同体工作室"

第一部分　教师基本情况

1. 您的性别是（　　）。
   A. 男　　　　B. 女
2. 您的教龄是（　　）。
   A. <5年　　B. ≥5年，<10年　　C. ≥10年，<15年　　D. ≥15年
3. 您的最后学历是（　　）。
   A. 研究生　　B. 本科　　C. 大专　　D. 中专　　E. 中专以下
4. 您已具备的教师专业技术职称是（　　）。
   A. 高级教师（原中学高级教师，含在小学中聘任的中学高级教师）
   B. 一级教师（原中学一级教师和小学高级教师）
   C. 二级教师（原中学二级教师和小学一级教师）
   D. 三级教师（原中学三级教师和小学二级、三级教师）
   E. 暂无职称

第二部分　教师领导力状况

下面列出了一些关于教师领导力及其影响因素的描述，请您将符合自己的实际情况，或者您对这些描述的认可程度选择出来。

1. 我努力让同事之间对家庭、社区的多种教育需求达成共识（　　）。
   A. 很不符合　　B. 不太符合　　C. 一般符合　　D. 比较符合　　E. 非常符合
2. 我能与同事进行互相尊重、彼此信任地进行专业对话（　　）。
   A. 很不符合　　B. 不太符合　　C. 一般符合　　D. 比较符合　　E. 非常符合
3. 我愿意与同事一起去了解、学习、运用多种符合国家、地方标准的评估工具（　　）。
   A. 很不符合　　B. 不太符合　　C. 一般符合　　D. 比较符合　　E. 非常符合

4. 我在同事个人或专业成长过程中具有指导者作用，传播教育知识与技能（   ）。
   A. 很不符合   B. 不太符合   C. 一般符合   D. 比较符合   E. 非常符合
5. 我与同事、学生家庭、社区共同商讨策略，努力满足家庭和社区多样的教育需求（   ）。
   A. 很不符合   B. 不太符合   C. 一般符合   D. 比较符合   E. 非常符合
6. 如果积累了很好的教学经验，我愿意拿出来与同事们一起分享（   ）。
   A. 很不符合   B. 不太符合   C. 一般符合   D. 比较符合   E. 非常符合
7. 我运用成人学习理论来促进多样化的专业学习，满足自己不同的学习需求（   ）。
   A. 很不符合   B. 不太符合   C. 一般符合   D. 比较符合   E. 非常符合
8. 我努力促进团队合作，与同事一起决策、管理、解决问题和冲突，共同推动有意义的改革（   ）。
   A. 很不符合   B. 不太符合   C. 一般符合   D. 比较符合   E. 非常符合
9. 我采用恰当的技术手段，帮助同事个性化的专业学习（   ）。
   A. 很不符合   B. 不太符合   C. 一般符合   D. 比较符合   E. 非常符合
10. 我乐于帮助新就职的教师提升专业能力（   ）。
    A. 很不符合   B. 不太符合   C. 一般符合   D. 比较符合   E. 非常符合
11. 我以科学研究为基础，呼吁开展能更好满足学生发展需要的教育教学方式（   ）。
    A. 很不符合   B. 不太符合   C. 一般符合   D. 比较符合   E. 非常符合
12. 我愿意为同事能够进行专业学习而呼吁争取更多财政、人力或其他物质资源，以学校发展为目标，努力建设专业的学习型社区（   ）。
    A. 很不符合   B. 不太符合   C. 一般符合   D. 比较符合   E. 非常符合
13. 我与各方沟通，努力在家长和社区中为学生争取更多资源，与同事一起在适当的时机呼吁保护学生权益（   ）。
    A. 很不符合   B. 不太符合   C. 一般符合   D. 比较符合   E. 非常符合
14. 在教学中，我不断更新和丰富自己的课程知识（   ）。
    A. 很不符合   B. 不太符合   C. 一般符合   D. 比较符合   E. 非常符合
15. 我支持普通教师与高等教育机构或其他组织开展合作研究教育课题（   ）。
    A. 很不符合   B. 不太符合   C. 一般符合   D. 比较符合   E. 非常符合
16. 我平时除了教学以外，还会留出时间进行学术研究（   ）。
    A. 很不符合   B. 不太符合   C. 一般符合   D. 比较符合   E. 非常符合
17. 我在学校之外的社会情景中，代表教育行业而奔走呼吁（   ）。
    A. 很不符合   B. 不太符合   C. 一般符合   D. 比较符合   E. 非常符合
18. 我有能力对教学内容的处置进行合理的选择（   ）。
    A. 很不符合   B. 不太符合   C. 一般符合   D. 比较符合   E. 非常符合
19. 我以身作则，与同事分享自己和学生家庭或其他相关人员沟通、合作的技巧，努力让不同背景、环境中的学生都能得到公平的发展（   ）。
    A. 很不符合   B. 不太符合   C. 一般符合   D. 比较符合   E. 非常符合

20. 我能从教学实践中发现问题并深入思考问题的原因（　　　）。
    A. 很不符合　　B. 不太符合　　C. 一般符合　　D. 比较符合　　E. 非常符合
21. 为使同事间能有效地互动，我愿意学习与运用不同背景、民族、文化的语言和知识（　　　）。
    A. 很不符合　　B. 不太符合　　C. 一般符合　　D. 比较符合　　E. 非常符合
22. 我与地区内外的教师共享信息，讨论国家地区的政策趋势对学校教育活动和学生发展的影响（　　　）。
    A. 很不符合　　B. 不太符合　　C. 一般符合　　D. 比较符合　　E. 非常符合
23. 我会不定期约见学生家长，开展家校交流会（　　　）。
    A. 很不符合　　B. 不太符合　　C. 一般符合　　D. 比较符合　　E. 非常符合
24. 在解决特定教育问题时，我促进同事开展基于学生发展数据的挑战性对话，营造信任的、反思性的氛围（　　　）。
    A. 很不符合　　B. 不太符合　　C. 一般符合　　D. 比较符合　　E. 非常符合
25. 我与同事一起收集、分析、传播同事专业学习效果的数据资料，关注教师的专业发展对学生发展产生的实际效果（　　　）。
    A. 很不符合　　B. 不太符合　　C. 一般符合　　D. 比较符合　　E. 非常符合
26. 我观察教师的教育教学活动和学生的学习，分析评估数据，与同事开展反思性对话，帮助同事把调查研究和实践联系起来（　　　）。
    A. 很不符合　　B. 不太符合　　C. 一般符合　　D. 比较符合　　E. 非常符合

调查结束，再次向您表示衷心的感谢！

附录3：学习共同体培育手册目录

一、引言
    （一）体验式学习
    （二）体验式活动的功能
二、理论基础
    （一）建构主义理论
    （二）学习共同体理论
    （三）学习型组织理论
    （四）合作学习理论
    （五）社会交往理论
三、体验式游戏的案例
    （一）游戏培育的特点
    （二）游戏培育的目的
    （三）培育游戏

后记　一切皆有可能——生命有限，意义无限

三年时光，转瞬即逝，这本书记载着我们工作室成员在学习共同体中成长的过程。这是一本记录中小学教师创新微团队培育历程的书，是一本回顾本工作室课题从立项到结项经历的书，是一本见证教师在学习共同体中互帮互助、共同成长、共同创造教师有意义的生命价值的书。

我于2015年在深圳市教育局教科院的领导下成立了"张兆芹学习共同体工作室"。本工作室是集中小学教学研究基地、教师专业发展基地、教师交流沟通平台于一体的工作室，它将实施"1+N"系列教师创新微团队阶梯培育，以"教师如何教""学生怎么学"二维探究和以"微团队建设、微教学改革和微课题研究"三维提升为切入点，以中小学学校教学改革难点为重点研究问题，以培育和提升教师核心素养、提升教师学习力和领导力为目标，通过建立教师专业学习共同体，将教学、培训、教研等教师培育途径有机结合，进行一体化运作，探究一种基于院校合作的线上线下为一体的教师微团队培训机制，以促进学习型学校建设和教师专业成长和发展。以"激情分享，互帮互助，专注教研，体悟人生，享受幸福的教育生活"为理念，建立了一支具有共同愿景和专业引领的教师专业学习的微团队，培育有教育情怀、有正确的教育信念、有高尚的道德情操、有扎实的学识、有仁爱之心的新时代教师。工作室从成立之初，就做好顶层设计，制订三年发展规划和规章制度，统筹规划和组织实施，在专家顾问团队的带领下，工作室整个团队激情洋溢，目标明确，行动迅速，干劲十足，工作室成员在团队中结伴同行并携手成长。

本书的形成就是这个微团队（学习共同体）从稚嫩走向成熟的过程，是教师们思考、学习、交流、碰撞并不断提升的过程。本书既有丰富的理论、翔实的数据、生动的案例，还有感人的情怀，充溢着这个团队中朝气蓬勃的思想活力和源源不断的创新精神，让我们感受到老师们的生命价值认同感和教师专业发展目标的实现。这本书记录了工作室20多位成员栉风沐雨，砥砺前行，不忘初心，牢记使命，脚踏实地，一步一个脚印的成长经历。

本书也是我对人生命意义的哲学思考。生命是什么？生命的意义是什

么？这个概念很抽象，自然是仁者见仁，智者见智。我认为它是一种状态，一种人生于世，生老病死，喜怒哀乐，阴晴圆缺的状态。身体是它的载体，它行走天地间，用身体器官感知外界，洞察万物，生命的意义是感受生命、体验生命和创造生命，在感受、体验和创造中度过一生。生命的英文是 life，我解读为 love（爱）、innovation（创新）、freedom（自由）和 esteem（尊重）。爱是人类永恒的主题，孔子提出"仁爱"的观点，现代诗人顾城说："把心给了别人，就收不回来了，别人又给了别人，流通于世。"我们的教育是爱的教育，是对祖国、家庭、同事和朋友真挚的爱。现代社会家国一体，国是千万家，家是最小国。爱家庭、爱父母更无须多言，生命是爱的结晶，九月怀胎，一朝分娩，含辛茹苦，养育成人，幼羊尚有跪乳之恩，人更应常怀感恩之情。叶澜教授曾说过，教育是"教天地人事，育生命自觉"，生命与教育的关系是生命教育研究的逻辑起点。

生命的价值在于创新，在于创造，创造生命的奇迹。生命无非是一场旅行，尊重生命，跟随自己的内心行走。不要惧怕失败，坚持自己认为值得的事情，不忘初心，砥砺前行，相信自己，总有一天美梦成真。自信是成功之母，自由是生命教育的顺势而为。我们的教育要遵循学生成长规律，唤醒人与生俱来的潜能和智慧，让每一个生命自由而积极地向上生长，对学生尊重，鼓励学生拥有自己的个性，让学生有生活的信仰，从而支配自己的生命活动，只有尊重生命，才能理解生命的差异性，才能在教育中考虑每个学生自身的心理特点、知识经验和个性追求。尊重生命，做最好的自己。遵循自己的身心发展规律，让生命能按照自己的节奏生长，自由成长。同时，尊重每一个生命，鼓励个性发展，唤醒自由和智慧。不要羡慕别人，临渊羡鱼，不如退而结网，用羡慕别人的时间充实自己，自然会有一番收获。爱因斯坦说，并不是每一件算出来的事都有意义，也不是每一件有意义的事都能够被算出来。但只要积极向上，与时俱进，你就可以创造出属于自己充满意义的人生。

在体验教育生活过程中理解感悟生命的意义。生命意义有三个层次：生活、创造和超越。鸡蛋从外打破叫食物，从内打破叫生命成长。我们要做的是由内而外的生命自觉，自主、自动、自发地度过我们有意义的生命，我们的教育应该指向生活，是走向生活的教育——让每个人认识生活的意义，热爱生活，体验生活，过上幸福生活。塞缪尔·尼尔曼著名的散文《青春》中这样写道："无论年届花甲，抑或二八芳龄，心中皆有生命之欢乐，奇迹之诱惑，孩童般天真久盛不衰。人人心中皆有一台天线，只要你从天上人间接受美好、希望、欢乐、勇气和力量的信号，你就青春永驻，风华常存。"生命的价值在于不断创造，这是宇宙进化的规律。生命系统的本质是不断演进创造，在自组织自成长达到极限后开始自衰落。由于生命在每一层次、每一梯度或每一代上所能产生的创造都是有限的，生命是有限的，但是我们通过不懈的努力在生命中可以创造出无限的生命价值。教育要有责任创造适合学生发展生长的教育。生命的意义在于有不断挑战和超越自我的意识，并不断付诸行动。强调人的这种意识，是一种超越意识。具有超越意识的人，永远不会满足于某种已经变成的东西，永远不会满意于碌碌无为的生活，而总是要追求有意义的生活，积极创造有价值的人生。为此，人总是不断寻求超越各种自然条件的限制，总是不断开拓自己活动的空间，实现着自己的超越本性。超越性，即是人的独特的存在方式。人永远不会停留于某种一成不变的状态，总是要通过观念方式和实践方式，力求超越各种现实条件的限制，不断地超越自我。在此过程中，人既推进了历史的发展，也改变了人自身的存在状况和规定性，不断地实现着人的自我生成和自我超越。

结伴而行，在生命共同体中成长。没有人是一座孤岛，我们要在生命共同体中成长。"一个篱笆三个桩，一个好汉三个帮。"日本学者佐藤学认为，学习，可以比喻为从已知世界向未来世界之旅。在这个旅途中，我们同新世界相遇，同新的他人相遇，同新的自己相遇。在这个旅途中，我们同新世界对话，同新的他人对话，同新的自己对话，从独自的世界走向对话的世界。在旅程中，不要忘了做好人生规划。没有规划的人生叫拼图，有规划的人生叫蓝图；没目标的人生叫流浪，有目标的人生叫航行。在学习共同体中，学习五项修炼技术，包括自我超越、改善心智模式、建立共同愿景、团队学习和系统思考。掌握学习共同体的五大核心要素，这是生命学习共同体的精髓。五大核心要素是建立信任、目标导向、管理流程、共同承诺和高效沟通。首先是信任，信任是一个团队的基础，要注意把握几点：行言一致、共赢思维、公开透明。其次，坚持以目标为导向。在制订目标的过程中，要注意三点：①目标符合 SMART 原则，即目标必须是具体的（specific）、可以衡量的（measurable）、可以达到的（attainable）、与其他目标具有一定的相关性（relevant）、具有明确的截止期限（time-bound）。②挖掘目标背后的意义。③目标取得团队共识。只有整个团队都对目标达成了共识，整个团队才能在后期执行的过程中更加主动。再次，管理流程能够保证我们做出恰当的决策，同时保证整个团队能够按照高效的方式运转起来。利用 PDCA 进行流程管理的过程中，P 就是 plan，做好计划，"凡事预则立，不预则废"；D 是 do，分工执行，各得其所，各司其职；C 是 check，过程检查，及时反馈调整；A 是 action，总结优化，不断行动。那么，对于目标的达成、流程的优化，什么是至关重要的呢？这时就需要团队的共同承诺了，需要抓好五个环节：①营造"勇于承担"的学习共同体团队文化。②注重前期的铺垫与沟通。对于重要的工作任务，让大家有一定的心理准备。③充分沟通任务的意义和资源，先沟通任务的意义，再沟通完成任务的资源。④及时跟踪任务进度和做好激励。⑤当项目完成时，我们要对完成任务的团队或成员及时给予激励，带领团队庆祝成功。一方面可以让共同体成员感到自己的意义，另一方面这也是营造"勇于承担"的团队文化的重要方法。最后，前面说的四个要素要想融会贯通，那就要高效沟通。沟通就如同团队的血液，极其重要。而学习共同体能否高效沟通，关键看以下几点：①有话愿说。共同体成员是否有话愿说，体现了成员是否觉得共同体氛围安全。②有话直说。是指共同体的沟通效率很高，很多事情不用兜圈子，很快能谈到问题的核心点。③有话好好说。共同体成员有好的沟通技巧，既能把问题说清楚，又不伤害彼此的关系。有话好好说是需要培育的，要给共同体成员提供一定的沟通技巧培育来帮助共同体成员掌握。

一切皆有可能，跟随自己的内心，努力做最好的自己。生命有限，意义无限，懂得生命，理解生命，尊重生命，才能创造生命的意义，为这美好的祖国贡献生命的价值。在工作室结项之际，献给与我一起成长的伙伴们，同时，也献给千千万万的一线教师们。我们要以积极的心态去工作和生活，享受幸福的教育人生，努力做最好的自己，我们将始终行走在教师专业成长的路上。

拙著《教师创新微团队（学习共同体）阶梯培育行动研究》，强调文责自负，由于时间仓促，难免还有一些疏漏，敬请读者指正并多加体谅。最后，我要感谢辛勤工作的同伴们，感谢专家组顾问团队，感谢三年来一起合作的伙伴们——刘树生、陈守芳、时艺萌、王英华、肖红球、梁传斌、黄瑛、叶小滨、吴耀东、刘洋、李娜燕、李鹏、张锦滔、代峰、赖学清、李雪亮、卢晓芳、贾维辰等成员以及我的研究生刘紫馨、高秋琴、刘旺德、吴秀丽等。可以说，是我们工作室的成员及我的研究生以他们对教育的热爱和激情，共同努力完成了这本书稿。在此，我也衷心感谢深圳市教育局教科院、深圳大学社科部、深圳大学师范学院、广州中山大学出版社的嵇春霞副总编和陈霞编辑，感谢他们的鼎力支持，为提高本书的出版质量和保证其顺利出版付出大量心血。没有他们的支持，就没有本书的面世，再次感谢！

张兆芹

2018 年 12 月 30 日于深圳大学